日本で初めて労働組合をつくった男
評伝・城常太郎

牧 民雄

同時代社

左より城常太郎、高野房太郎、沢田半之助（法政大学大原社会問題研究所所蔵）

もくじ

まえがき

今から一二〇余年前、明治二十五年に、労働運動をアメリカから初めて直輸入した日本人青年がいた。その青年こそが、名もなき靴職人、城常太郎だ。

「目は人間の眼（まなこ）なり」とは、吉田松陰の俗諺である。民のため一心不乱に生きた労働運動家、城常太郎の風貌にそれを感じる。

近代労働運動のルーツをたどれば、明治時代の中期にまでさかのぼる。労働運動は、ロシアなどの社会主義国から日本に伝えられたと思っている人も多いが、実際には、明治時代にアメリカに移住した靴職人・城常太郎が、サンフランシスコで「職工義友会」という組織を作り、その支部を東京に設立したことから始まった。ロシアのクレムリン宮殿に永眠する社会主義者・片山潜は、自著『日本の労働運動』の中でこう記している。

職工義友会は、日本において創設せられし者にあらざりき。爰に面白き意味あり。この会は、明治二十三年仲夏、米国桑港において当時同地に労働しつつありし、城常太郎、高野房太郎、沢田半之助、平野栄太郎、武藤武全、木下源蔵、外四、五名の労働者によりて組織せられし者にして、その期する所は、欧米諸国における労働問題の実相を研究して、他日、我が日本における労働問題の解決に備えんとするにあり。

この十数人のうち、城常太郎はリーダーであったにもかかわらず、歴史の表舞台から隠されたままになっていた。それは城が、「余輩はいたづらに文字を弄するものに非ず」との信念を生涯守り、著書や論文を後世に残していなかったからだ。

筆者は大学時代、ひょんなことから、この城常太郎が曾祖父であったことを知り、それから四十五年間、全国の図書館を訪ね歩き、常太郎の足跡を探り続けた。そうして発掘した数多の新資料を基に、世に問うのが本書である。黎明期のパイオニアたちの働きを、詳しく検証できたと自信を持っている。

このダイナミックな労働運動ストーリーに、目を通していただければ幸いである。

※本文中の〔 〕は筆者の注である。

序章　ひい爺さんは「元祖」だったのよ

もう半世紀前の話になるが、子供のころ、母方の実家に遊びに行くのが好きだった。実家の裏庭は乙津川の土手に面しており、従妹たちと段ボール箱をお尻にしいて、土手の柔らかい草を滑り降りる「草すべり」が面白くて、夢中になっていたからだ。

また、実家に行く楽しみが、もう一つあった。草すべりで遊び疲れた後、「かね婆ちゃん」が優しくかまってくれたからだ。かね婆ちゃんのフルネームは城（じょう）・加禰（かね）、筆者の母方の曾祖母である。

城常太郎の妻、かね（城家所蔵）

普段でも和服を粋に着こなしていたかね婆ちゃんは、いつも「よく来たねえ」と柔らかい手で頭をなでてくれた。当時、もう八十歳を過ぎていたはずなのに、背筋をピンと伸ばしたそのハイカラな立ち居振る舞いに、「かね婆ちゃんはかっこいいなあ」と子供心に思ったものだ。

私が甘えて、かね婆ちゃんの膝にだっこされると、大きな一厘玉（あめ玉）をくれ、いろんな話をしてくれた。周りがみなコテコテの大分弁をしゃべるのに、なぜか、かね婆ちゃんだけはきれいな標準語を話した。また、かね婆ちゃんの口からは、耳慣れない英語や中国語もポンポン出てきて、私をえもいえないエキゾチックな気分にさせてくれた。

何しろ幼かった私は、残念なことに、かね婆ちゃんがしてくれた話をほとんど覚えてはいない。ただ彼女がことあるごとに言っていた一つのセンテンスだけが、妙に生々しく記憶に残っている。

「死んだひい爺さんはねえ、この国の労働運動の『元祖』だったのよ」

子供心に労働運動がどういう意味なのか、また「元祖」が何を指すのか理解したわけではなかったが、かね婆ちゃんからくり返し聞かされたので、脳裏に刻まれたのだろう。


時代を早送りして一九七〇年、そのころ私は日吉の慶応大学に通っていた。

ある日、早朝授業の後、午後の講義までスケジュールが空いたので、暇つぶしに他クラスのレクチャーを受けてみた。黒板に明治時代の人物名が書かれていたので、どうやら近代労働運動史の講義のようだった。

歴史にさして興味があったわけでもなかったので、半分うたた寝状態で聞いていたら、鼈甲縁の分厚い眼鏡をかけた教授の口から、「熊本出身のジョー・ツネタロウは……」という言い回しが数回発せられた。

最初、私はこのジョーというのが、ジョン・万次郎のようにアメリカに渡った者につけられた英語流の愛称かなにかだろうと、勝手に解釈していた。なので教授が黒板に「城常太郎」と白く大きく書いたとき、なあんだジョーというのは漢字の苗字なんだ、と思った。そして次の瞬間、「アレッ！」と心の中で叫んでいた。

「城」という苗字は何処にでも転がっている一般的な苗字ではない。現に私の小学校から中学、高校にかけて、城という姓の同級生は一人もいなかった。私の知ってる「城」姓はといえば、母方の姓である「城」だけだった。

しかも、「城」家はもともとは熊本の出だと記憶している。

「熊本出身の城常太郎……労働運動……？」

急にドキドキしてきた私は、講義が終わるなり、学生食堂の横にある公衆電話から大分の実家の母に電話をかけた。電話口に出た母の言葉は、今でも忘れられない。

「そうか、民雄にはまだ一度も話しておらんかったねえ。城常太郎というのはねえ、私の死んだ祖父の名前や。かね婆ちゃん覚えているやろう、かね婆ちゃんの夫やから、まあ民雄のひい爺さんになる人や」

驚いた私は、文字通り、開いた口がふさがらないまま、電話ボックスの中に突っ立っていたと思う。死んだひい爺さんが歴史上の人物だったなんて。それも、二十一歳の今の今までそれを知らなかったなんて……。

もし今朝、暇つぶしに自分の単位とは全く関係のないあの講義を受けていなかったら、一生、城常太郎という名前さえ知らずに過ごしたかもしれなかった。

興奮した私は午後のレクチャーをキャンセルして、大学図書館に直行した。まず手っ取り早そうなところで人名辞典が頭に浮かんだので、分厚いページをめくってみた。あった、あった。

> じょう・つねたろう（城常太郎）　一八六三年〜一九〇五年
>
> 労働組合運動先覚者の一人。熊本県竹屋町に生まれる。神戸の伊勢勝造靴所に働き、一八八八（明治二十一）年渡米。サンフランシスコに靴店を開く。
>
> 一八九〇年夏、高野房太郎、沢田半之助らと同地に職工義友会を創設し、ついで、九二年、日本人靴工同盟会を設立……

また別の書架にあった社会運動の本を手に取ると、そこにも「ひい爺さん」の名前を見つけた。

当時の労働組合中最も勢力を有したのは、労働組合期成会である。此の期成会は、明治三十年七月、城常太郎氏、高野房太郎氏、片山潜氏等の発起に依り革命主義を排し改良主義を旗印として創立されたものであるが……（『最近の社会運動』協調会編）

高校の日本史で習ったあの片山潜や高野房太郎とともに、曾祖父の名が列記されている……読み進めるうちに、あの幼いころの思い出がよみがえってきた。ハイカラな「かね婆ちゃん」の口癖だったあの言葉だ。
「死んだひい爺さんはねえ、この国の労働運動の『元祖』だったのよ」

あの時以来、この四十五年間、暇を見つけては全国の図書館を訪れ、城常太郎の足跡を探り続けた。資料により城常太郎の名前が、「城泉太郎」「城岩太郎」「城水常太郎」「常城太郎」などと間違って記載されており、壁にぶち当たることも幾たびかあった。しかし、苦労を吹き飛ばすに余りある発見の感動も、何度となく味わうこともできた。時には、「これで歴史教科書が変わる！」と確信できるほどの新資料を発掘することもあった。

例えば、平成十六年発行の『高校日本史B』（実教出版）には、「社会運動の開始」という見出しのもと、「アメリカで労働運動を体験した高野房太郎により一八九七年、職工義友会が結成され……」と記されてあるが、拙著で開示した新資料によって改定されるなら、その部分の記述が、「アメリカで労働運動を体験した城常太郎により一八九二年、職工義友会が結成され……」と書き換えられるはずなのだ。

本書は、「働く者の楽園」を夢見て、情熱を燃やし尽くした、ある労働運動家のライフストーリーである。

第一章　少年・常太郎の、数奇な運命

維新の落し子、ツネタロウ

城常太郎は、江戸時代の末期、文久三（一八六三）年四月二十一日、熊本県飽田郡川尻田町三日九番地で産声をあげた。除籍原本を見ると、常太郎は城太平次の長男として生まれており、その下に次男・辰蔵、長女・タツ、三男・三郎がいる。どういうわけか、母親の名前は原本に記載されていない。三男・三郎が明治四年に生まれていることから逆算すると、母親は常太郎が八歳になるまでは健在だったことになる。

ここで城家のルーツを述べておこう。城家はもともと肥後の戦国大名、菊池氏の後裔だった。菊池氏の三家老に城氏、赤星氏、隈部氏があり、戦国の混乱で菊池氏が滅亡した後、肥後中央に位置する飽田・詫麻の二郡を抑えた城氏は、豊後の大友宗麟に接近し、彼の支援を得て一五五一年（天文二十年）城親冬の代に隈本城主となった。その後三代続いて旧国府だった場所を、隈本として繁栄させ、後に、豊臣秀吉が九州に出兵した際に、これを秀吉に引き渡した。隈本は、近世肥後の中心地となった熊本の原点なのである。

隈本城主となった城親冬は、領地内の社会福祉に寄与した記録が残っている。おそらく、キリシタン大名として有名な大友宗麟のキリシタン奨励が大きく影響していたものと思われる。また、風雅を解する文人大名としても名を馳せ、詩歌をこよなく愛し、城氏以外にも菊池氏、赤星氏など同族の大名たちが詠った詩歌の編纂をし、今日に伝えている。

城氏の大本のルーツは今の新潟県、越後の国にあり、姓は平姓、鎮守府餘五将軍、平維茂を祖とする（『小川のしからみ』越後史料叢書出版部、一九一四年発行）。

平維茂の孫にあたる城資長が、高倉天皇の御宇に至り、越後守となった（『越佐歴史談』和田悌四朗、一八九七年発行）。

城資長の息子城資盛が、平家滅亡の際に今の熊本県肥後の国に下り、肥後の戦国大名の菊池氏の家老として仕えることになった（『宇佐郡地頭伝記』（尾立維孝、一九一一年発行）。

奇しくも、城常太郎と同時代を、同じ社会運動家として生きた越後出身の城泉太郎とは、同族の城氏の末裔同士だったのである。城泉太郎は、慶応大学卒で、共和政体論を主張した。

菊池氏の一族として城氏のツワモノどもが活躍したことは、近年、『太平記』を原作としたＮＨＫの大河ドラマで放映された。ちなみに、城氏が熊本に下り家老として仕え親戚筋となった本家・菊池氏の末裔には、西郷隆盛や菊池寛がいる。

その後、城氏は熊本城主細川家に仕えることとなる。城常太郎は後に細川家の家老だった大川家の末裔、大川カネと見合いの末に結婚している。城氏の領地だった飽田郡川尻町は、加勢川の河口に位置し中世から貿易港（軍港、商港）として栄えた歴史を持ち、川尻鍛冶発祥の地としても有名だった。

話を城常太郎一家に戻すと、川尻に住んでいた常太郎の父である太平次もまた、明治の初年ころ鍛冶屋を生業としていた。父親の仕事の関係からであろう、まもなく、常太郎一家は熊本市坪井広丁、通称「広町」に移転している。「広町」は熊本城の東北に位置し、市内を流れる白川の右岸にある旧城下町に属し、古くから商人の町として有名だった。当時この一帯は、米屋町、八百屋町、鍛冶屋町、布屋町など、職業から名づけられた俗称で呼ばれており、常太郎が移転して住み着いたのは、竹細工職人の多い竹屋町だった。

鍛冶屋としての太平次は腕がよかったようで、農機具から刀や鉄砲にいたるまで、注文があれば何でも快く引き受けた。彼は生粋の職人らしく、曲がったことの嫌いな性格だったという。そうした頑固な気性が災いしたのか、太平次は明治八年一月初旬、軍人所有の銃を修理したおり、工賃のことで争いが起こり、その軍人に斬り殺された。武士の時代はすでにもう去っていたが、「斬り捨て御免」というわけだろう。筵（むしろ）をかけられた父のいたましい死に様に、少年・常太郎は何を思ったことだろうか。

事件の直後の一月八日には、常太郎は早くも城家の家督を相続している。わずか十一歳で、三人の弟妹を支える家長になったのだ。

さて少年時代の常太郎は、どれほどの教育を受けていたのだろうか？　残念ながらそれを証明する資料は熊本のどの図書館を調べても見つけることができなかった。ただ分かったことは、肥後の国（熊本県）には寺子屋がいたるところにあったということだ。当時の寺子屋の数は、九百十校もあったというから、これは全国で五番めに多かったことになる。長男である常太郎が、近所の寺子屋で、読み書き・算数ぐらいは学んでいたことは十分ありえる。

それでは学校教育はどうだったろう？　明治五年に近代的学校制度が発布されたが、地方都市である熊本市内で実際に小学校教育が普及し始めたのはその数年後からとのことだ。そうすると、貧乏な常太郎が近代教育制度の恩恵にあずかっていた可能性は低いと思える。ただ、後に常太郎が示すレベルの高い文章構築能力からすると、常太郎の知識の多くは独学と研鑽で得たものであろう。

父の死後、常太郎ら四人の遺児たちは、親類筋に当たる市内東雲劇場前にあった竹田屋旅館に引き取られた。新しい生活にも慣れ、平穏な暮らしの戻りつつあった常太郎ら兄弟に、追い討ちをかけるようにさらなる不幸が襲ってきた。明治十年に勃発した西南戦争である。熊本市内の民家のうち九割はこの戦争により焼亡した。熊本城本丸炎上の火の粉が、西北の風に煽られて民家に燃え移ったのだ。火事は二月十九日の正午ごろ始まり夜に入っても燃え続け、ようやく火勢が収まったのは二十日の明け方だった。強風にあおられて赤々と燃える炎熱の中、十三歳の常太郎は泣き叫ぶ幼い三郎の手を引いて、一心不乱に風上を目指して逃げ惑った。焼け出された常太郎と弟妹三人は、本妙寺の北にある柿原に避難した。

西南戦争中の避難先、柿原のありさまを郷土史研究家・石光真清は『城下の人』で次のように記している。

日のたつにつれて、避難地は困窮を告げてきた。避難者たちは去年の神風連の騒動が一夜で結末がついたことが頭にあるので、今度も七日か十日で勝敗がつくものと自分勝手な胸算用で、さほど準備をしていなかった。

小さな村に一時にどっと避難者が入り込んだ上に、薩軍が各村落へ兵糧微発にやって来ては倉庫や物置を詮索して、食糧となる物は片っ端から運び去るので、三月に入って間もなく柿原は食物の欠乏をきたした。男は遠くの村まで米や麦類の買い入れに出かけ、女や老人は裏山から小萩山方面に分け入って、野生の草や根で食べられるものは何でも採取した。

昨日までの活気に満ちた町々の風景が一夜にして消え去り、故郷は見渡す限り焼け野原と化してしまった。この戦争は常太郎ら四人の兄弟をバラバラに引き裂き、彼らに一家離散という惨憺たる現実を突きつけた。多感な少年時代に、「民」の悲惨な状況を目の当たりにした常太郎にとって、この時の体験が彼のその後の「民を守る者」としての生き方を決定づけただろうことは、想像に難くない。

西南戦争が終わると常太郎は、東京に本店を持つ「伊勢勝造靴所」熊本支店の給仕として働き始めた。翌明治十一年、「伊勢勝造靴所」の社長西村勝三が、戦災にあった熊本支店の視察に訪れた。事務所でかいがいしく働く十五歳の給仕・常太郎の立ち居振る舞いが、社長西村の目にとまった。西村は、数奇な運命に翻弄されながらも、強く生きるこの少年にただならぬ非凡さを感じ取ったのだろう、常太郎の身の上話を聞いたあと、「私といっしょに神戸に来て、靴職人にならないか」と声をかけた。当時はまだ皮革を扱う職業に対して根強い偏見があり、革靴の製造は賤民がすることで、卑しむべき職種とされていた。武士出身の生まれを誇りにしていた常太郎だったが、弟妹三人を養うためにも西村に頭を下げて申し出た。

「よろしくお願いします」

西村勝三『西村勝三翁伝』(西村翁伝記編纂会編、大空社、一九九八年)

喜んで了解した西村は、常太郎を神戸の「伊勢勝造靴所」の製靴徒弟として連れ帰った。この西村勝三という人物、なかなかの傑物である。渋沢栄一や岩崎弥太郎とともに、「明治政商十傑」の一人として歴史に名を連ねられているほどだ。

西村は日本で最初の靴製造会社を興した靴業界のパイオニアである。彼が靴の製造を開始した明治三年(一八七〇)三月十五日は、今では「靴の記念日」に指定されているし、西村の第一工場があった東京、築地の一角には、今でも「靴業発祥の地」の記念碑が残っている。

人生にはさまざまな岐路があるというが、若くして西村ほどの傑人に拾われた常太郎少年は、明治時代のラッキーボーイの一人だったともいえる。

靴職人ことはじめ

明治十一年、いよいよ常太郎の靴職人になるための徒弟生活がスタートした。「伊勢勝神戸支店」の当時の様子をうかがい知る資料としては、神戸市立中央図書館に収められている『豪商神兵湊の魁』と名づけられた銅版画がある。その銅版画によると、神戸支店は木造平屋建てで間口は五間ほど、道路に面した玄関の上に「東京分店伊勢勝靴場」と大きな看板がかかっていて、入り口を入った右側が帳場と客の応対に用いた座敷、左側が靴の工場になっている。当時、この小さな工場には十五人ほどの靴職人が働いていたという。看板には、兵庫県下神戸長狭五丁目と書かれており、画面右手には国旗を掲げた兵庫県庁が描かれている。

明治十一年にすでに、神戸と大阪を結ぶ鉄道が開通していることからすると、文明開化を象徴する汽車は、「伊勢勝神戸支店」の南側近くを走っていたことになる。

社長西村勝三は、「企業の発展は靴工にあり」との信念のもとに、靴工の養成に力を尽くしてはくれたものの、製靴技術の修行は他の種類の職人の修行とは比較にならないほど厳しいものだった。特に皮革の匂いに慣れていない当時の一般人にとって、悪臭に埋もれての重労働は耐えがたかったのだろうか、東京工場で失業者五十名を見習い工に採用した時も、最初の数日でそのほとんどが逃げ出したという。また、刑務所から放免されたばかりの前科者を救済しようと、西村は元受刑者たち三百人を靴工見習いとして採用したが、大多数の二百七十名はその過酷な労働についていけず、途中でやめていったくらいである。実際、徒弟時代は工賃として、わずか日給六銭しかもらえなかった。おまけに、仕込みに追われて残業をしない日がないほどの重労働が続くのだから、逃げ出すのも無理はない。みんなその日暮らしがやっとの厳しい生活を余儀なくされていた。

西村勝三に見込まれて入社したとはいえ、常太郎も他の徒弟と同じく、厳しい労働条件のもとでの修行生活を強いられていた。しかし常太郎の場合、どんなに修行が辛くても、逃げ出すわけにはいかなかった。彼には自分が一人前の靴職人になって、幼い三人の弟妹を養い育てる義務があった。来る日も来る日も、薄暗い作業場の片隅で生地の皮を型紙にそって、包丁で裁断するだけの日々が続いた。全て手縫いの靴が作れるようになるまでには、最低でも三年はかかるという。五年間の年季が明けて二十歳になったら、晴れて靴職人になれる。そうすれば生活も安定し、弟妹たちにも十分な仕送りができる……常太郎はその一念で、熱心に技術を習得していった。

明治初期の靴職人たちは、五年の年季を終えた後、「お礼奉公」と称して、なお半年から一年間、雇い主の所で勤めるのが習わしだった。ところが明治十年代半ばともなると、靴職人として世に一人立ちできる自信がつけば五年の年季を四年ですませ、義理人情に縛られることなくさっさと親方のもとを去って、渡り鳥のようにより賃金の多い、より仕事の楽な工場へ移る者が増えていった。

常太郎が伊勢勝神戸工場で徒弟修業を終え、一人前の靴職人になったのは、明治十六年、二十歳の時だった。しかし技術を身につけて靴職人になれたからといって、すぐさま独立して店が持てるわけではなかった。裕福な親族がいて開業資金を出してくれるというような、幸運な職人だけが自分の店を持てたのである。それ以外のほとんどの職人の場合は、年季が明けても、靴工としてそのまま工場に残って働くか、自宅で割の悪い下請け仕事を細々と営むかくらいの選択しか残されてはいなかった。当時はまだ靴を履いている一般人の数が少なく、靴需要の大半は兵隊が使うための軍靴で占められていた。当然のごとく、軍から注文を受けられるのは政府と人脈のある大規模工場に限られていた。だから運良く独立できた靴工でも、わずかに残された民間需要に頼るほかはなく、高い材料費にあえぎながらも、安い工賃で生業を立てるしか方法はなかった。

常太郎も一人前の靴職人になってしばらくは、同じ「伊勢勝神戸支店」で働いている。常太郎の靴職人としての賃金は、ごく平均的な日給二十二〜二十三銭で、特別待遇を受けていたわけではなかった。常太郎の職工生活ぶりを伺わせる資料としては、彼の石碑に刻まれた碑文があるだけだ。その碑文には「君資性沈毅にして、刻苦精励其の業に勉む」とある。製靴の技術を習得するために、さぞ「刻苦精励」して頑張ったのであろう。当時、米の値段が十キロ四十六銭だったことからすると、一人前の靴職人でも生活はギリギリだったはずだ。常太郎は低収入の貧乏暮らしの中でも生活を切り詰めて、弟妹たちに何がしかの仕送りをし、さらには自分の将来のために貯金も積み重ねていった。

スピーディーな独り立ち

常太郎はよほどの倹約家だったのだろう、靴職人になって丸三年で独立するための資金を蓄えたのである。彼は独り立ちの場所として、生まれ故郷に近い長崎市に目をつけた。

一五七一年開港以来、西洋諸国との唯一の貿易港として栄えた長崎市は、オランダ人をはじめ多くの西洋人が住んでいた。だから他県に比べて洋靴の需要が群を抜いて多いというメリットがあった。またロシア軍艦をはじめ外国船の出入も頻繁だった長崎港では、靴の艦船内売り込みという販売方法もできた。

ここで、靴の艦船内売り込みのエピソード記事を見つけたので掲載する。当時の常太郎の仕事ぶりを想像しながら読むと、興味深い。

◎靴のゆくえ——横浜停泊の商船へ靴を売り込まんとて、同品を持ち行き、乗組員とかれこれ掛け引き中、靴の一足や二足紛失することは、これまで間々あることながら、近頃同港停泊中の甘国軍艦へ同品を売り込みに行きたる五六の靴屋各々一二足の靴を見失いたりとの風説あり。商船とても夫々取締りのあるべきはずなるに、ましてや軍艦中にて商品の紛失する如き不取締りあるべきはずなければ、この風説や何か靴屋の思い違いから起こりたることとなるべきかも。(『横浜毎日新聞』明治十九年七月十日付け)

◎水夫の乱暴——長崎港停泊中のロシア国商船バイカル号乗組水夫ベレヅスケーは馬込郷の中尾増太郎より靴代の催促を受けたるを怒り、例の腕力だたに及びて増太郎の頭部を傷つけたるに、増太郎は其の筋へ訴え出で、遂に靴代の外に傷所の治療代を受け取りたりと云ふ。(『横浜毎日新聞』明治二十年三月四日付け)

いやはや、靴の艦船内売り込みは、命がけでもあったようだ。常太郎もさまざまなトラブルを経験しながら、それを乗り越えて、生き抜いていったのであろう。

さて、このような靴商売の好条件がそろった長崎市内に移り住み、靴の製造販売店を始めたのは明治十九年、常太郎が二十三歳の時だった。彼は移転早々、熊本から三人の弟妹たちを引き寄せている。弟妹と離ればなれになって以来九年越しの念願かない、やっと家族が一つ屋根の下で暮らせるようになったのだ。

常太郎と同じように靴需要の豊富な長崎に着目して、東京から移り住んだ靴職人がもう一人いた。彼の名は依田六造。常太郎より十歳年上の三十三歳で、明治十年当時、すでに二十四歳の若さで、「伊勢勝造靴所」東京本店の工長を任されていたほどの出世頭だった。彼は明治十年に開催された第一回内国勧業博覧会(上野公園)に自作の靴を出品して、賞を受賞するほどの腕を持っていた。『東京名工鑑』(東京勧業課)この依田と常太郎は、ともに長崎で独立しようとするチャレンジ精神の持ち主で馬が合ったのか、後々まで影響しあいながら運命を共にしていくことになる。

常太郎が長崎で靴職人として独立した後の明治二十一年、全国民を震撼させるような事件が同じ長崎で頻繁に起きていたことが明るみになった。ニュースは全国を駆け巡り、労働問題が大きな規模で議論をよんだ。

その事件とは、高島炭鉱の鉱夫虐待事件だった。この事件を当地で身近に接した常太郎は何を思ったのであろう。資本家は大きく強くとも数は少ない。それに比べて、労働者は小さく弱くとも数は多いから、追々、必ずや、不平の声は社会の表面に現れるに違いない。常太郎は、資本家と労働者との間には千里も隔つ距離があることを痛感し、自らの職工時代を回顧しながら思い悩んだのではなかろうか。

後に、常太郎と出会い、彼を敬愛してやまなかった西川光次郎は、自らの著書の中で、次のように語っている。

何と言ったって、労働問題は、ある点からいえば、労働者の問題であって、労働者の中から人傑の出るまでは、どおしたって解釈されぬから、吾人は日本の労働者からジョン・バーンズの様な人物の出でんことを熱望して止まざるものである。嗚呼、日本のジョン・バーンズは今ドコの工場に隠れているだろう。早く太鼓鏡で探したいものである。(『ジョン・バーンズ：英国労働界の偉人』西川光次郎)

城常太郎が日本のジョン・バーンズになるためには、まだまだ、いくつもの試練と、身の危険を味合わなければならなかった。

資本家ｖｓ労働者のギャップ、始まる

常太郎が長崎で独立店を始めたころ、日本靴業界内における労使関係は次のような状況だった。

明治十年代後半ともなると、陸海軍の軍靴受注の大幅増加にともない靴業各社の経営規模は一挙に拡大していった。必然的に雇用される靴工の数も増加していき、それに伴い雇用主の靴工に対する劣悪な待遇問題が表面化してきた。会社設立時の、労使が一体になって技術を研鑽する空気は徐々に薄れ、労使対立の兆しさえ生まれはじめた。こうした状況のもと、人権を無視して搾取し続ける雇い主に対して、気骨ある靴工が反発し始めたのも当然の成り行きだった。

明治十九年十月には、西村勝三の経営する靴業界の大手「桜組」東京本店（伊勢勝造靴所から依田西村組を経て桜組へと社名変更）でも、血気盛んな靴工たちが賃上げを要求してストライキを起こした。その時解雇された靴工、関根忠吉、相原錬之助ほか八名が主唱者となって、東京芝区松本町花月亭において「靴職工同盟会」を立ち上げた。彼らは各地の靴工たちにも団結を訴え、入会を呼びかけた。

その後彼らは組織活動を続けるために、東京芝区松本町に家賃月四円五十銭で家を借り、その場を「靴職工同盟会」の拠点とし、さらには同じ場所に「職工同盟造靴場」の看板をかかげて営業を始め自活の道に入った。しかし業界大手の「桜組」に対抗した経営がうまくいくはずはなく、事業はたちまち行きづまった。一人減り二人減りして、最後は関根忠吉、相原錬之助、岩佐喜三郎の三人のみとなってしまった。そこで関根ら三名は、主に東京市内の靴工たちに檄を飛ばして翌明治二十年一月、日本橋呉服町の待合「柳屋」に靴工百余名を集め、「靴職工同盟会」を「靴工同盟会」に改名して、新たな組織活動に取り組んだ。しかし労働者意識が芽生え始めていたとはいえ、困窮の只中に喘いでいた一般靴工たちにとって、毎月十銭ずつの積立金は容易に受け入れられる額ではなく、結局は合意に至らず、「靴工同盟会」は設立されないまま流れてしまった。

ここで注目すべきは、この集会に常太郎も依田六造とともに、遠路はるばる長崎から馳せ参じていたことだ。

常太郎はその時すでに「桜組」から独立して、長崎市内に小さいながらも靴店を開業していた。いわば雇い主側の立場にあるはずなのに、以前の職場仲間のために店を閉めてまで上京したのである。彼は資本家・西村勝三個人に対して、感情的に反発していたわけではなかった。それどころか、西村のことは自分を窮地から救ってくれた感謝すべき恩人だと思っていた。しかしまた常太郎は、八年間におよぶ工員生活を通して、資本家と労働者との間にあまりにも不公平な「搾取」の関係があることを、身をもって感じ取っていた。額に汗して働く者たちには、それ相応の報酬を受け取る権利があり、いつの日か働く仲間たちが、その権利を主張する機会を待ち望んでいた。だからこそ、靴工同盟集会の報せに、チャンス到来とばかり長崎から駆けつけたのだ。

「靴工同盟会」という人生初の労働運動の実践に失敗した常太郎は、それであきらめたわけではなかった。前身の「靴職工同盟会」百余名は、人数は減ったとはいえ、解散することはなかった。彼らは、依然として組織を持続し、その事務所を芝区松本町に置き続けていた。

この明治十九年十月に起こった「桜組」のストライキは、日本最初の職工によるストライキであり、このストライキを契機として組織された「靴職工同盟会」は日本最初の労働組合といえる。

つまり、この靴工の争議は、それまでのように、突発的に起こっては雲散霧消してしまうような争議とは違い、組織団体を形成するまでに至った日本初の労働争議だったのである。

靴工集団たちによる知的な闘争を目のあたりにした製靴業者は、危機感を持ったに違いない。東京市内製靴業者は対抗策を講じるために集会を開き、業者組合の設置を企てた。しかし、その試みは、失敗に終わっている。

◎靴屋の結社——府下の各職工がおいおい結社する中に、靴職のみ結社せざるは不都合なりとて伊勢勝が発起にて昨年中より同業会を開きしが、何分まとまりがつかず、近頃姦商ありて総体の不名誉となる事あるにつき、さらに至急集会をなして結社の方法を協議するとのこと。（『読売新聞』明治二十年二月四日付け）

一方、陸軍省もまた、軍靴の安定供給を憂慮し、省内での靴の製造をもくろんだ。

◎縫靴両工——陸軍省にては徴兵適齢者中より縫、靴工を選抜することを定めたるよし。（『横浜毎日新聞』明治二十年一月二十一日付け）

日本初の労働組合は、どこの誰？

明治二十年早々、常太郎は、理想社会への具体的指標を書物の中にも探し求めるようになった。そうした常太郎の願望に答えてくれたのが、明治二十年二月に創刊された雑誌『国民之友』だった。『国民之友』は、自由民権派の一人だった徳富蘇峰が主幹発行した雑誌で、主として社会問題を取り扱っていた。価格は十銭で、ページ数は五十ページにも満たない小雑誌だった。時にはロシアなど海外の文芸作品が掲載されていたりして、内容はいささか高尚だった。もちろんそれは、一般の職人や工員が好んで購入するような雑誌ではなかった。

その後、『国民之友』の民主的主張は、時流にのって爆発的人気を呼び、たちまち大雑誌の地位を築いていった。長崎市内に靴店を開業していた常太郎は、取引先の「桜組」支店の所在地でもあり、故郷でもあった熊本をことあるごとに訪れていた。その熊本が『国民之友』を発行した徳富蘇峰の故郷でもあったことから、熊本の新聞は、広告欄で『国民之友』を盛んに宣伝していたのである。

靴工の処遇をきっかけに、社会全体のあり方に不満を持っていた常太郎は、『国民之友』の内容に、誰よりも敏感に反応し感情を突き動かされていった。そうした常太郎の努力が実を結ぶのに、そう時間はかからなかった。「靴職工同盟会」のリーダーとして運動を推し進めていった常太郎は、ついに、明治二十年十二月、同志たちと共に、念願の「職工同盟造靴場」の再建にまでこぎ着けた。その設立を祝う広告は、当時の新聞に掲載された。

◎靴職同盟工場設立広告――靴の需用、日に多けれども、品質不良、製作粗悪、価格不廉なるその弊因、商者と職工の間に存す。我れ等、明治初年、精巧の外国教師に業を受け、爾来、某工場に在りて親しく実験す。今、この悪習を矯め業務を盛んにせんため、独立新工場を設け、品質の原価に応分の製作の労銀を算へ、実用に利し、正廉に顧客諸彦に報いんとす。伏て江湖の愛顧を請う。

東京芝区三田松本町四番地　明治二十年十二月四日開業　職工同盟造靴場

（『読売新聞』明治二十年十二月六日付け及び九日付け）

日本史の教科書には、国内で初めて労働組合が設立されたのは、明治二十二年に小沢弁蔵らが結成した「鉄工同盟進工組」だと書かれている。しかし、この進工組は、組織は持ったものの、何事をもなさずして短期間で解散してしまった。その後、明治二十三年に設立された「活版印刷工同志会」の職工たちもまた、会は作ったものの、なんら活動をすることなく消え去った。

ところが、「鉄工同盟進工組」が組織された明治二十二年よりも三年早い明治十九年に、靴職工たちによるストライキがなされ、全国から同志を募り「靴職工同盟会」が結成されていたのである。

発掘した新資料によると、組合自立工場を再建した靴職工たちは、それを軌道に乗せ、三年以上にわたって発展させ続けていたことが分かる。よって、「日本初の労働組合」という場合、明治十九年に結成された、この「靴職工同盟会」こそが真っ先にあげられるべきではないか、と筆者は主張したい。

当時の製靴業者たちは、「職工同盟造靴場」の広告を見て驚いたに違いない。彼らは、組織化された靴工たちに何とか対抗しなければと「業者組合」の設立に本気にならざるを得なかったようだ。明治二十年の後半から翌明治二十一年にかけての新聞にその有様が掲載されている。

◎東京製靴商工組合――此の程の本紙に記したる如く、府下十五区六郡の製靴商工二百七十九名は、今度該組合規約を設け昨三日総代より東京府庁へ認可相成りたき旨出願したり。（『時事新報』明治二十年十二月四日付け）

◎組合認可――府下十五区六郡の靴製造人一同は協議の上、規約を立て東京靴工組合（業者団体）と称するものを組織し、築地一丁目一番地の大沢省三、日本橋区呉服町一番地の成田匡の両人が総代として先にその筋へ出願したるところ、昨日認可されたるをもって日本橋区川瀬石町十一番地へ事務所を設立する都合なりという。（『読売新聞』明治二十一年一月十四日付け）

この記事のように、業者団体「東京靴工組合」が組織され、組合規約が作られたのであるが、その内容は靴工にとっては、虐待にも通じるものだった。

雇用主の靴工たちへの待遇の劣悪さを示す条文の具体例を挙げると……

（一）雇用主同士の間で、彼らの都合により、靴工の貸し借りができるようになった。

（二）雇い主から一度解雇されれば、靴工はその雇い主の許可なしには他の職場で働けなかった。
（三）靴工が逃げるのを恐れた雇い主は、靴工を手放さないように鑑札を持たせた。
（『東京経済雑誌』第四〇三号　明治二十一年一月二十八日、『靴の発達と東京靴同業組合史』）

つまり雇用主は靴工たちを、まるで牛や馬のように扱っていたといえる。しかし、靴工たちは、業者の圧制を切り抜けようと、明治二十一年に再度、「職工同盟造靴場」の新聞広告を載せた。

同盟工場の儀は客年十二月以来の開設にして、日未だ浅しといえどもお蔭を以て日一日と繁栄仕候。偏に江湖諸君の御愛顧を蒙り候事と難有奉鳴謝候却説す。我等同盟結合者は明治初年精巧の外国教師に業を受けし者なれども、爾来又実用に就いて大いに発明せし事一ならず依って其の精巧を極め今般御礼のため品質は勿論、製作は一層念入り、価格は裏面の定価を以て只御客様の御為筋を専一とし広く製造販売仕候間多少に限らず遠近の別なく御沙汰次第御寸法伺として参上仕候間尚旧に倍し陸続御用向被仰付度奉希上候。但しこの定価表持参の御方様に限り五分の割引き仕候。

芝区芝松本町四番地　明治二十一年三月　職工同盟造靴場　謹白

（『読売新聞』明治二十一年四月三日付け）

なぜ、鉄工や印刷工に先駆けて、靴職工が労働運動の先鞭を切ることができたのか？　その答えのひとつは、彼らが、職業に貴賤なしとする進歩的な下級士族集団であったことがあげられる。また、城常太郎をはじめとする優れたリーダーシップの存在も見逃せない。

ザンギリ頭の「桜組」職工たち

ここに、「桜組」の靴職工と、他の一般普通職工との違いを記したエピソード記事を、いくつか載せておこう。

◎靴職工の美風——総て職工と名のつく者は、今日の現況、概して品性修まらず、友人の衣類を借着して、それを七つ屋に曲げるなどは、別に珍らしくもありません。ところが、靴の方の職工は、奇なる原因のために、その品性概して良好、他の普通職工とは大いに異なるそうであります。奇なる原因とは、即ち桜組の関係であります。本国製靴事業の祖は、西村勝三氏が、明治初年に陸軍用の靴製造を創めた桜組であります。西村氏は、もと総州佐倉の藩士で、旧士族授産事業としてその藩主に説き、この業を創めたのでありました。レ・マルシャンという外人を教師に雇い、藩士の食えなかった人と、養育院内の不幸の少年を集めて職工となし、その業を伝習させたのが日本の製靴の始まりであります。かく、最初の職工は士族上がりでしたので、その系統を引いた今日の職工も、なお他の満身刺青だらけの普通職工肌の人々とは自ずからその品性を異にし、気質温和、恥を知るの美風があります。(『独立自営営業開始案内・第五編』石井研堂、博文館、一九一四年)

『諸工職業競』(「靴製造場之図」作者：細木年一)『靴産業百年史』より

大正時代というのに、靴店の入口には「○○県士族」と必要以上に大きな表札があちこちにみられた。千葉県士族というのがいちばん多かった。明治以来、靴屋は身分的に世間からひどく軽視されていたので「われこそは、同じ靴屋の中でも士族で、西村勝三翁の桜組で製靴技術を教わったものだ」という意味を誇示するデモンストレーションだったということができる。今日からは想像もできないエピソードである。(『わが半生　十人集』靴商工新聞社)

……元来靴の製造なぞということは、文久元年の御触れ書きにも……などという禁令があったくらいで、誰も靴などを作ろうと思う者がないのみならず、木履の製造は賤民の業で、すべての職業中最も卑しむべきものとされました。ましてや皮を製造するに至っては殆んど思いもよらぬ卑しい業とせられていたので、いやしくも武士の家に生まれた者がこういう賤業を営むのは怪しからんなどといって、親戚朋友からの非難が囂々として起こってきた。しかし、父〔西村勝三〕は少しもかかる反対を意とせずに、一面には窮乏士族の授産事業として、それらのうちから生徒を募集し職工を作ろうとして佐倉をはじめ近国の諸藩を遊説したけれど、誰もその業を卑しんで応募する者がない。たまたま応募した生徒というのは、羽織袴に大小をさして、役人にでもなるような態度でやってくる厳めしい武士たちだったから、教師や番頭の処置が気に入らぬ時は忽ち大刀を振り廻して、「怪しからん、斬ってしまう」などという恐ろしい生徒でした。(『史話明治初年』新人物往来社)

明治時代の初めのころ、普通職工の大半は、まだ、ちょんまげに着物姿といういでたちが多かったそうだ。それに比べて、武士出身の靴職工は、時代の最先端をいくザンギリ頭に洋服スタイルだったという。

洋行のチャンス到来

さて、話を常太郎に戻すと、労働運動に献身的に打ち込みながらも、リーダーとしての素養を身に着けるため、さまざまな文献に目を通すことも忘れなかったようだ。

明治二十一年六月、いつものように『国民之友』（二十六号）を購入し、何気なくページをめくりながら読み進んでいた常太郎は、ある記事を目にして釘付けになった。それは雑報欄中に掲載された海外事情を報じた「支那人の職工」と題する、わずかに一ページにも満たない小さな記事だった。

桑港職工事務委員エノース氏は、近頃、支那人職工に関する報告をなせり。その言によれば、支那人にして当港各種の製造処に使役せらるる職工は、実に夥しきものにして、単に靴類製造所に使役せらるる者のみにても、六千人内、三千八百人は同国人の製造所に、他は皆米国人に使役せられ、一日、給料七五セントより一ドル七五セントの間にして、平均一ドル二五セントを受領している。（『国民之友』二十六号）

一ドル二五セントといえば日本円で二円五十銭、当時の国内の靴工賃金は二十六銭ぐらいだったから、ざっと十倍である。この莫大な賃金差に、常太郎が目を疑うほど驚いたのも無理はない。組合運動に行き詰まり、靴工たちの未来を開拓する方策を考えあぐねていた常太郎にとって、この記事は貴重な情報となった。常太郎は早々、この吉報を東京の靴工仲間たちに知らせるために、依田とともに上京した。

『国民之友』のこの記事は、すぐさま「靴職工同盟会」の会員たちに知れ渡り、一部の先進的な靴工たちの気持ちを揺るがした。しかし時間が経つにつれ、渡米を不安視する靴工も現れ始めた。冷静になった彼らは記事の内容を、所詮は海の向こうのアメリカの話ではないかと捉えて信じようとしなくなった。靴工仲間たちがこの記事の「うまい話」に疑問を抱くのもわからぬではなかった。常太郎は考えに考え抜いた末、単身アメリカに乗り込んで記事の正否を自分の目で確かめようと決意し、その旨を幹部の関根忠吉に申し出た。了解した関根は、「靴職工同盟会」会員全員の同意を得るために即刻集会を開いてくれた。その結果、会場に集まった会員全員の衆議一決で、常太郎と依田がアメリカ実情視察の先遣隊に選任された。

集会の翌日、常太郎と依田はさっそく関根に伴われて、恩人の西村勝三の品川邸を訪れ、渡米の報告をして同意を求めた。常太郎らの決意の固さを見て取った西村は、快く賛同してくれ、激励の言葉さえかけてくれた。これで正式にアメリカ行きが決定したのだが、それまでコツコツと蓄えてきた常太郎の貯金だけでは、渡航費用総額百五十円をまかなうことができない。困り果てた末に、その後の数ヵ月間は日夜を徹して働き、あらゆる節約をして渡航費を調達した。

渡米前の常太郎の苦労については、『加州日本人靴工同盟会沿革の概要』に、「蓄財のため、時には剃髪して理髪の料を省きたることさえあり……」と記されている。常太郎は自ら頭を剃って、それで浮かした床屋代まで渡航費に廻していたのである。

ところが先遣隊に選任された相方の依田六造が、どうしても渡航費の都合がつかないとの理由でアメリカ行きを辞退してしまった。無理もない、当時の渡米は家を一軒買うくらいに大変なことだった。それを自分の欲のためではなく、靴工仲間を救うことを夢見て渡航しようというのだから、その心意気からは常太郎のパイオニア精神が伝わってくる。

依田の断念で落胆はしたものの、常太郎の渡米への決意が揺らぐことはなかった。旅支度を済ませた常太郎は三人の弟妹を残して、ただ一人、長崎港を発った。旅立った常太郎が手にした旅行カバンの中には大切に『国民之友』が収められていた。関係者への別れの挨拶をするためにいったん上京した常太郎は、西村勝三と靴工仲間一同から餞別として多額の援助を受けた。さらにタイミングよいことに、当時一時帰国中の高木豊次郎がアメリカまで同伴してくれることになった。高木は常太郎と同じ熊本県出身で、明治十五年に渡米。当時、サンフランシスコ市デュポン街四〇九番で玉突き場を経営していた。また彼はアメリカで明治十年ごろ創立されたキリスト教団体「福音会」の元幹事でもあった。

その時代、アメリカに移民する日本人の多くは大なり小なり「福音会」の世話になっていた。「福音会」は慈善事業の一環として、渡米する苦学生や勤労青年に対してアメリカでの宿泊施設の提供や就職の斡旋、英会話の教授など多岐にわたり世話をしていた。日本本土にも若者をアメリカへ送り出す「福音会」支部があり、年三回、渡米を希望する若者を募っては、会員が同行してアメリカへ送り出していた。

明治二十一年九月初旬、常太郎は高木豊次郎と共に、多くの靴工仲間たちの期待を背負って、横浜港からアメリカへ向けて旅立った。

それは常太郎二十五歳の秋であった。

第二章　夢のサンフランシスコ

霧にむせぶ異国の地

九月の下旬、常太郎を乗せた米国船は十七日間の長旅を終えて無事サンフランシスコ港に到着した。緊張した面持ちの常太郎は高木に続いてタラップを降り、夢にまで見たアメリカの大地を踏みしめた。波止場は乗客と送迎の人々の人いきれで沸き返っていた。常太郎は当分の間、高木の手配してくれた「福音会」の寄宿舎に泊まることになっていた。不安げな様子で「福音会」からの送迎馬車を待っていた常太郎に、一人の日本人客引きが慣れた様子で声をかけてきた。常太郎よりいくつか年若で、およそ客引きらしからぬ端麗な顔立ちをしたその青年は、名を高野房太郎と言った。

この瞬間こそ、日本労働運動の夜明けを告げる創始者たちの運命の出会いだった。高野房太郎は常太郎より五歳年下で長崎県生まれ。二年前の暮れに渡米した彼は当時、サンフランシスコのストクトン街で雑貨店を開業していた。またそれと同時に、コスモポリタンホテルの従業員部屋にただ住まいさせてもらう代償に、月に三回日本からの着船のたびに波止場へ出かけてホテルの客引きをしていた。常太郎と高野は熊本県と長崎県出身という同じ九州人のよしみで、初対面から互いに親近感を抱いた。

サンフランシスコ市街『太陽』（第一巻第一号、一八九五年一月五日発行）

港は混雑の只中だったので、二人の遭遇はほんの数分間の立ち話で終わった。高野はコスモポリタンホテルのチラシを常太郎に手渡して、雑踏の中に消えた。常太郎は高木と共に、やがて到着した送迎馬車に乗って、港からそれはど遠くないゼシー街五三一番の「福音会」に案内された。市街を東西に突き抜ける幅三六メートルのマーケットストリート、碁盤の目のように仕切られた街路、その上を縦横に走るケーブルカー、四、五階建てはあろうかというビクトリア様式のビル群などなど、「福音会」までの道すがら、常太郎はこの国際都市の文明の進み具合に驚いた。高木は常太郎を「福音会」まで送り届けた後、その足でデュポン街にある自宅へと向かった。常太郎は別れぎわに高木に心からの礼を言い、姿が見えなくなるまで見送った。夜になると「福音会」の講師によるオリエンテーションがあり、会則の説明やアメリカでのこれからの生活の指示を一通り受けた。

ここで、常太郎が宿泊した「福音会」が、在米日本人に対して行っていた慈善事業の内容について説明しておきたい。

まずサンフランシスコへ到着したばかりの日本人に対して、一泊三食付四五セントという格安な料金で宿泊場所を提供していた。次に「福音会」夜学校の授業の一つに、英会話教室があり、在米日本人であれば誰でも無料で授業に参加できた。さらには、働き口を探している日本人に対しては、皿洗いやスクールボーイなどの職場を斡旋する職業紹介所の役割も果たしていた。

では、常太郎が渡米した明治二十一年当時のサンフランシスコ市内における日本人社会はどのような様子だったのだろう？

日本人の海外渡航は明治維新とともに始まったのだが、当然その時代に海外に行ける身分の人間は少なかった。明治初期に渡米できたのは、主に維新政府の援助を受けた留学生や、視察を目的とした官僚たちに限られていた。

明治も二十年を過ぎたあたりから、常太郎のように現地で働くことを目的とした出稼ぎ労働者の数が徐々に増えてきた。それでもやはり明治二十一年当時サンフランシスコ市内在住の千人近い日本人の五、六〇パーセントは、働きながら学校に通う留学生が占めていた。彼らの大半は「スクールボーイ」と称して、白人家庭に同居しながら昼間は学校に通わせてもらい、その代償として朝と夜は家事の手伝いをしていた。

その他のサンフランシスコ市内在住日本人の内訳は、明治政府に反逆して亡命を謀った自由民権派の若者たち、出稼ぎ勤労青年、水夫、曲芸師や軽業師などの旅芸人、売春婦などがいた。徐々に人口を増していった日本人移住者は、サンフランシスコ市内で小さな日本人社会を作るようになった。「和田旅館」や「大和屋」食堂など、日本人を相手とした商売もそのころ始まった。「大和屋」食堂では当時、一〇セントでおかずが一品、五セントでご飯が食べ放題だった、と『桑港日本人列伝』（伊藤一男）に記されている。ほかならぬ常太郎も、その「大和屋」で故郷を懐かしむ味を楽しんだことだろう。

コスモポリタンホテルにて

サンフランシスコに着いてからというもの、常太郎には長い船旅の疲れを癒している時間などなかった。祖国の靴工仲間に、一日も早く当地の靴業界事情を知らせなければならない役目を担っていたからだ。幸い、当地で長年暮らしていた高木豊次郎の全面的な支援を得て、常太郎はさっそく靴工場調査に取り掛かることができた。二人は毎日のように中小製靴店が立ち並ぶミッション街に出かけては、熱心に調査した。遠くアラメダ市やオークランド市にまで足を運んで調べ上げたこともあった。

時にはあらかじめアポを取って、製靴業界の大手ヒルスデール社の大工場に出かけて行って、労働者の働きぶりを見学したこともあった。常太郎の真剣さに賛同した高木は、自らが経営するビリヤード場を閉めてまでも協力してくれた。

さまざまな調査の結果、常太郎はこの地が「前途、すこぶる有望にして、祖国の靴工仲間が新運命を開拓すべき無限の富源地」(『加州日本人靴工同盟会沿革の概要』)であることを確信した。

しかしそうはいっても、サンフランシスコは異国の地だ。言葉から生活様式まで、すべてが日本とは違う。どんなに前途有望の地でも、靴工仲間をすぐさま日本から呼び寄せることには慎重にならざるを得なかった。仲間を受け入れる態勢を整えるためにも、まずは自らが何らかの職にありついてアメリカの文化に慣れ、英語をマスターし、さらには開業資金を蓄えることこそが先決だ、そう決断した常太郎は、さっそく「福音会」に斡旋してもらい、コスモポリタンホテルの皿洗いの仕事を得た。

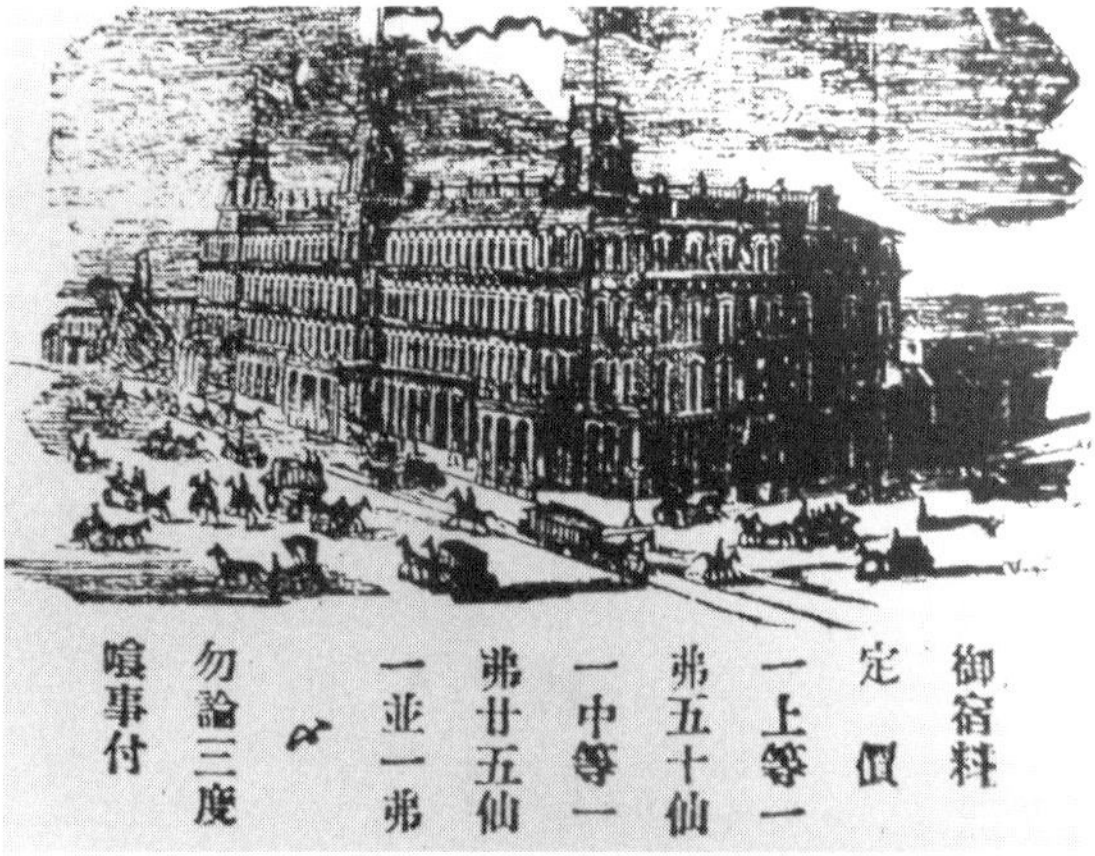

コスモポリタンホテル『郵便報知新聞』（明治二十年六月九日付け）

従来の高野房太郎伝によると、常太郎が初めてサンフランシスコの波止場に着陸したおり、コスモポリタンホテルの客引きだった高野と出会って、高野の紹介で常太郎は当ホテルの皿洗いの職を得たとなっている。しかし、これは推測によるストーリーでしかない。波止場が大勢の送迎客で混雑していたこと、常太郎は福音会に宿泊する予約をとっていて、その送迎馬車が迎えに来ていたことなどを考慮すると、コスモポリタンホテルの皿洗いの仕事は、福音会に斡旋してもらった、と考える方が現実味があるように思われる。

コスモポリタンホテルは港からほど遠くないミッション街と五番街の角に位置し、手ごろな宿泊料ときめの細かいサービスが好評を博して、利用する日本人客も多かった。『海外邦字新聞雑誌史』によると、「明治二十年当時、日本人の働き口は至って少なく、かつ給料は甚だ安かった。そのころレストランの料理人が月給二五ドル、皿洗いが一七、八ドルで……」とあるので、常太郎の給料もおよそそのくらいだっただろう。常太郎が従事した皿洗いの仕事について、『日系移民史』など多数の著書がある梅田又次郎は次のように書いている。

　この仕事は最も簡単にして、敏活の働きも要することなく、英語など知らずとも、勤務にもはなはだしく不便を感ぜず、ただ、コックの命じる炊事具、ウエイターの運び来る食器を洗い、最後に厨房をきれいに掃除すれば、終日の仕事終わるものなれども、そのいくどか山のごとく積み重なる食器は、石鹸を溶かしたる湯にて洗わざるべからざるゆえに、長き時間立ちづめにてこの仕事をなす時は、数日にして両手にケイレンを覚え、屈伸意のごとくならず、身体強健なる者といえども、非常の忍耐あるにあらざれば、到底この業務に満足して永続することあたわず。(『在米の苦学生及び労働者』梅田又次郎)

実際、常太郎も、長時間の立ち仕事のために、足腰にくる疲労は半端なものではなかった。一日中、皿や小鉢についた食用油を熱湯で洗い落とし続けるのだから、手の皮が剥けることも度々だった。すべてが初めての慣れない仕事に加えて、言葉が通じないのだから、最初のうちは失敗を繰り返したとしても無理はない。当時、日本に対してほとんど知識のなかった白人たちは、なじみの薄い日本人名をなかなか正確に発音できないので、便宜上、日本人アルバイターの名をアメリカ風に、勝手に「マイク」とか「ジョージ」とか名付けて呼んだそうだ。常太郎の場合は、苗字が最初から城(ジョー)なのだから、都合がいいといえばいいといえた。

こうした苦難の日々、常太郎にとって唯一心休まるひと時は、仕事を終えた後、隣り合わせの従業員部屋で寝泊りしていた高野房太郎が自分の部屋に尋ねてくれることだった。二人は異国の地に一人で暮らす寂しさも手伝ってか、時を忘れて毎日のように語りあった。ある晩は互いの将来の夢を口角に泡を飛ばしてしゃべりあい、またある晩は互いの生い立ちからこれまでの人生の道のりまで、しんみりと分かちあうこともあった。

自由奔放に生きているように見えて羨ましかった高野が、若くして父を失い家族を守らなければならない責任ある立場にあったこと、火事で家を全焼してしまったこと、さらには、弟に毎月欠かさず一〇ドルの仕送りをしていること……。常太郎は高野の話しを聞くうちに、自分のこれまでの人生とあまりにも似ていることに気づき、共感を抱いた。

こうしてお互いに気心が通じ合うようになったある夜、常太郎はいつになく真剣な眼差しで、日本の靴工たちの置かれた悲惨な生活状況から労働運動の話までを一挙に語り始めた。資本家の圧制に対抗するために、血気盛んな靴工仲間と図って労働組合の設立を企てたものの、わずか月額十銭の積立金の問題で合意を得られずに失敗に終わってしまった苦い体験談だった。その後、理想社会への具体的指標を探し求めていた時に『国民之友』に出会って、その民主的主張に感動したこと。さらには『国民之友』の根幹をなす平民思想を勉強するうちに、社会運動にも興味を持つようになったこと、などなど。常太郎はなぜか高野の前では、胸の奥にしまっていたことも包み隠さず話すことができた。

雑貨店経営に陰りが見え始めて目標を見失いつつあった高野だけに、常太郎の熱のこもった労働運動の話に夜のふけるのも忘れて聞き入った。こうして毎日のように膝を交えて語り明かすうちに、序々にではあるが、高野の心の中にも労働運動への興味が芽生え始めていた。後に高野は、弟の岩三郎に頼んで『国民之友』を定期購読するようになっている。またその後の高野の論文中には、日米の詳細な靴工の有様が頻繁に出てくる。こうした事実から、コスモポリタンホテル時代に、高野が常太郎からどれだけの影響を受けたかが分かる。

高野がたどる旅路

高野房太郎は、常太郎と出会って半年後の明治二十二年二月には、雑貨店の経営に行き詰まり、借金を残したままサンフランシスコを離れて、ポイントアリーナへと移転してしまった。彼はその後も職を求めてアメリカ各地を転々と放浪、出稼ぎ労働者としての辛苦をいやというほど味わっていくことになる。時には人に騙され一文無しになり、その日の食事にも事欠くこともあった。また偏見と差別から、日本人というただそれだけの理由で、いとも簡単に仕事を切られたこともあった。

高野は一攫千金の夢を追い求めながらも、その一方で労働問題研究に熱心に取り組むようになった。この一見、相反するように思える二つの生き方を、同時に突き進んだ契機について、筆者の私見を記したい。

房太郎は、父の死や実家の没落などの不幸を体験しながら、幼くして戸主としての重圧を課せられた。彼は名門高野家が落ちぶれていく過程で、さまざまな心的外傷（トラウマ）を受けたに違いない。ひとたび栄華のもろさを体験した房太郎は、定住の生活では心が安まらず、既成の社会に息苦しさを感じるようになった。高野家再興のためだったはずのアメリカ生活なのに、房太郎はともすると、責任を放棄して放浪する自分を発見して、嫌悪すら抱くようになった。だから、母や弟への仕送りを自らに課すことで、かろうじて高野家の戸主としての面目を保てたし、極端な社会からの逸脱もくい止められていた。常太郎や労働運動との出会いも、放浪の通過線上にあったわけで、房太郎にとって労働運動は、本来の渡米の目的である高野家再興へのシナリオにはない予定外のことだった。だからこそ、労働運動のことは、法外な期待をかけていた母はもちろん、弟にも隠し続けたのである。

高野房太郎『東洋銅鉄雑誌』（創刊号・一九〇四年六月）

しかし房太郎にとって「労働運動」は、自分を社会と繋ぎ止めるためにも、高野家に起因する葛藤から抜け出すためにも、いいきっかけだったといえる。常太郎と出会った当初、雑貨店経営に行き詰まり落ち込みがちだった房太郎にとって「労働運動」は自分に生きがいをもたらす新鮮な価値体系と感じられた。こうして房太郎は、高野家再興のための一攫千金への夢は捨てきれないながらも、労働者を救済する道へと人生航路を軌道修正していった。

常太郎と高野がコスモポリタンホテルで培った友情は、それから先も別れと出会いをくり返しながら終生続き、日本の労働運動のさきがけを照らす二つの灯台になるのである。

ジャパニーズクツヤの誕生

皿洗いを始めて五ヵ月が過ぎた明治二十二年三月、いくばくかの資金を蓄えた常太郎は故国で朗報を待っている靴工仲間のためにも、一日も早く靴屋を開店しようと奔走した。常太郎は店舗捜しをするために、高木豊次郎に頼んで、英語の達者な伊勢出身の森六郎を紹介してもらった。森と常太郎は安価な物件を探し回り、ミッション街（三番街と四番街の間）の裏家の一地下室を借り受けて、そこを根城に靴屋の営業を開始した。

この日本人初の靴屋の開店は『日米年鑑』（第二巻「靴工の沿革」）に、「明治二十二年三月、城常太郎なるものミッション街九四〇番に初めて靴工業を開始す」と記されている。この小店は、家賃一ヵ月八ドル。店の奥のほうを布切れで仕切ってキッチン、ベッドルームとし、常太郎はそこで寝食した。その生活ぶりは「まことにみすぼらしい生活で、いまどきの人の想像することのできないほど小汚いもの」（『歴史湮滅の嘆』）だった。

外人相手に靴の修理店を始めた常太郎は、開店早々、次々にひいきの顧客を得て、まずまずの好結果を得るようになった。その成功に快くしたのか、常太郎は開店一ヵ月後四月に、さっそく第一回の米国現地報告を日本にいる西村勝三と靴工仲間一同に宛てて出した。

明治二十二年四月中、故西村勝三翁および東京靴職工同盟会へ宛て視察の結果を詳細に報告し、同時に職工の派遣を促せり。（『加州日本人靴工同盟会沿革の概要』）

では、常太郎が報告した視察の結果とは、どういうものであったのだろうか？それを知る手がかりとなるのが、明治時代の雑誌『遠征』（三十一号）の「靴屋の繁殖」や、『渡米成業の手引き』（吉村大次郎）の中に出てくる「北米に於ける日本靴工」と題された記事だ。

それらの記事には、当時の米国の靴業界事情が、詳しく記されている。

以下に記事の内容を箇条書きにまとめてみるが、たぶん常太郎は、このような視察結果を日本の仲間たちに伝えたのだろう。

一、当地において、日本人がおこないえる仕事で最も有望なのは、靴工業である。
二、当地では、靴製造よりも、靴直しに成功の道がある。直し賃は、カカト積み直しが、二十五セント（五十銭）で、裏皮を張替えれば、一ドル二十五セント（二円五十銭）は取れる。
三、当地の生活程度では、客にとって、それが高い修理代ではない。靴が生活必需品である米国では、修理の分野に大きな需要がある。
四、原料の革は日本に比較して、品質がよく、安価で手に入る。
五、米国は自由な国であり、すべての職業が等しく神聖なものと思われている。もちろん靴屋に対しての差別意識もない。

米国の靴事情について、以下のような新聞記事も見つけた。

米国人はあたかも人間の少壮時代の如く、進取の気、勃々として、秩序階級に重きをおかず、路上靴をみがいて生活する者も、堂々たる大統領も一個独立の人間としては、差別なしを心得、あえて、靴工を賤しみもせず、恥しとも思わぬ気風だから、人の実業に就くこと水の流れに従うが如し。（『日刊人民』明治三十二年六月一日付け）

常太郎が祖国に調査報告の手紙を出して一ヵ月後の明治二十二年五月、東京では「伊勢勝靴工旧友会」の創立総会が開かれた。この会は、とかく労使の関係がぎくしゃくしたものになっていたのを心配した西村勝三が、関根らに働きかけて、門下の業者と靴工たちの親睦を目的として結成させた団体だった。その席で会長の西村は、常太郎のサンフランシスコからの報告をもとに、「これからは、若い靴工諸君の時代である。自由な環境にある人は、大いに海外へ進出して先進国の製靴技術を修得し、後進国日本の業界に尽くしていただきたい」（『西村勝三の生涯』井野辺茂雄）と海外渡航を奨励した。西村の弁に励まされ、以前から渡米を志していた関根忠吉は総会終了後、即座に渡米の希望を申し出た。こうして関根は、西村から旅費や渡航手続きなどの援助まで受けて、明治二十二年六月の中旬、横浜を出発しサンフランシスコに旅立った。

　ここで少々ひっかかるのは、西村と関根のいささか不可解な関係である。西村は「桜組」の経営者であり、関根は「桜

関根忠吉『皮革産業沿革史上巻』（東京皮革青年会、一九八九年）

組」で以前働いていた靴工で、ストを起こして西村にクビにされているのだ。なのにそのクビになった関根が、西村を持ち上げて、親睦団体である「伊勢勝靴工旧友会」を立ち上げ、その上、西村の大きなバックアップでアメリカに行けたというのだから、この二人に労使の立場を超えた「友情」らしいものがあったのでは、と推測したくなる。西村勝三と関根や常太郎とのそんな関係について、二村一夫氏（大原社会問題研究所前所長）は次のように指摘している。

西村の行動は、彼が製靴業という日本にとってまったく新たな産業分野にのりだし、その発展につとめた先覚者として、単に桜組という一企業の経営者、資本家の枠にとどまっていなかったことを示している。とくにこの段階の製靴業は、労働者の手工的熟練に依存しており、経営者としても靴工の生活に無関心ではありえなかった。しかも多くの靴工は直接・間接に西村の弟子であった。こうしたことを考えると、西村と関根や城との関係を矛盾したものとばかり見ることはできない。（『職工義友会と加州日本人靴工同盟会』二村一夫）

明治の政商十傑の一人に数えられている西村勝三は、佐野藩の附家老西村芳郁の三男として生まれながら、その地位を捨てて靴業に飛び込んだ熱血漢だった。事業においては暴利をむさぼることを避け、国益を重視した人格者でもあった。当時、西村と親しかった大隈重信は、「職業に貴賎なしとして、製靴、製革事業を始められたのはまことに先見の明があり、国家に貢献したところは大きい」と評し、もう一人の友人、渋沢栄一は、「君の性質は、温厚で人情にあつく実意のある人で、清濁併せ呑む雅量をもっていた。その事業に従うや、つねに国益を重んじて私利を追及しない長所があった」と讃えている。

さて話を関根の渡米に戻そう。七月二日にサンフランシスコに上陸した関根は、さっそく常太郎の店に同居して一緒に仕事を始めることになった。一方、常太郎のよき援護者だった高木と森は、店が開店してからも協力を惜しまなかった。靴の材料に使う皮革や釘を購入する時も同行してくれ、英語の通訳を買って出てくれた。特に森は、常太郎らが製作した靴を包みもせずに両手にぶら下げて、自らが広告塔となってサンフランシスコ市中を売り歩いてくれた。こうした高木や森の協力のおかげで、店は在米日本人だけでなく、地元の白人の間にも評判になっていった。

そんなある日、いつものように製作したばかりの靴を両手に持って市中を売り歩いていた森に、一人の見知らぬ白人が声をかけてきた。その男は森が持っていた靴に並々ならぬ興味を示し、なれた手つきで靴の隅々までチェックを始めた。森には、その男の顔がだんだん真剣になり、驚きの表情に染まっていくのが見て取れた。やがて男は確信に満ちた面持ちで森を直視して、こう言った。

「この靴の作りの精巧、緻密なのには驚きました。日本人にこれほどの技術があるのを知ったのは、今が初めてです。ああ、申し遅れました。私はサンフランシスコ市内である製靴所の職工長をやっている者です。ぜひ、あなたたちの工場を見学させてください……」

森はこの白人男性の申し込みに、何らかの形で常太郎らの大口の仕事につながるのではと思い、店の住所を書いたメモ用紙を手渡した。よほど常太郎らの製靴技術にほれ込んだのだろう。職工長と名のる白人が、工場主とともに常太郎の店にやってきたのは三日後のことだった。工場主の名はチースといった。彼らは挨拶もそこそこに、常太郎と関根の仕事ぶりを観察し始めた。仕事場全体が緊張に包まれ、しばらくは誰も言葉を発しなかった。やがてチースは、常太郎らの製靴技術を「一本の針の運びにも、その凡ならざる……」と評価し、ぜひとも自分の工場に雇い入れたいと申し出た。
実は、工場主チースの訪問目的は、日本人靴職人の斡旋依頼にあった。具体的にチースは、次のような条件を提示してきた。

日本人靴工の技術の高さと、丁寧さには感心しました。自分の工場で、一日十時間労働で、一ドル五〇セントから三ドルの条件で採用したい。仕事の内容は主としてスリッパを作る作業で、この工賃一足につき三五セントです。人員は二十名は欲しいので、ぜひとも人を集めてもらえまいか……。(『歴史湮滅の嘆』鷲津尺魔)

常太郎と関根にしてみれば、まさにまたとないチャンスだった。待ち望んでいた夢が実現することになるのである。二人は一瞬、顔を見合わせたが、互いに望むところと判断して申し入れを承諾した。なにしろ当時の日本では、靴職人の平均日給が二十六銭だった。それが日本円にして最低でも三円の日給がもらえるのだから、期待をかけるのも無理はない。特に常太郎の場合、この一年間、先が見えづらいアメリカ生活の中で、何とか日本人靴工仲間の活路を開かなければと、その一念だけで奔走してきたのだ。嬉しさもひとしおだった。

新大陸で一旗、靴工移民団

常太郎と関根はこのチャンスをぜひとも生かそうと、互いに案を練りあった。その結果、まだサンフランシスコにやってきて二ヵ月しか経っていないが、東京の靴工仲間で顔ききの関根が再度日本に帰国して、渡米希望者を集めることにした。再び船に揺られ海を越えて東京に舞い戻った関根は、その足で西村勝三邸を訪問し、アメリカでの靴工雇用依頼の件を報告した。詳しい実情を聞いた西村はことのほか喜んでくれ、全面的に協力することを約束してくれた。

関根は直ちに靴職人三十名を銀座三丁目の鰻屋に集め、アメリカでの雇用の条件を詳細に説明し、渡米者を募った。しかし渡航費用の問題や、家族を残してアメリカへ渡ることへの不安からか、是が非でも行きたいと名乗り出る者は一人もいなかった。落胆はしたものの、関根はそう簡単に諦めるわけにはいかなかった。せっかくつかんだ飛躍の機会なのだから、なんとしてでも彼ら靴職人たちを説得しなければならなかった。

関根はその後も二週間近く、渡航者の獲得と金策のために奔走した。その結果、やっと十四名の希望者を集めることができた。十月二十日、横浜を出港するゲーリック号で集団渡米するところまでこぎつけたのだ。出港の前日、西村勝三の好意によって、渡米靴職人一行の送別会が横浜の山崎屋で開かれた。その席上、西村は励ましの言葉とともに渡米後の注意と心構えを説き、次のような徳目を「申合規約」としてあげ、各自に調印させた。

（一）祖国を離れても、決して国を愛する心を失ってはいけない。
（二）仕事を怠けたり、みだらな言行で日本人としての体面を汚してはならない。
（三）日常の衣食住は内地での生活を標準とし、よく働き貯蓄を心がけること。
（四）アメリカにおいて靴業の長所を学び、製靴技術の進歩を図ってもらいたい。

実は、この送別会の裏には一つのエピソードがあった。関根は渡米の日がまじかに迫る日々の中、昼夜を問わず、渡米希望者のための金策に走り回った。しかし、あらゆる策を講じたにもかかわらず、仲間の旅費が目標額にあと二百円足りなかった。思いつめた関根は、送別会の場で西村に最後の金策を訴え、万一断られた場合は死をもって謝罪しようと決意していたのである。そのときの心情を関根は自らの著書『靴業の半生の自伝』の中で、次のように記している。

この上は、最後の策として、横浜に西村氏に会するのとき、同氏に哀を求め、もし聴かれすんば、潔く屠殺してもって衆に謝せん。西村氏もまた、衆の希望を空しうするに忍びず船賃を償い、渡航を全からしめば、予が目的の端緒を遂行せしものなるをもって瞑目するに足る。

予、死し後は、城氏、これを亨けて完璧せしむるまた疑いを入れずと決意すること堅く、窃かに一書を認めてこれを懐にせり。(『靴の発達と東京靴同業組合史』)

関根の決死の直訴は、西村の心を動かした。西村は快くその訴えを承諾し、不足分の二百円をすぐさま懐から取り出して関根に貸し与えた。こうして翌十月二十日午前九時、西村勝三ら桜組の首脳陣五人と、渡米一行の家族たちが見送る中、関根は靴工十四名を率いて横浜港よりアメリカへ向けて出港した。

この日集団移民の途についた靴工たちの胸の中は、未知の体験にのぞむ不安よりも、常太郎が米国の靴工市場を十分にリサーチした上での招聘だったので、「自分は新大陸で一旗上げるんだ」という気合と夢で溢れていたに違いない。

当時の第一次靴工集団移民は、次の二つの新聞に掲載されていたので記しておく。

◎日本職工の渡米――今日まで日本より米国へ渡航せし者は随分数多き事なれども、大抵は書生上がりの人が仕事の片手間に学問の修業をなさんとの趣考なるが、米国に赴く以上は金儲けを専一として仕事に従事すれば兎も角、傍ら学問をなさんなどは先ず見当の違いし所なきにあらず。殊に日本書生の常として豪放磊落金銭を見る土芥の如き習慣あるものには、金儲けと決心するも此さえ余程困難の事情ありという。されば今日まで米国に渡航せし者の中に充分の結果を得る能はずして帰りし者あるは、畢竟その人の不適当にして、又たその覚悟の異なりしこと重なる原因なるべし。これに反して米国は新開国にして地広く民少なき地なれば、もし手に多少の職を覚え、日本において充分労働に堪え得る丈の者彼地に赴かんには、日本人は元来手仕事に巧みにして且つ生計の度卑ければ、日本にいるよりも所得遥かに多かるべく、又たその人の心掛け次第にて多少の貯蓄をなすも易き事なればとて、今度我国の靴製造職工十余名は米国へ航して製造に従事せんと昨今計画中なりという。(『時事新報』明治二十二年九月一日付け)

◎製靴者の海外旅行願い――京橋区築地一丁目の製靴造所長鈴木謹十郎氏は靴製造熟習のため米国桑港へ五ヵ年間留学致し度に付き海外旅行券下附の儀昨十八日其の筋へ出願せり。(『中外商業新報』明治二十二年九月二十日付け)

参考までに集団移民した靴工十四名の名前を全員次に記しておく。

伊東金之助、飯沼守三、岩佐喜三郎、今村積五郎、鈴木謹十郎、小永井忠次郎、田代耕作、平野永太郎、高梨幸助、丹羽練次郎、片岡富蔵、大島謙司、永井米作、松浦某(『靴産業百年史』及び『靴の発達と東京靴同業組合史』より)。

第三章　深まる軋轢、白人VSジャパニーズ

秘密の靴ファクトリー

明治二十二年十一月初旬、関根たち日本人靴職人一行は、サンフランシスコに無事到着した。工場主チースは約束通り、日本人靴職人総勢十六人全員が働く工場を用意してくれていた。マーケット街とミッション街の間にあたるエッカー街四四番地に一軒家を借り受け、一階を工場、二階を寝室にあてて準備を整えてくれたのだ。

チースは他の場所にも自らが経営する靴工場を持ち、多くの白人靴工を雇用していた。しかし彼ら白人靴工たちには、日本人靴工場ができたことは知らせてはいなかった。実は、常太郎たち日本人十六人の靴工場は、地元の靴業界関係者にも知られてはまずい秘密工場として用意されたのだ。それにはそれなりの理由があった。

カリフォルニアでは、一八七〇年代から中国人労働者排斥運動が広がり、一八八四年には中国人排斥法が実施された。中国人労働者排斥運動の主な理由は、低賃金で長時間働く彼らの存在が、白人労働者の賃金低下や労働条件の悪化に直接繋がるのではと恐れられたからだ。この中国人労働者排斥運動に最も力を入れたのが、白人の労働組合だった。なかでも、サンフランシスコの白人靴工によって組織された「白人靴工労働同盟」は、中国人労働者の排斥を主要目的として結成されたほどだから、力の入れようが半端ではなかった。他の業界に比べて、

どうして靴業界がそれほど中国人労働者の排斥に熱を入れたのだろうか。その一因は、中国人靴工の人数が極端に多かったからだと思われる。白人靴工は、ただでさえ少ない職場を中国人に根こそぎ奪われるのではないかと、不安で一杯だった。

一八八六年一月現在、サンフランシスコ市内の靴業界で働く労働者は七千人いたというが、その多くを占めたのは中国人靴工だった。一方、白人靴工の割合は、わずかに二割たらずで千人程度に過ぎなかった。そして賃金といえば、白人靴工の日給の平均が二ドル三〇セントあったのに、中国人靴工たちはわずか一ドルちょっとででも嬉々として働いたようだ。それより二十年ほど前には、白人靴工は日給四ドルも稼いでいたというのだから、安く働く中国人靴工の大量侵入により、白人靴工の労賃がどれだけ目減りしてしまったかが分かる。そんな事情があって、常太郎らの秘密工場の雇用主・チースは、日本人靴工たちを低賃金で雇ったことが「白人靴工労働同盟」に知れることを極端に恐れたのだ。

日本人靴工たちは船旅の疲れを癒す間もなく、チースとの正式な契約を済ませ、靴やサンダルの製造に着手した。彼ら十六人の靴工は、当時日本でも撰り抜きの腕利きばかりだったので、請け負った仕事は指定された期日をきちんと守り、迅速かつ丁寧にこなしていった。彼らの中には、一日、三ドル近く稼ぎだす猛者もいた。

この頃のことを靴工・大嶋謙司は、「靴工同盟会創立苦心談」に、「あくる二十三年二月頃までは、最も無事に、最も愉快に働いておりました」と記している。

彼ら靴工たちは、日本にいた時には考えられないほどの高収入を得ていたのだが、派手な生活を慎み、西村と約束した徳目をきちんと守りながら仕事に精を出した。アメリカでは先輩格の常太郎は、後に続いて来た彼らのために、生活全般に渡ってまめに面倒を見た。秘密靴工場での仕事は、最初の二、三ヵ月は何ごともなく、いたって好調だった。

ところが、順風に帆をはるような穏やかな日々は、そう長くは続かなかった。明治二十三年二月には、白人靴工たちが、チースが日本人靴工と交わした低賃金契約を嗅ぎつけたのだ。秘密であったはずの日本人工場も彼らに発見されてしまった。またその後の「白人靴工労働同盟」の調査で、チースが利益を増やすために、日本人靴工が製造した製品に、白人靴工が製造したものと同じマークを捺して市場に出していたことも判明した。全てがばれてしまったチースは「白人靴工労働同盟」から猛烈な抗議を受けるとともに、「製靴工場主同盟」からも激しい非難を浴びせられた。

一方、白人靴工同盟会員たちによる、常太郎らの秘密工場への妨害も、日に日に激しさを増していった。「靴工同盟会創立苦心談」は、その嫌がらせのありさまを、「我々の工場へは職工ユニオンから妨害に来る。昼は子供が石を投げ、悪口をたたき、夜は大人が来て種々の方法で妨害をするという次第で……」と記している。

憤慨の持って行き場がない常太郎たちは、チースに「われわれが安全に働けるように、保護をしてくれ」と迫った。しかしチースにしてみると、「白人靴工労働同盟」、「製靴工場主同盟」それに日本人靴工たちと、三方より責め立てられたのだからたまったものではない。問題はこじれにこじれ、恐れをなしたチースは、ついに日本人靴工たちに給料も払わずにサンフランシスコ市外に雲隠れしてしまった。

高まるテンション

雇用主チースが行方をくらました後も「白人靴工労働同盟」による妨害や圧力は強まるばかりだった。日本人靴工たちはとうとう耐え切れなくなり、工場を閉めざるをえなくなってしまった。

仕事を失ってしまった上に、未払いの給料も手に入らなかったのだから、十六人の靴工たちは深く落胆した。

絶望のどん底に突き落とされた彼らに対して、白人靴工たちの情け容赦ないバッシングはなおも続いた。日本人靴工たちは身の危険を感じ、工場から外出することすらできない状態にまで追い込まれてしまった。蓄えていた食料も尽きてしまい、まさに兵粮攻めの状態だった。十六人は相談した結果、関根、大嶋、飯沼、岩佐、森、の五人が、工場に守備隊となって籠城し、常太郎や残りの者が、ホテルの皿洗いや農園の日雇いアルバイトに出かけて一時を凌ぐことにした。数ヵ月に渡って外出できなくなってしまった当時の籠城の模様を、大嶋謙司は、次のように記している。

当時は、白人職工より排斥されたばかりでなく、日本人からも排斥されました。靴工のごとき下等労働者がいるために、全体の日本人が侮辱され軽蔑されるのであると。我が同胞ですら我々を排斥したので、当時の我々は筆紙につくしがたき辛苦をなめたのであります。

当時食料の米は中国人の商店より、買っておりました。ところが中国人が我々の所に米を運搬すると例の排斥党の奴輩が途中にいて乱暴をやる。ついに中国人もその乱暴を恐れて米の運搬をしてくれない。やむをえないから、同志中の会計が、一俵の運搬料として、金一〇セントを支払うという懸賞を出した。

今でこそ、一〇セントの金はなんでもないが、当時、窮境にある我々は、一週間の小遣い銭が、オンリー、ツーベッチ位であるから、同志中、一〇セントの懸賞の米運搬志願者が、なかなか多く、中には、一俵の米を背負う力なく、中国人の商店より、ミッションで街近くまでころがして来たという滑稽を演じた者もいたくらいでした。

以上の次第で、兵粮攻めは、会計の奇智によって何とか免れたのであります。(「靴工同盟会創立苦心談」大島謙司)

その後しばらくたって、雇用主チースから常太郎らに連絡が入り、弁護士の調停で「白人靴工労働同盟」、「製靴工場主同盟」との三者の間に和解が成立したことを知らされた。和解の条件は、今後、日本人靴工には白人靴工の好まない仕事のみをやらせること、日本人靴工の造った製品には白人靴工のマークをつけないことなどだった。日本人靴工を抜きにして一方的に決められてしまった和解の内容は、常太郎らにとっては屈辱以外の何ものでもなかった。

日本人靴工たちの心の内は、全員がまさに「憤慨骨髄に徹したり」（『加州日本人靴工同盟会沿革の概要』）の心境だった。彼らの多くは、かつて日本でストライキを起こして戦ったこともある闘士だった。だから、いつ感情が爆発してもおかしくない状態だった。もちろん、常太郎もまた同じ憤りを感じた。しかし常太郎には、日本人靴工仲間を守り抜かねばならない責務があった。怒りを爆発させることは簡単だが、それでは自滅してしまうだけだ。渡米したばかりの日本人靴工たちには「白人靴工労働同盟」に対抗しうるだけの金も力もない。常太郎は発想の転換をはかり、客観的に白人靴工の立場も考えるように務めた。

自分が白人靴工の立場に立てば、彼らが中国人や日本人靴工を排斥するのも分からぬではなかった。彼らは自らの賃金を、常太郎たちよそ者の低賃金から守ろうとして闘っているのだ。白人靴工の一貫した闘争には、それなりにちゃんと筋が通っている。しかし、日本人靴工にとっても、アメリカで生き抜く権利があるはずだ。常太郎は思案の末に、次のような解決策を導き出した。

当面は、白人靴工との競争を避けるために、彼らの嫌がる靴の修理のみを専門とする道を選ぶこと。次にこの際、思い切ってチースから独立して、ささやかな店でもいいから開店して独立の道を歩むこと。さらに、「白人靴工労働同盟」から身を守るための何らかの「労働団体」を組織することなどだった。それは、日本で組織して当時も日米で存続していた「靴職工同盟会」ではなく、一靴職工に狭めることなく、今後、ますます、日本から多種の職工が渡米することを見越して、彼らの救済、支援をも含めた団体を模索した。

常太郎はどんな状況に置かれても、極端な行動はできるだけ抑える方に回った。対立抗争よりも平和的な協調の道を選んだのである。彼は早急に皆を集めて、今後の日本人靴工の進むべき道を検討し合う集会を開いた。討議の結果、彼の提案は多くの賛同を得、一日も早く靴修理を専門にした独立工場を開設することに衆議一決した。

独立工場オープン

明治二十三年五月、日本人靴工たちは、チースに談判して得た未払い分の賃金を元手に、七番街とミッション街の角を入った裏通りに一軒家を借り受け、独立第一工場を開設した。正確な住所はミッション街一一〇八番地で、家賃は月一五ドルだった。工場といっても名ばかりで、実際は寝室と仕事場を兼ねた一室で、主として靴直しを専門に営業した。幸い、白人靴工の好まない靴の修理専門店は、開店資金が少なくてすんだ。長年、草履や下駄をはいてきた日本人と違い、米国では老若男女、靴は生活にかかせない消耗品なので、靴直しの需要は多かった。また、日本人は手が器用で確かな技術を持っていた上に、修理費が格安で、納期も実直なまでに守ったので、顧客の数はみるみるうちに増していった。

自信をつけた日本人靴工たちは、次々に新しい工場を開設していった。第二工場を、同年十月にミッション街一七三七番地に新設し、工場主任には関根がなった。続いて第三工場をサンフランシスコ市近郊のアラメダ市パーク街に新設し、工場主任には平野と片岡がなった。さらに、サンフランシスコ市内のグローブ街の第四工場は、岩佐が主任となった。いずれの工場も相当の収入が出るようになり、着実に靴業発展の地盤を築いていった。

「日本職工同盟会」、始まる

その後も、日本人靴工たちは次々に独立して第一工場を巣立っていった。明治二十三年の暮れには、とうとう古巣である第一工場の住人は常太郎ただ一人になってしまった。

常太郎が最後まで第一工場に居残ったのには、それなりの理由があった。十六人の靴工が第一工場で集団生活を始めて一ヵ月が過ぎた明治二十三年夏ごろ、常太郎の提案により、「白人靴工労働同盟」から身を守るため「労働問題」をテーマとした勉強会と日本人職工の救済、支援も兼ねた、実践団体「日本職工同盟会」がすでに第一工場に拠点事務所を置き始まっていた。その組織のリーダーである常太郎が、そのまま第一工場に最後まで居残る形になったというわけだ。

このころの常太郎は、白人靴工たちからの迫害体験を通して、日本人労働者としての無力さを痛感していた。またその反面、「労働組合」がアメリカ社会の中で大きな発言力を持っている事実を目の当たりにして、以前にもまして「労働問題」に強い関心を示すようにもなっていた。彼はサンフランシスコで安定した生活の基盤を築くためにも、何はさておき、直面している「労働問題」の実相を勉強しなければならないと感じた。

当初、十六人の靴工は毎日、同じ工場内で寝泊りしながら顔をつき合わせて暮らしていた。そうした集団生活の下で、常太郎の労働問題研究への熱い思いは、他の靴工の意識の中にも自然に伝播していった。やがて、同じ関西出身の平野永太郎や関根忠吉の賛同を得て、わずか靴工十名足らずの参加者とともに「日本職工同盟会」を始めることになった。

新しく発見した資料の中に、職工同盟会の名前が残されているので、以下に二つ、掲載したい。

関根忠吉氏は、かねてサンフランシスコにおいて職工同盟会を設け、もっぱら白哲人種と競争しをる由なるが、今回帰朝して、更に職工を募集し、来六月又々渡米するとのことなり。（『都新聞』明治二十四年三月二十一日付け）

城は、かねてから日本職工同盟論者として、サンフランシスコの在留日本人に広く知られた有為な男なのである。（『遠征』第十号・明治二十五年四月一日「哀れの乙女」）

歴史家の間では、長年にわたって、労働組合の源流は「職工義友会」だとされてきた。しかし、上記二つの資料により、「職工義友会」は「日本職工同盟会」を母体として結成された団体だったことが判明した。つまり、近代的労働運動は、明治二十三年の夏、サンフランシスコにおいて、城常太郎らにより結成された「日本職工同盟会」をルーツとしてスタートしたことが分かったのである。

そのころ、日本では、明治十九年に設立した「靴職工同盟会」が解散することなく続行されていた。また、明治二十年十二月に開業した「職工同盟造靴場」も幾多の辛苦を乗り越えて、営業が継続されていた。常太郎は、祖国の同盟会会員とも気脈を通じ、米国からの支援を惜しまなかった。

◎御礼広告――弊店儀開業以来本年十二月を以て満三カ年となり、是謹々の星霜といえども江湖諸？の御愛顧御引き立てに寄日に月に繁栄仕り既に昨年同盟員の内、米国桑港へ同店を開き候処意外の繁業にて今般米国近時発明諸製伎及諸器機等回送着荷仕候間則三カ年期祝典併て御礼の為同盟員大勉強仕り来る十二月一日より十五日迄に注文は勿論仕入れ諸品とも特別の割引き販売仕候間右日限迄に陸続御用向被仰付度奉願候也。

但し遠近の別なく御沙汰次第罷出御注文相伺可申其折端書返上司仕候。
芝区松本町四番地　同盟職工造靴場
（『読売新聞』明治二十三年十一月三十日付け）

常太郎の頭の中には既にこのころ、この第一工場を、やがては靴工のみならず、迫害に苦しんでいる在留日本人労働者たちにも開放して、サンフランシスコにおける橋頭堡にしようという心積もりがあった。第一工場から次々に巣立っていく靴工たちを、最後の一人まで見届けた常太郎は、明治二十三年の暮れ、いよいよ「日本職工同盟会」の会員集めに精力を傾け始めた。このころ、常太郎は、後に労働運動の強力な同志となる沢田半之助と出会っている。

沢田は渡米後、「福音会」幹事で後にロータリー運動を日本に持ち込んだ米山梅吉と盟友となっている。そのことから、彼の渡米後の最初の宿泊先は、常太郎の場合と同じ「福音会」だったと思われる。そうであれば、常太郎と沢田は「福音会」を通して出会った可能性が高い。常太郎は、会員を勧誘するために、「福音会」に出向いて「日本職工同盟会」のチラシを掲示板に貼らせてもらったであろう。

沢田は明治二十三年の暮れに、洋服店出店の夢を抱いて渡米した勤労青年だった。サンフランシスコに到着して「福音会」に宿泊しながら、これから先の生活設計を立てようと思案していた時に、掲示板でその広告を見たのかもしれない。いずれにせよ、最初に常太郎の第一工場を訪ねてきたのは、沢田半之助だった（「沢田半之助の旅券番号３０８６３号」『明治二十三年本省渡海外旅券下附表』外務省外交資料館所蔵）。

沢田は当初、広告主の名が「城靴店」になっていたことに興味を惹かれて訪ねて来たものと思われる。常太郎は何度か沢田と会ううちにすっかり意気投合してしまい、自分の店に同居して洋服の裁縫所を始めることも快く

沢田半之助『米友協会会史』（米友協会、明治四十四年）

承諾した。翌明治二十四年早々、常太郎の店に裁縫所を開店した沢田は、仕事が軌道に乗り始めると、次第に「日本職工同盟会」の月例会にも参加するようになっていった。

『在米日本人史観』には、当時の沢田の商売を、以下のように記している。

沢田半之助は明治二十三年渡米、翌明治二十四年桑港ミッション街と第七街との角なる城靴直し店に同居して洋服屋を始めた。これが米国に於ける同胞洋服屋の元祖である。

茲に注意を要することは当時、洋服屋とか靴直し店とかいふのは今日の同業者とは比較にならぬほど貧弱なもので、ミッション街の沢田・城共同借家は家賃十五弗で通行者の少ない街であった。其処に洋服屋と靴直しとが同居したのだから、実にみすぼらしいものであった。

此頃は大概独身生活で店の奥に手造りのベッドを置きそこに起臥したのである。ケチンもベッドルームもパーラーもダイニングルームもすべて一室の中に兼用され、其食事の如きはブレッドにカフヰー、麦粉の団子汁等であった。それも客足が稀れの時には食い兼ね、一日一食で済ましたことが多いのであった。

沢田半之助は洋服屋とは名ばかりで、洗濯、直し物等が主なるものであった。新造の注文などは開業当初はなかった。

当時桑港には五六百の同胞がゐたが其多くはスクールボーイ階級で彼らは一週五十仙より一弗の給料ゆゑ洋服を新調する余裕はない。大概働先の主人の着古しを貰ったり、やむをえず衣服買入の必要に迫るときは

ハワード街の古着屋に走り一着三弗位で用を弁じ、靴も一足五十仙の古靴で間に合わした。(『在米日本人史観』鷲津尺魔)

その後、一時サンフランシスコから姿を消していた高野房太郎も、明治二十四年一月から、サンフランシスコ市立商業学校に通うために当市に戻って来た。高野は各地を転々と移動しながら労働するかたわら、労働組合の勉強をし、労働騎士団の指導者ジョージ・マクネイルの影響を強く受けて帰ってきた。

高野が商業学校に入学したのには、彼の師である読売新聞の主筆・高田早苗の影響があったように思える。高田は高野が渡米するきっかけも作った人物だ。明治二十年、高野が雑貨店の経営資金を調達するため一時帰国した際、高田と会っている(「米国日本品勧工場」『読売新聞』明治二十年十月四日付け)。高野の再渡米後も、両人は手紙のやり取りをしていたようだ。明治二十三年三月二十日発行の『東京商業雑誌』(第二号)に高田が記した「小僧の洋行」という文章がある。その中で、高田は米国での商業学校入学を勧めている。

彼の内地雑居の事につきましては……外国商人と競争しても負けないように平常から攘夷の心掛けをもっておらなければなりません。……今に私はサンフランシスコ事情を見ますに……もちろん向うに参りましても直接奉公口を求むることはむつかしいことはむつかしゅー御座いますが、兎に角もサンフランシスコあたりには、同地の商業学校位の卒業証書を以て居れば奉公口は沢山あるということです。……

高野はサンフランシスコに到着後、商業学校での学業や自活のためのアルバイトで多忙を極めたため、最初のうちは「日本職工同盟会」の月例会に参加できなかったが、夏休みが来て時間に余裕ができると、進んで月例会に出席するようになった。
こうして「日本職工同盟会」をスタートして一年がたった明治二十四年の仲夏「六月六日頃〜七月六日頃まで」になると、「会員も大いに増加し、同地外人の信用をも博するに至り」（『経世新報』明治二十四年十月十六日付）。常太郎は、新たな活動を開始する「機は熟した」と思った。

オリジナルな呼称は、「労働義友会」

明治二十四年の仲夏のころには、常太郎の店は、勤労青年、自由民権派青年、留学生など、在留日本人たちの交流サロンの役割も果たすようになっていた。「日本職工同盟会」のほうも、「同港在留の日本人は相共に苦楽を同ふせん」ことをモットーにした当地での労働問題の自主的研究、実践グループの段階から一歩抜け出し、新たに加えた「祖国日本の労働者に、労働組合の必要性を訴える」というビジョンも持ち合わせた、実践的な労働者の組織を目指した。こうして「日本職工同盟会」から新しく生まれ変わった団体は、「労働義友会」と名づけられた。

従来の歴史書では、サンフランシスコに初めて開設されたこの労働団体を「職工義友会」と記されてきた。しかし、筆者が発掘し後に提示する二つの新資料、それから、東京大学名誉教授・隅谷三喜男先生が以前発掘した資料一つ、合計三つの資料によると、当時はまだその呼称は使われておらず、正式には「労働義友会」と呼ばれていたことが判明した。高野房太郎が執筆した記事にも、この労働団体名を英語で「The Friends of Labor」と記されていることからも、この名称に間違いはあるまい。「労働騎士団」の英語名称「The Knights of Labor」から判断しても、「The Friends of Labor」の正式名称は「労働義友会」と断定できる。よって本書では、読者にとっては聞き慣れない名称だとは思うが「労働義友会」という呼称を使うことにする。

前身の「日本職工同盟会」の代表者だった常太郎と平野永太郎は、引き続き、新生「労働義友会」の発起人となり同盟会の会員の中から、「労働義友会」への入会者を募った。しかし、参加者の中には、躊躇して辞退する者もいた。「労働義友会」に入会すれば、会員はさらに多額の会費を払うことになる。おのずと、これまでの和気あいあいとした同好会の気分ではいられない。昨日までの友は、いつの日か祖国日本に帰国し命がけで労働運動を実践していく使命を担った同志となり、互いに切磋琢磨しあう活動家となるのである。結局、発起人の常太郎と平野の呼びかけに応じて会員になったのは、わずかに十名だけだった。

日本労働運動の巨星・片山潜は、産声を上げたばかりの「労働義友会」（片山も後の呼称であろ職工義友会と呼んでいるが）について、以下のように評している。

平野永太郎『靴産業百年史』（日本靴連盟、一九七一年）

> 職工義友会は、日本において創設せられし者にあらざりき。爰に面白き意味あり。この会は、明治二十三年仲夏、米国桑港において当時同地に労働しつつありし、城常太郎、高野房太郎、沢田半之助、平野栄太郎、武藤武全、木下源蔵、外四、五名の労働者によりて組織せられし者にして、その期する所は、欧米諸国における労働問題の実相を研究して、他日、我が日本における労働問題の解決に備えんとするにあり。（『日本の労働運動』片山潜、西川光二郎）

筆者は、「労働義友会」が明治二十四年の仲夏に設立された要因には、次の三つがあると、推察している。

一つ、第二次靴工集団渡米ともいわれたように、関根忠吉の尽力により、明治二十四年の仲夏日本から靴工が集団でサンフランシスコへ渡航したこと。

◎在米日本人事情――海外実業会々員にして尤も実業に熱心なる関根忠吉氏は去月〔六月〕二十三日着桑ゲーリック号にて靴職工若干名を率ひて到着……。（『遠征』第一号　桑港実業社発行　明治二十四年七月四日）

二つ、陸軍省が省内で軍靴を製造する計画を実施していたため、民間の製靴所からの発注が廃止される危機にあったこと。

明治二十三年三月十八日、陸軍は勅令第三十号により陸軍被服工長学舎条例を発布。同年、工長学舎を設立。藤村盛吉を舎長に任命し、軍靴、軍服、軍帽にいたるまで、民間の商人の手をからずして軍隊内において自弁にて製造する研究に取り組む（『東京新報』明治二十三年三月二十日付け、『明治職官沿革表　合本4』内閣記録局編　原書房）。

◎朕陸軍被服工長学舎条例を裁可し茲に之を公布せしむ――明治二十三年三月十八日　陸軍大臣　伯爵　大山巌○勅令第三十号　陸軍被服工長学舎条例（『官報』明治二十三年三月十九日）

陸軍省が省内で製造する計画を立てていたのは、軍靴だけではない。軍服の製造も同時に実地されていた。この事実は、洋服裁縫師・沢田半之助にとっても切実な問題だったに違いない。「労働義友会」が結成された直後、母国ではすでに、洋服職工の生活は脅かされ、ストライキの決起へと向かわせていた。

◎洋服裁縫職工の同盟罷工――府下海陸軍軍服裁縫用達商人に属する職工数百名は昨今同盟罷工を企てんと日々奔走中なりとのことなるが、その原因は用達商人が近来職工の仕事なきに乗じ手間賃を低減したるにありとぞ。（『東京朝日新聞』明治二十四年七月三十一日付け）

三つ、当時、すでに、日本に労働団体が少数ではあるが存在しており、労働組合設立の機が熟していたこと。参考のために、当時、日本で創設されていた労働団体名を左に記しておく。

「大日本労働者同盟会」『大同新聞』（明治二十三年六月七日付け）
「東京職工共同商会」『横浜毎日新聞』（明治二十三年六月十一日付け）
「日本正義会」『東京朝日新聞』（明治二十三年十一月二十六日付け）
「労働義侠会」『日本』（明治二十三年十二月七日付け）
「労働自由党」『あづま新聞』（二十四年一月十五日付け）
「日本労働組」『国民新聞』（明治二十四年二月二十四日付け）
「職工同盟会」『国会』（明治二十四年三月三日付け）
「平権倶楽部」『刀水新報』（明治二十四年三月十日付け）
「職業協会」『東京新報』（明治二十四年三月二十六日付け）、
「芝共働組」『日本』（明治二十四年三月二十七日付け）
「活版職工同盟会」『東洋新報』（明治二十四年七月十二日付け）

なお、明治二十四年仲夏の第二次靴工集団渡米の要因の一つは、次のような社会状況があったからと思える。

◎靴師の現況――例年、靴師の繁盛なるは十月より翌五月位までなれば、目下は至極ヒマな時なるが、加えて当年は一般の不景気に押され、実に居喰ひ同様の有様なりと。（『あづま新聞』明治二十四年八月一日付け）

曽祖父の「ゆかりの地」に立つ

余談だが、一九八一年の春、私は当時アメリカに渡って生活していた弟に会いに、カリフォルニア州のバークレー市を訪ねたことがある。弟は彼の地で小規模な塗装会社を営んでいた。

海外旅行が初めてだった私は、見るもの聞くものすべてがもの珍しく、まるで夢のような一週間を過ごした。弟は仕事を休んで、いくつかの興味深い観光スポットを案内してくれたが、特にサンフランシスコの街を巡った時は、「ああ、一〇〇年まえ、この町に曽祖父が住んでいたのだなあ」と、感慨もひとしおだった。

サンフランシスコのジャパンタウンには、明治時代の日系移民の資料を保管し研究している「日米史料館」がある。十数年前に弟が訪ねていった時、すでに八十歳を越えていた館長の岡省三氏は、「あなたがあの城常太郎のひ孫さんですか」と暖かく迎えてくれたそうだ。岡館長は、古い地図を出し、「ミッション街のここらへんに、あなたのひいお爺さんが靴屋を出していたんですよ」と弟に説明してくれたという。そして、昔の靴工同盟の写真をはじめ、さまざまな資料を惜しみなくコピーしてくれた。それらがサンフランシスコ時代の常太郎を論考するのに、貴重な素材になっていることはいうまでもない。

義を見て勇む、常太郎のチャリティー

サンフランシスコに「労働義友会」が設立された明治二十四年の夏、日本史上始めての近代労働運動の担い手として、常太郎や沢田が歴史の重圧に耐えながら悲壮感を持って暮らしていたか？ というと、そうでもないようだ。異国の地にいようとも、日本人には日本人流の楽しみがあり、ときには同朋が大勢より集まってさまざまな催し物を楽しんでいた。それらの楽しみの一つに、日本文化独特の「運動会」があった。

明治二十四年の夏に行われた「日本人野外運動会」を記録した記事の中に、常太郎らの名前を見つけたので、ここに紹介したい。

七月四日、日本人野外運動会

天、雲なくて百雷裏き、地、象変なくして地軸響き、稚児も老夫も村女も美人も共に跳り騒ぐは実に一年一度七月四日の光景なり。されば万里遠征者なる我が三千の同胞もこの日ばかりは懐郷の情念を去って勇んで相集まるは年々の例なり。

今年も去年と同じく桑港練兵場において野外運動会の催しありければ遥か故国の空より吹き送る西風に閃く日の丸を目的に集まり会するものの無慮四百名。開会の順次により、開会の趣意、独立檄文朗読、邦語英語の演舌等ありて後、数番の遊戯を演じ、おのおの己が得意の技芸を尽くして其全く解散したるは夕陽西に傾き暮色蒼然海を掩ふて来らんとするのころなりし。これを客年に比するに会衆はその数を増し諸事の準備周旋もさらに行き届き、特に機転をきかしたるは有志者（井出、沢田、城、西島の四氏）の氷水の接待なりき。

（『遠征』第二号・明治二十四年八月一日）

労働運動のパイオニアたちも、暑い夏の日、こうして在留日本人のためにボランティアをしたり、すべてを忘れて子供のように楽しんだひと時もあったのである。

ボランティアといえば、常太郎たちは同朋の手助けになるならと、さまざまな機会に募金活動を行っていた。サンフランシスコの邦字新聞『金門日報』には、こんな美談が載っている。

◎義を見て勇む――靴工、城、平野、依田、〔不明〕堅、池村の五氏は、昨夜来社せられ、遠征社員荻原預二氏が暴漢のため殴打せられ面部に負傷せられしを傷み、氏は幾多労働者のために一身を犠牲に供したることのありとて、金三ドル半を集め本社の手を経て同氏に贈与せられたり。（『金門日報』第二百五十二号・明治二十七年一月十七日）

また、当時の刊行物の中にもう一つ、常太郎の性格を表すエピソードが記されていた。それは、サンフランシスコで行われた「天長節の祝会」でのある出来事である。

十一月三日、惟一会、同舟会、愛国同盟、三会の発起をもって天長節の祝会をセントジョージ会堂に開く。……福音会、および基督教青年会の合同せざりしは、その日が日曜日に当たりしがためにして、神と国と軽重を転倒せる両会は、各その前夜に繰り越して祝会を開けり。而して福音会に開ける祝会において石崎静なる愚か者あり、演壇上に立ちて一の神を奉ずるのみ何ぞ人間の誕生日を祝さらんやと言うやいなや、場中紛々として喧騒の際に閉会す。けだしそのことに激昂したるは多く同会員以外の傍聴者にして、とりわけ、城常太郎氏の怒り髪冠を指して奮躍したるは今なお史氏の目に髣髴として存す。（『遠征』第十二号・明治二十五年六月一日）

この記事は『桑港時事』（明治三十年四月二十二日付け）の「回顧録　其の十八」によると、ジャーナリストだった竹川藤太郎が、明治二十二年十一月二日の「福音会」での出来事を思い出して記したものであることがわかる。常太郎は宗教にのめりこむタイプではなかったが、こと愛国心の強さでは誰にも負けていなかったようだ。普段は優しい心根で人に接する常太郎も、愛してやまない母国を侮辱する弁士の言葉に、よほど許しがたいものがあったのだろう。「怒り髪冠を指して奮躍したる……」とは、常太郎の全身から発せられた怒気が堂内を揺るがしたさまをよく表している。

第四章　闇に埋もれた「まぼろしの檄文」

サンフランシスコより、檄をこめて

「労働義友会」が設立されて間もない明治二十四年の秋、常太郎は日本労働運動史の幕開けにもつながる、一つの試みに挑戦している。それまで一年にわたり積み重ねてきた労働問題勉強の集大成として、さらには、「日本職工同盟会」から、いよいよ、日本の労働者への実践的啓蒙運動を視野に入れた「労働義友会」への変更が実現し、情熱と行動力の塊である常太郎であればこそ、居てもたってもいられずに、サンフランシスコから日本の各方面に向けて、労働組合結成を促す檄文を送り付けたのだ。

この檄文は、日本の労働者に対して組合作りを呼びかけ、その方法を説いた最初の印刷物といっていい。残念なことに、その原文がいまだに発見されていないので、歴史の闇に葬り去られてしまった感がある。筆者は、この「幻の檄文」こそが、あの有名な『職工諸君に寄す』の原型であると推測している。

幸い、この檄文を紹介した当時の新聞記事が残っているので、その存在だけは世間から忘れ去られることを免れた。ここに、掲載記事の全文を紹介しておきたい。

米国桑港に我が労働義友会起こる

久しく米国桑港に在留し、目下、同港において靴職工を営める城常太郎、平野永太郎の両氏は、我が日本労働社会の姿萎靡逡巡、自ら屈し毫もなすなく、今後ますますその惨状を極めんとするの観あるを見て、このほど一篇の意見を草し我が国同行の人に送り、大いに組合を設くるの利益を説き、各地方に職工組合なる者を設立し、さらに全国枢要の地に地方本部を設け、もって地方に関する事務を処理し、従来労働社界に存在したる弊害を矯正すると同時に、その利益の増進を計り、緩急相救うの術を行はんには、実に我が労働社界の救治策たるを説きたる由なるか。

今度、右の両氏、発起となり、桑港ミッション街一一〇八番地に労働社界の改良利益を計り、あわせて同港在留の日本人は、相共に苦楽を同じうせんとて、毎月、第一、第三土曜日に会員の集会をなす由なるか、目下、会員も大いに増加し、同地外人の信用をも博するにいたりたりと。同会の設立こそ、向後、米国に渡行する職工にとりては、すこぶる好き手蔓となるべし。（『経世新報』明治二十四年十月十六日付け）

『国民之友』コネクション

一読してまず気がつくことは、義友会の発起人として常太郎、平野だけの名をあげて、なぜか高野房太郎と沢田半之助の名前がないということだ。その理由として、「常太郎が在京の靴工仲間たちだけに送った手紙だろうから、靴工でない高野や沢田の名前を出す必要がなかったのだろう……」と推測する研究者がいるが、筆者はそうは思わない。

前述の『経世新報』の記事にある「我が労働社界の救治策たるを説きたる……」の文面を見ても、この意見書が日本の労働者全体に向けて発せられたものであって、身内の靴工仲間たちだけに送った、単なる手紙ではないことが分かる。当時、厖大な量の檄文を大量に日本に送り付けることを可能にしたのは、常太郎と親密な関係にあった「在米愛国同盟会」の機関新聞社の印刷技術が一挙に進歩したからであろう。

◎米国愛国同盟員——米国サンフランシスコの日本人より成り立てる米国愛国同盟は機関として邦文の新聞紙を発刊し来りしが、尚これを拡張せんため同盟委員諸氏より活版器具購入のため義損金を募り居る由。
（『中正日報』明治二十四年二月三日付け）

常太郎はすでにこのころ、日本から新聞・雑誌等を取り寄せて、母国の社会問題の現況を深く研究しており、一介の靴工という狭い視野ではなく、労働運動をもっと大きな視点で捉える社会活動家へと成長していたといえる。この意見書は、「労働義友会」を代表して、発起人の常太郎と平野が、日本の労働者に組合結成の必要を呼びかける目的で送りつけたと解釈する方が自然だ。それではなぜ、記事内容も極端に制限された松方総理大臣直系の機関新聞『経世新報』に、海外在住の勤労青年でしかない常太郎らの「意見書」が掲載されることになったのだろうか？　その疑問を解くかぎは、『経世新報』と『国民之友』との親密な関係にある。

常太郎がこの意見書を日本各方面に送るにあたって、誰よりも先に見せたかった人物は『国民之友』の主幹、徳富蘇峰だっただろう。なぜなら常太郎は『国民之友』を肌身離さずアメリカまで持ってきたほどの熱心な読者であり、『国民之友』がきっかけとなり社会運動に目覚めた経緯があるからだ。徳富へ送られた意見書は、当時創刊されたばかりの『経世新報』の主筆だった川崎三郎に回されたに違いない。徳富と川崎は、親しい友人の間柄で、『経世新報』創刊号には、わざわざ徳富から川崎宛の祝辞が寄せられているくらいである。当時、徳富は時代の寵児で多忙を極め、文章の代筆をいつも川崎に依頼していたぐらいの仲だったのである。

常太郎の意見書を読んだ川崎は、在米の靴職人による熱い労働組合論に心を動かされ、右記のような記事を『経世新報』に掲載したのだろう。

縁をむすぶ「在米愛国同盟会」

別の視点からも常太郎の「檄文」が『経世新報』に掲載された理由が考えられる。

新資料の発見で、川崎三郎と、政治家の大井憲太郎や新井章吾、壮士あがりがアメリカに亡命して設立した「在米愛国同盟会」、さらに、元在米愛国同盟員で既に帰国していた中島半三郎や福田友作、そして常太郎の盟友・関根忠吉が一本の線でつながっていたことが分かった。川崎と右記人物たちとのつながりを、新資料を基に以下に検証したい。常太郎の「檄文」が巡り巡って、『経世新報』に掲載された謎が解けるだろう。『経世新報』には、米国から投稿した在米愛国同盟員の記事が大きく紙面を割いて五回にわたって連載されている。


「日本海国論（第一）」「日本海国論（第二）」「日本海国論（第三）」「日本海国論（第五）」（在米愛国同盟之一員）（『経世新報』明治二十五年一月九日、十日、十二日、明治二十五年三月九日付け）

常太郎は在米愛国同盟員だった靴工、関根忠吉を通して「在米愛国同盟会」の会員たちと親交があった。このことから、川崎三郎、在米愛国同盟員、関根忠吉、城常太郎が、お互いに関わりあっていたと考えられる。

また、大井憲太郎の盟友、新井章吾が主宰した雑誌『自由平等経綸』の中には、川崎三郎が主筆を務めていた雑誌『活世界』の全面広告が掲載されている。新井と川崎の親密性がうかがえる。その『活世界』内には大井憲太郎の記事が多く、自由民権派壮士の渡米のきっかけを作った大同団結運動（大井憲太郎も関わった反政府運動）の記事が頻繁に出てくる。ここでは大井と川崎と在米愛国同盟員たちとの繋がりが浮かんでくる。

大同団結運動の機関新聞『大同新聞』には、「在米愛国同盟会」会員、外山義文による米国通信が連載されているのも上記の仮説を補強している。また、川崎は壮士の座右の書ともいえる『新帝国策』を執筆しているし、『経世新報』内でアジア主義の記事を取り上げ、大井憲太郎の論文を一面で連載している。

一年後、大井憲太郎は自由党から独立して「東洋自由党」を結成した。その機関紙『新東洋』の第一号に、川崎三郎による発刊の祝辞が掲載されている。『新東洋』の記者がわざわざ川崎にインタビューをしたほどの優遇であり、大井と川崎の深い関係が垣間見える。

◎祝辞　『新東洋』に贈る――……柴山侠客　識」（『新東洋』明治二十五年十月三日付け・第一号）

川崎三郎は、北村柴山というペンネームをしばしば使っている。自らを「侠客」と名乗っているのは、社会問題に関与する「壮士系アウトロー」を、自称しているのであろう。

常太郎が労働運動の「檄文」を日本に送った明治二十四年の前年くらいから、日本では、労働問題を教条に取り入れた団体が急増していた。そのほとんどが、壮士の団体だった。その会員の中には、米国帰りの愛国同盟員もいて、彼らと早くから労働運動に関心を示していた政治家、大井憲太郎や新井章吾が親密な関係を持っていた。大井が社長を務めた『あづま新聞』は、「労働社会の護り本尊として世に生まれ出でし」『あづま新聞』（明治二十三年十二月十八日付け）と評価された。あづま新聞・発刊の際には、元在米愛国同盟員だった中島半三郎が所属する壮士団体「大日本労働者同盟会」からも祝辞が寄せられている。

中島の思想形成に影響を与えた者の一人が、社会の公正な発展を唱えたヘンリー・ジョージである。また、ヘンリー・ジョージの本を翻訳したのが、城常太郎と先祖のルーツが同じである社会運動家・城泉太郎だった。

社会問題に興味を示していた他の壮士団体を挙げると「日本労働組」「大日本正義会」、「帝国協和会」、「青年自由党」「大成会」「自由倶楽部」「巴倶楽部」「奥羽同志会」「独立倶楽部」などがあった。中でも注目すべき壮士団体は「大日本正義会」だ。この正義会の一員に、常太郎と深い関係にあったと思われるアメリカ帰りの愛国同盟会員、福田友作がいた。福田は、大井憲太郎や片山潜とも、渡米前からの知り合いだった。

福田がアメリカに渡ったと思われる明治十九年には、全アメリカの労働者が、八時間の労働、八時間の休息、八時間の教育を要求してデモ行進を行い、メーデーの歴史が開かれた。そして同年十二月には、労働者の全国組織として、「アメリカ労働総同盟（Ａ・Ｆ・Ｌ）」が組織された。福田は同盟の拠点となった工業都市デトロイトに近いアンナーバーにいたことから、労働運動の感化を受けたことだろう。福田は明治二十三年に帰国した後、「大日本正義会」の正会員になり、演説会にもたびたび出演するようになっていった。

◎正義会員政談演説会――……聴衆無慮六百余名にして弁士は同会員福田友作……等諸氏にて……（『あづま新聞』明治二十四年二月二十日付け）

◎演説会――二月十三日栃木県小山町角屋方に経国利民の政談演説会を開き、聴衆五百四十名弁士は別項に記したる三氏の外に、福田氏外二、三名の者にて……」（『経国利民正義』※第二号・明治二十四年二月二十五日発行）〔※『経国利民正義』は「大日本正義会」の機関紙〕

また、常太郎の盟友、関根忠吉が、明治二十四年三月に一人一時帰国したとき、福田友作と会談した形跡がある。筆者はこの時の関根・福田会談で日米双方に「労働義友会」を設立する構想が練られたのでは、と推測している。というのは、関根は城が明治二十三年に創設した「日本職工同盟会」の会員でもあり、福田が在米中に所属していた「在米愛国同盟会」の会員でもあったからだ。おそらく、関根が、城と福田を結びつける仲介役を果たしたのであろう。

◎在米国日本人の海外実業会――同会は当時米国に留学中なる早見重三郎、安部貞松、竹川藤太郎等諸氏の発起に係るものにして未だ一年を経ざるに七百有余名の会員あり。同会員、関根忠吉氏は予て桑港に於いて職工同盟会を設け専ら白哲人種と競争し居る由なるが、今回帰朝して更に職工を募集し来六月又々渡米するとのことなり。而してこの海外実業会なるものは昨年十二月の設立に係り内地の大日本正義会と気脈を通じて通信の往復をなし将来相提携して海外殖民貿易を企図するものなりと云ふ。(『都新聞』明治二十四年三月二十一日付け)

関根忠吉と福田友作を結びつける団体として、「遠征社」の名もあげられる。明治十九年春に発起人九人でサンフランシスコに「遠征社」が結成されたが、その発起人の一人に福田友作がいた。「遠征社」は一旦は活動を停止していたが、明治二十三年に再結成され、その新生「遠征社」の会員、九名の中に関根忠吉がいた。

◎本社々員――石久保儀三郎　西島勇　高島多米治　山田亮　関根忠吉　林保一郎　渡辺歓次郎　竹川藤太

郎　松田宗太郎。(『遠征』第一号　桑港実業社発行　明治二十四年七月四日)

明治二十四年、常太郎がサンフランシスコに「労働義友会」を結成した際、関根を仲介としてできた日本の福田友作たちの存在が、将来、運動を展開するひとつの支えになったのではなかろうか。

城常太郎は「労働義友会」が組織されると、間髪を置かず、労働組合設立を促す「檄文」を日本に送っていることから、常太郎と、福田友作や中島半三郎、大井憲太郎や新井章吾たちとの間に、近代的労働運動を起こすお膳立てがすでにできていたことがうかがわれる。常太郎が送った「檄文」の一部が福田友作から大井に渡され、大井から川崎三郎の手に入り、『経世新報』に掲載されたという推論もなりたち得る。後に記すが、常太郎が明治二十五年春に一時帰国して、近代的労働運動のスタートを切る際、大井憲太郎や福田友作の協力を得ている、という事実もある。

ここで、高野と沢田が「労働義友会」の発起人だったかどうかという疑問が残るが、義友会にとって手始めの活動となる「意見書」の檄文の中に、発起人としての彼らの名がないことからすると、高野も沢田も、発起人ではなかった可能性が高いといえる。そもそも「労働義友会」は靴工を中心として設立された団体だったことは歴史家の大半が承認している。仮に、高野、沢田が発起人であって、日本の靴工のみに送った手紙であるならば、たとえ高野、沢田の名前は記入しなくても、常太郎、平野永太郎以外の多くの靴工も発起人だったであろうから、「いろは」順に全員の靴工発起人の名を入れて「意見書」が日本に送られたであろう。

一年後に、同じく、日本に送られた常太郎執筆の膨大な量数の意見書『遥かに公明なる衆議院議員諸君に白す』には靴工十数人全員が発起人として「いろは」順に名を連ねている。また、明治二十六年に常太郎を中心にして設立された「加州日本人靴工同盟会」の趣意書内にも「ＡＢＣ」順で二十名の靴工発起人全員が掲載されているのである。高野が記した著書や書簡には、多くの間違いがあることが学者により指摘されている。そのことからも、高野が自らを「労働義友会」の発起人だったと書いたのは真実ではなく、『経世新報』に掲載された文面そのままに、城常太郎と平野永太郎二人だけが発起人だった、というのが正解であろう。

月一〇ドルのフレンドシップ

では高野房太郎は、その時代をどう生きていたのだろう？　高野が「労働義友会」に入会した当時、彼はサンフランシスコの商業学校に通うかたわら、コスモポリタンホテルで働くという生活を強いられていた。その上、それらの苦学の日々は、彼が目を患った時期とも重なっている。高野は、渡米以来で最も苦しい日々を送っていたのである。

今はこのコスモポリタン・ホテルに勤めています。仕事は一ヵ月に三回日本からの客船が着く時に波止場まで迎えに行き、当ホテルへ来る客を連れてくることで、いたって簡単なものです。食事と住まいは保障されていますが給料は出ません。ただ友人の一人に小生の代わりにここで食事をして貰い、その人から月々一〇ドルを受け取り、これを御地への仕送りに充てています。

小生は他で食事をし、それに一ヵ月七ドル余かかります。この分は何としても稼がねばならず、今日までのところは移民局で働いた時の給料の残りで支払ってきました。しかしこれもすでに使い果たしてしまったので、ほかに適当な勤め口がないかと探していますが、なかなか適当な仕事が見つからずにおります。

ところが（これは貴弟だけに申し上げるので母上にはけっしてお話しくださらないよう。かえって御心配をかけるだけですから）去る三月頃から視力の衰えを感じていましたが、十三日に田舎から帰宅した後急に痛みがひどくなり、医師の診察をうけ、その後毎日病院通いをしております。あと一週間くらいは通わざるをえません。このため収支に大きな計算違いが生じています。……いまタコマの友人に借金を申し入れており、これさえ届けば薬代などにも困らないはずですし、そのうちに全快すると思います。

七月十七日　　　　高野房太郎　　　岩三郎殿

（『高野房太郎より岩三郎宛書簡』一八九一年七月十七日付け）

これは、困窮のさなかにある高野が、弟、岩三郎に送った手紙だ。文中に「友人の一人に小生の代わりにここで食事をして貰い、その人から月々一〇ドルを受け取り……」とあるが、この友人とは「常太郎だったのでは？」と思えてならない。

元コスモポリタンホテルの従業員だった常太郎が、高野の代わりにホテルに食事に行くのなら、調理場の従業員も、知らない男が来るよりも快く了解してくれたはずだ。また、同じミッション街にある常太郎の店からコスモポリタンホテルまでは、歩いてほんの五分ほどで行けたという。常太郎が毎日食事に行くのに都合がよかったはずだ。コスモポリタンホテルは日本人客相手の宿だったので、料理の味付けも日本人好みだったというし、そのことを誰よりも知っていたのは、ほかならぬ元従業員の常太郎だった。おそらく、困窮にあえいでいる高野を見て、放っておけなくなった常太郎が、高野のプライドを傷つけずに何とか協力してあげる方法はないものかと思案の末、一計を案じたのだろう。

しかし現金収入がなく、借金も増えるばかりの高野のサンフランシスコでの生活は、長く続けられるはずもなかった。高野は翌明治二十五年一月、商業学校を卒業すると同時に「労働義友会」を脱会し、サンフランシスコから離れてしまった。再び、「材木伐出業」で稼ぎの多いタコマへと移住した。結局、高野が「労働義友会」に所属していた期間は、わずかに半年たらずにすぎなかった。

サンフランシスコ時代の「労働義友会」と、後に日本で再建された「職工義友会」の双方の発起人だったことが史実として確定しているのはメンバー中で城常太郎ただ一人である。また、その「労働義友会」のルーツをたどれば、常太郎が主唱して発足した「日本職工同盟会」が母体となったことが分っている。つまり労働運動黎明期を率いたのは城であり、高野房太郎はその理論的な部分で運動を補佐したパートナーだったとするのが、史実により即した解釈だろう。

温度差のある、高野のコミットメント

ここで、「高野房太郎がサンフランシスコ時代の労働義友会の設立発起人だった」という従来の説は、史実にそぐわないことを、より深く検証してみたい。

高野は、「労働義友会」が結成された当時（明治二十四年仲夏のころ「六月六日頃～七月六日頃まで」）、商業学校の夏休みを利用して郊外の田舎に滞在していた。その後、高野がサンフランシスコに戻ったのは、二学期が始まる七月十三日だった。発起人の城常太郎や平野永太郎が、スタートしたばかりの「労働義友会」を軌道に乗せるため奮闘していたその夏、高野はバケーションをとって田舎にいたのである。

高野は、休暇を終えてサンフランシスコに戻ってからも、商業学校に通うかたわらコスモポリタンホテルで働いている。またこの時期は、彼が目を患った時期とも重なった。眼病はしだいに悪化し、医者が心配して帰国を勧めるほどだったという。このような時期に、高野が労働運動のリーダーシップをとってハードワークをこなし

たとは想像しがたい。

当時、高野房太郎がサンフランシスコに滞在した主たる目的は商業学校に通うためだった。よって学生の高野は、移民労働者である城や平野ほどには、白人からの迫害には直面していなかった。翌明治二十五年一月、高野は商業学校を卒業すると同時に「労働義友会」を脱会し、サンフランシスコから離れている。この史実から見ても、高野が、城や平野ほどは労働運動にコミットしていなかったことが推し量られる。

「高野房太郎、労働義友会発起人」説を否定する根拠を二点まとめると、それはより明らかになる。
一、『経世新報』には「労働義友会」の発起人として城と平野のみを挙げ、高野の名前は挙げていない。
二、「労働義友会」が結成された当時、高野はバケーションをとって田舎にいて、サンフランシスコにはいなかった。

学校も去る二十二日より暑中休暇にあいなり候。来七月十三日よりは開校に候。（『高野房太郎より高野岩三郎宛て書簡』明治二十四年六月一日付け）

〔七月〕十二日に田舎から帰宅した後、急に痛みがひどくなり、医師の診察をうけ、その後毎日病院通いをしております。……いまタコマの友人に借金を申し入れており、これさえ届けば薬代などにも困らないはずですし、そのうちに全快すると思います。（『高野房太郎より高野岩三郎宛て書簡』明治二十四年七月十七日付け）

医師は桑港の不可を説いて日本に帰るべしといえども、是は小生の容易に頷かさる所に候。（『高野房太郎よ

り高野岩三郎宛て書簡』明治二十四年十月二十日付け）

◎田舎行の流行――年年歳歳変わりない夏景色。田舎の野辺を見渡せば百果今を盛りと成熟して戸々繁忙の最中、助手あれかしと望み居る折柄、儲金主義、観察主義、保養主義等の名を以て之に赴くの日本人連続たりとは之れ例年のことながら、今年は殊に一層の多きを加ゆるに至りしこそ喜ぶべき現象とも云ふもの。其真に実業の目的なく只一時流行の熱に浮かれて面白半分に出掛たる野次馬は労れんのみ。請ふ見よ。他日帰桑して旧職に復するの時衣を求め靴を買い差引果して幾何の余裕ぞや。只其烈日に晒らされて黒く染め上げし顔色の紀念を存するのみ。斯く云ふ記者亦経験あり。（『遠征』第四号　桑港実業社発行　明治二十四年八月十五日）

◎米国通信（桑港五月二十四日特発）――夏と共に来る当地方も追々向暑の季節となりたれば、中以上の財産家は例年のごとく熱鬧なる市街を去りて、青葉涼しき田舎へ赴く最中なるが……（『時事新報』明治二十二年六月十八日付け）

高野が送った書簡を読むと、米国留学中の一学生としての苦労は綴られているが、労働運動の活動家としての意思表示は見られない。常太郎との情熱の差を感じるのは、筆者だけだろうか？

その常太郎が、日本の労働者へ向けて送った意見書を書いたのは、時期的に逆算すると、「労働義友会」が結成されてからまだ日が浅い時期だった。にもかかわらず、『経世新報』内に「同地外人の信用をも博するに至りたりと」とあるのは、おそらく、「労働義友会」の前身の「日本職工同盟会」の活動が、すでに地域に深く根付いていたからであろう。

労働者による実践団体だった「労働義友会」について、高野房太郎は、あくまで労働問題の研究団体だったと述べている。以下のような理由から、当時、高野は実践活動に奔走するほどのモチベーションがなかったのではないか、と思われる。

一、当時、高野は目を患い、薬代も支払えないような状況にあった。
二、高野が在米中に書いた幾多の記事の中に「労働義友会」に関する記述が出てこない。
三、高野は、在米中、「労働義友会」に関連して、新聞、雑誌等に載ったことが一度もない。
四、高野は、ゴンパースに面会した際も、「労働義友会」のことには一切ふれていない。

ああ、「哀れの乙女」

高野がサンフランシスコを去ってから二ヵ月後、常太郎が自分の靴店で、フランス人女性客と交わした応対が、「美談」として記事となっている。この記事から、常太郎の等身大の人となりをうかがい知ることができる。この記事は明治二十五年四月に発行された雑誌『遠征』第十号に掲載されていたものだが、図書館の奥深く、うず高く積まれた古書の中からこの「哀れの乙女」を発見できたのは、いくつかの「幸運」が重なったからである。

筆者はここ二十数年間というもの、「城常太郎という人物の謎解き」のため、主に東京都内を中心に、ほぼ毎日のように図書館に通っていた。それはまるで「宝探し」にうつつをぬかす埋蔵品ハンターか、遺品発掘にとり憑かれた素人考古学マニアみたいなものだった。頭の中は、常に「城、靴、労働運動」でいっぱいだったのである。

私は若いころから今に至るまで、ずうっと都心から離れた郊外の安アパートに住んできたので、都内の図書館に通うにも、その電車賃がバカにならなかった。そこで私は、国会図書館なら地下鉄赤坂見附駅までを三ヵ月間というふうに定期券を購入していた。十五年ほど前の春ころは、丸の内線本郷三丁目駅までの定期を購入し、来る日も来る日も東京大学明治文庫に足しげく通っていた。「明治文庫」にはその名のとおり、明治期に出版された本や雑誌を中心に、未曾有の出版物が「埋蔵」されていた。

明治文庫では、私は分厚くて古びた出版物『遠征』を読み続けていた。一ヵ月かけて社会運動に関係ありそうな記事は、隅から隅まで読破した。ある日、その中から引用できそうな箇所をいくつか複写しようとコピー室に入った。コピー機の前にはすでに数人が並んでいたので、自分の番が来るのを待った。手持ち無沙汰になった私は、手にした『遠征』を何気なくぱらぱらとめくった。すると、あるページの左端にあった「靴」という字が目にとまった。自分の頭の中が「城、靴、労働運動」でいっぱいだったので、「靴」という字に敏感に反応したのだろう。その「靴」の字がある箇所が、「哀れの乙女」のページの一部分だった。そのページは『遠征』の中でも文芸欄だったので、まさか「城」に関する記述が載っているわけがないと思い、それまで飛ばして読んでいたところだった。つまるところ、コピー機の順番を待たされたおかげで、この興味深い資料にめぐりあえたのである。嬉々として「哀れの乙女」の前書きを読んでみると、幸運はもうひとつ重なっていたことに気がついた。

作者・松岡重三の前書きによると、『遠征』の中のこの文芸コラムは、松岡の師匠である山岸籔鶯なる人物が担当していたが、山岸翁が数日前から脳の病に陥りコラムを書くことができなかったので、急にバトンが松岡にまわってきた、と記されている。レギュラー筆者の山岸翁が病気になったおかげで、城常太郎の友人の松岡が書いた「哀れの乙女」が、こうして筆者の目に触れたのだ。

―哀れの乙女―

松岡重三　明治二十五年三月

このごろの雨天に、いたく余が靴の破損したれば、修繕せんとてミッション街に住める靴師、城がもとを訪れたり。

城は、かねて日本職工同盟論者として、在留日本人中に知られたる有為の男なりければ、いつしか、物語、労働問題に移り行きつ。

彼のデモセンスとやらが、弁舌もって説くを数千言、皆、肯綮〔核心〕を得ずというをなし。城が熱心は端しなく流石〔さすが〕に、余も敬服に堪えねば、口を緘〔閉じ〕して傾聴すること数十分。城が熱心は端しなくも、鎚もて靴の釘をば打た〔ない〕で、仕事台を打ちたたきつつ、

「かく論じこらば……」

と、なおも何をか弁ぜんとする時、呼鈴を響かせて静かに戸をあけて入りくる人あり。

見れば、年齢漸く二七〔十四歳〕ばかりの乙女なり。衣服はいたく垢つき汚れたれど、天真の容姿はきわめて艶麗なりき。

余は、そのときブライアントの詩に所謂〔スミレ売りの乙女〕を想いおこし、そぞろにこの乙女を見つめいたり。

乙女は、子供に不相応しき巨大なるボタンじめの大靴を履きいたり。思うに母親のものにやありつらむ。歩むに靴を引きづりて、足の脱げ出でんとするを防ぎつつ、物売り台のほうに進みより、小脇にしたる新聞紙の小包みを釈きて女靴一足を取り出し、

「この靴を修繕してたまわれ。」

乙女は言いたり。

「御代はいかほどにて……」

もちろん英語にて言いたれども、言葉のなまりはむしろフランス音なりき。靴というは名のみにて、あたかも襤褸（ぼろ）をまるめたらんようなる怪しき靴なりしなり。城は、商売柄とて、きわめて愛想良く
「オーライ」

軽くうなずき、手に取り上げて靴の裏表を熟視せしが、

「これは、あまりひどし」

彼は、声低き日本語でつぶやきしが、さらに、英語にて乙女に向かい
「修繕できなくはあるまじけれど、代金いと高ふつくゆえ、和子の不利ぞかし。しかじかのことを母親に告げて新靴を求めたまえ」

気の毒げに乙女の手に戻したり。乙女はいたく失望の有様にて、

「さなるかー」

靴を受け取りて、本意なげに以前の紙の上に置きしが、あえて再び包まんともせず、両手を物売り台の端にかけ、黒き麦藁帽子の半面を余が方に向けたるまま、力なげに着しうつむき
「また、明日も学校へ行くことならずとか」

乙女は独りごちたり。

「なぜにの」

余は、かく胸の中に疑問を漲（みなぎ）らせ、静かに乙女が横顔をのぞきしに、この乙女が藍色の眼の中

より溢れる涙は、長きまつ毛を伝わりて板に滴きいたり。余は、理由は知らざれども、いとふびんに思いたれば、慰めんがために温顔を装い、軽く乙女が肩をなでして、

「何とてうち涙ぐみたまうにや……明日学校へ行くことならずとは……理由語りてよ」されざれに問いかけたり。

「母は、いと長く病みわづらいたまへど、参らすべき薬の代金さへなきものを。いかでか我が靴を買い得べき、この靴のかくなん破れてければ、昨日も今日も学校を休みにき」

余は、かさねて問いたり。

「御身の父は今どこにいますとや」

「父上とな?その父上さえ存はしまさば、かかる憂き目は見ざりしものを」

乙女は説き出でたり。

「母上、我れ、妹、弟の四人の家族、父上に連れられて、フランス国よりこの国に移住せしは、去年の夏なりき。家尊の君は鯨猟船サンテヤナ号の船長に存はせしが、過ぎつる今年のはじめ、その船のハワイの近海に難船しける時、幾人かの水夫とともに、おお……おお……溺れて果敢なくなりたまへぬ」

言いてしばし涙にむせびしが、パッケットよりささやかなる手巾を出して涙押しぬぐい
「父の遺産は、債主のために奪われ、母がたよりにとて心がけたまへし生命保険の料金も父の遺骸の見当らねば、会社にて払いは得なされば、我れらは世に浅ましくなりもて行きける……我れらは世界の中にて、いとも不幸のものとなりもて行きける」

かように可愛の乙女の口より聞きし時に、余が聯感はまったく消沈し昏迷し麻痺し終らんとせしなり。

一語を発するを竢(ま)たず、いくつかの銀貨を乙女に与え、かつ城に向かいて、乙女の鞡を修繕せんこ

とを求めしに、彼もまたいたく感動せしと見え快く承けひき、のみならず、料金も取るまじと言いたり。
乙女は感謝しつつ、立ち出でんとして、固く余が手を握り
「我が敬ふべき恩人よ」
と言いて、熱き唇もて余が手を接吻せし時に、余は、最早や耐え得ず、我を忘れて
「あわれの乙女──」
と叫びつつ、はかなき一滴の涙を乙女が真っ白なる襟首に印したり。
（『遠征』第十号・明治二十五年四月一日）

ここで興味深いのは、城靴店を訪れた日本人客に対しての、常太郎の応対ぶりである。ひとたび常太郎に労働問題の話をさせると、一瞬のうちに仕事場を演説会場に仕立てて際限なく熱弁を振るうさまが、この記事から手に取るように分かる。そんな熱血漢の常太郎にも、客は嫌がらずに顧客であり続けてくれたのだから、彼には何か心許せる魅力があったのだろう。常太郎の頭の中は、四六時中労働運動のことでいっぱいで、夢の中でも大勢の聴衆を前にして熱弁をふるっていたのかもしれない。また、労働運動のために活火山のようなエネルギーを注いだ常太郎だからこそ、高野がその影響を受けて、人生航路を百八十度変えてしまったのだろう。

もちろん、常太郎の情熱に感化されたのは高野だけではない。沢田半之助もまたその一人だ。もっぱら日本人相手に洋服店を営んでいた沢田は、常太郎ら靴職人たちのように白人同業者との競争はなかった。何も無理をしてまで、労働運動に関わる必要もなかったのである。たまたま常太郎の店に同居したために、彼の志に共鳴し、気がついたらすっかり労働運動にのめりこんでいたというのが実情だろう。

上記の靴店でのエピソードの日よりわずか数日後、明治二十五年春、常太郎はただ一人、日本に一時帰国して

いる。

火をおこし、ともしびに着火

日本の労働運動史には、常太郎がカリフォルニアから一時帰国した明治二十五年春という時期について、これといった記述はなされていない。しかし、新しく見つけた資料によると、この期間こそが、後の日本労働運動の芽生えに備えて、常太郎が東京に「労働義友会」支部を新設した、記念すべき「種蒔き」の季節だったのである。

常太郎がその前年十月に、日本の労働者に向けて「組合を設くるの利益」を説いた意見書を送ったことはすでに記載した。この檄文に共鳴した東京の一部の先進的労働者に対して、城はサンフランシスコから手紙で啓蒙し続けていた。海を隔てた半年間の文通により、彼らが労働者としての階級意識に目覚めつつあると実感した常太郎は、いよいよ東京に「労働義友会」の支部を開設する時期が来たと判断した。

常太郎はサンフランシスコを発つ直前、わざわざ遠くタコマにいた高野房太郎に帰国することを知らせている。親友であり同志でもあった高野にだけは、東京支部開設の目的をきちんと報告しておかねばと思ったからだろう。城が東京に行くことを知った高野は、彼に托してイギリスの作家、ディケンズの小説六冊を同地に住む弟岩三郎に届けさせている。

帰国した常太郎は、ただちに東京へと直行して、迎えてくれた数名の同志とともに「労働義友会」東京支部を新設し、日本における労働運動の発火拠点とした。東京でのもろもろの責務をすませた常太郎は、その後故郷に帰り、熊本市東阿弥陀寺町六番地、大川清吉の三女で、明治五年生まれの大川かねと見合いの末結婚した。結局、常太郎は、新妻かねと二人だけで再渡米している。

ちなみに、常太郎の弟の辰藏は二十四年二月ごろ、また三郎は明治二十五年二月ごろ、また長崎時代の盟友、依田六造は、明治二十三年の暮れに一旦上海に立ち寄り明治二十四年の正月ごろに、それぞれ一人で渡米している。特に注目すべきは辰藏で、彼は渡米前に上京して、渡米の日が来るまでの待期期間、常太郎の父親代わりをした西村勝三の家に居候していた。資本家西村の度量の大きさと人情の厚さには驚くばかりである。

この一時帰国で常太郎が蒔いた近代的労働組合運動の萌芽ともいえる「労働義友会」東京支部は、「日本靴工協会」の創設に寄与し、その年、明治二十五年秋（九月）に勃発した靴工兵制度反対運動に大きな影響を与えることになるのである。

第五章　むしろ旗のデモ行進

靴工兵制度反対運動

城常太郎の「旅券下附表」を見ると、付与年月日は「明治二十五年十月二十七日」となっている。従って、常太郎が新妻を連れてサンフランシスコに向けて再渡米したのは、おそらく、明治二十五年の十一月初旬であろう（『明治二十五年本省渡海外旅券下附表』外務省外交資料館所蔵）。その明治二十五年の暮れ、日本内地では、靴職人たちの運動にいまにも火がつこうとしていた。

もともと、わが国における靴産業は、明治開国以来、軍需がその主な牽引役となって目覚しい発展をとげてきた。日本製靴業の創始者・西村勝三が経営する「桜組」はもとより、他のほとんどの製靴会社も、その利益の大部分を軍靴の生産に依存していたのである。ところが、明治二十五年の暮れ、全国の製靴業関係者にとって非常に深刻な問題がわき起こった。軍靴の最大発注元である陸軍省が、民間会社からの軍靴購入をやめ、軍内にみずから直属の靴工場を設けて、兵卒たちに軍靴を造らせる方針を決めたのだ。陸軍省からの受注が全面的に停止した場合、それまで軍靴製造を生業としてきた一般靴工だけでなく、西村など製靴会社経営者も多大な損害をこうむることになる。

明治十九年以降、東京や関西各地の靴工場で、工員たちによる労働争議が頻繁に起こり始めていた。陸軍省は、近い将来に靴工の大規模ストライキが勃発すれば、軍靴の入手が困難になるのではないかとの懸念を持つようになった。ならば、軍自らが軍靴製造に乗り出せばその危惧は解決すると考えた陸軍省は、明治二十五年の末に開かれた第四回帝国議会において、陸軍被服工長学舎での靴工兵養成のために、陸軍予算から十七万円を計上する予算案を提出した。

当時の帝国議会陸軍委員であった野田豁通は、靴工兵養成案の提案理由を以下のように語った。

軍隊にとって軍靴は兵器についで大切なものであります。万一の事が起こった場合に際しては、多くの品を要する場合があるのであります。今日まで軍靴は、民間の靴所に発注してきましたが、日本にも、おいおい西洋の悪弊が輸入され、ストライキ等が生じる恐れがあります。ゆえに、将来を考慮しまして、陸軍自らが、軍靴を製造することにしておく方が必要かつ確実であります。（『第四回帝国議会議事録』）

こうした答弁に、造靴業関係者たちが危機感を抱いたのも当然である。もしこの予算案が議会を通過したなら、労使双方ともに死活の悪影響が出ることは明らかだった。よって、靴工兵制度反対運動における労使の利害は一致し、政府に対する反対交渉は、労働者だけでなく、西村ら靴工場経営者をも巻き込んだ、労使一体の盛り上がりを見せるに至った。

デモ発祥の地、日比谷が原

この靴工兵制度反対運動のピークとなるイベントが、明治二十五年十二月二十一日に起きた。その日、三百人以上にのぼる東京市内の靴工たちが、日比谷公園（当時は日比谷が原と呼ばれた）に集い、衆議院に向かって堂々のデモ行進を遂行したのである。彼ら靴工たちは、手に手にむしろ旗を持って示威行進をしたが、それらの旗には、「日本靴工協会万歳」とか、「工長学舎反対」とか、「靴工の死活問題」などと大書されていたという。

靴工たちのデモ隊は、議会の正門前で、衆議院議長星亨に面会を要求し、院内に押し入ろうとした。ところが、警護中の憲兵や巡査等に防止されたためもみ合いとなった。混乱の収拾策として、衆議院議長代理の林田亀太郎書記官が靴工のリーダー・岩瀬貞三郎ら代表六名と面会することで騒ぎは一応収まった。林田書記官が岩瀬らから衆議院議長あての請願書を受け取り、翌日にその回答を約束したことによって、代表者たちは当初の目的を果たしたとして議会から引き上げた。

この日本史上最初のデモ行進は、東京のみならず、地方新聞や外国新聞でも一斉に報道された。その上、労働運動史上初の「号外」も、東京市中にばらまかれたのである。数ある報道の中から、『横浜毎日新聞』（全文）と『ザ・ジャパン・ウィークリー・メイル』（一部分）の記事を掲載しておく。

◎靴工協会労働者の運動――陸軍部内に工長学舎を設け兵卒をして兵靴を製造せしめんとの議あるから、全国三千の靴工大いに驚き運動中のよしはかつて記せしが、、、昨日のごときは貴衆両院の前において大いに運動せんと、先ず銀座三丁目の靴工協会へ参集し、それより議会に押し出す手はずにて同日午前九時ごろより続々参集せし職工数百ありしが、早くも警察署にて之を探知し警部巡査出張の上解散を命じたるより各職工は一時それぞれ散会せり。しかるに、百五十余名は同日午後日比谷原に勢揃いをなし、衆議院議長に面会を求むるとて正門ならびに傍聴人通用門から衆議院に入らんとしたるを、守衛はこれを制し、百五十人（三百余人という記事が多い〕一時に入門するも到底議長に面会すべき様なければ、先ず総代を選ぶべしとの諭示により六名の総代を選びて之を入門せしむることとなし、余りは門外土手の上に群集して結果いかんと待ち構え、一時は中々の騒ぎなりしが、総代靴工協会委員長、岩瀬貞三郎氏を始め、小蔦音五郎、栗須小太郎、斉藤己巳、今井広吉、小林常吉の六氏、吉原守衛長に面し是非とも議長に面会したく、御用閑に相成るまでは何時までも待ちおるべしと主張せしも、議長は公用多端にて到底面接するの暇なければ林田書記官代わって陳情を聞き取ることとし、書記官は右の六名を委員室に引きその言うところを聞きしに、岩瀬氏先ず口を開き、小蔦、栗須氏等その欠を補い、雄弁とうとう議員中にも珍しきほどの弁舌をふるい、抑も官業を民業に移すは社会普通のことなれども、民業を官業に移すは不道理の極なり。而して製靴工を養成するには是非とも十二三年間の日子を要するものにして、今にわかに職工を養成するも之が目的を達し得べきものにあらず。且つ陸軍が工長学舎を起こして工長を養成して全国各地に派遣するがごとき、国家の経済上些少の利する処あるを見ず。而して我等同業の現状を見るに当業者、全国にて三千人、東京のみにても五百人あり。もし軍用靴を陸軍にて製造さるる時は我ら職工三千人は勢い飢渇に迫らざるを得ず。当業者の惨状このごとくなれば願わくば貴下から議長始め各議員へよろしくご通知ありたし。この願意にして聞き届けられざれば我等は社会党にでも入らざるべからず云々と言いて立ち去りたる由。尚右の談話はすべて速記者に命じて速記せしめたりという。(『横浜毎日新聞』明治二十五年十二月二十二日付け)

◎議会に靴工がデモ――……靴工たちの絶望はつのり、二一日、ついに彼らは勇気を奮い立たせ、我が国では初の組織化されたデモとなる、国会に向けての示威行為におよんだ。……上記のデモを行った靴工たちの名誉のためにも、彼らがいかなる暴力行為や違法行為も犯していなかったという事実を書いておかなくてはならない。彼らは質素ではあるが、きちんとした服装をまとっており、中には羽織袴を着ている者もいたくらいで、完璧に礼儀正しく振舞った。彼らの主張に同感しないではいられない。(『ザ・ジャパン・ウィークリー・メイル』明治二十五年十二月二十四日付け)〔英文和訳は筆者〕

いかなる暴力行為も犯さず、平和的にデモ行進が行われた様が、これらの記事でよく分かる。団交に臨んだ、下級武士出身の岩瀬貞三郎や被差別部落出身の小蔦音五郎ら六名の靴工総代が、政府高官に対して一歩も引かずに、とうとうと熱弁をふるったというのは、特筆に値する。

以上の新事実により、日比谷公園(日比谷が原)は、日本デモ行進・発祥の地ということになる。

靴工たちは、無事にデモ行進を終えたわけであるが、警視庁は、靴工代表者たちの帰途に待ち構えて、指導者・岩瀬貞三郎を含む十五名を検挙してしまった。検束の容疑は、「集会および政社法違反」というものだった。残された靴工協会会員らは合議を開き、第二の代表者団を組んで次の日、再度、衆議院に押しかけた。しかし彼らは院内に入れることもなく、またもや玄関払いを食らってしまったのだ。

これに激怒した靴工たちは、当時、わが国で初めて労働者保護を提唱していた政党「東洋自由党」の党首、大井憲太郎に面会を求め、靴工兵制度反対運動の援護を依頼した。明治二十五年十一月に結党されたばかりの「東洋自由党」は、当初からその別動隊として「日本労働協会」を組織していた。靴工兵制度反対運動への救援は、結成したばかりの「日本労働協会」の実際的な仕事始めとなった。「日本労働協会」を擁する「東洋自由党」は、翌明治二十六年一月から、党を挙げて靴工たちの援護策を講ずることをすでに党議決定していた。

ところが年が明けた明治二十六年一月十三日、「東洋自由党」の出鼻をくじくような事態が発生した。「桜組」

靴工一同が、十三日付けの各新聞に、以下のような意見広告を掲載したのである。

靴工協会脱会広告――我輩共客歳靴工協会へ加盟の処、今回、大いに悟るところありて、脱会なすものなり。従って向後該会との関係を断絶す。

明治二十六年一月十三日　京橋区築地一丁目一番地桜組靴工一同

「日本靴工協会」内において実質的に中心となって労働運動をリードしてきた「桜組」の靴工が、他の協会員を裏切るような形で脱会したのには、それだけの理由があったからであろう。脱会の原因の一つとして、雇用者側からの圧力が考えられる。というのは、靴工兵制度反対運動の始めのころは靴工を後押ししていた雇用者側も、靴工たちの運動が政治的に激化していくのを見て、次第にその活動を圧迫し始めたからだ。

また、陸軍上層部が、「桜組」社長・西村勝三に、いままで通りの軍靴足数を引き続き納入できるよう約束し、その代わりに、最も過激な「桜組」靴工たちをただちに運動から身を引かせるように働きかけたということも考えられる。陸軍省の意をくんだ西村は、傘下の靴工たちを集め、何らかの好条件を提示して懐柔し、「日本靴工協会」からの脱会を説得したのではなかろうか……？

いずれにせよ、この新聞広告が分岐点となり、靴工兵制度反対運動は徐々に勢いを失い、時とともに衰退し、終には崩壊してしまった。一方、陸軍省は、工長学舎を予定どおりに設立し、靴工兵制度を採用した。

優れたリーダーなしでは、起こりえない

この「日本靴工協会」の詳細は、これまでほとんど不明だったが、筆者が調査した結果、新しい事実が浮かび上がった。サンフランシスコに再び帰米した常太郎が、「労働義友会・東京支部」を通じて「日本靴工協会」の運動を指導していたことを裏付ける新資料が見つかったのである。

全国五千有余の靴工相諮り、東京銀座三丁目、日本靴工協会委員長、岩瀬貞三郎……の六名を総代とし、一昨日、靴工三百有余名と共に衆議院に押し寄せ……（『朝野新聞』明治二十五年十二月二十二日付け）

「桜組銀座支店」も東京銀座三丁目にあったことから、おそらく、「日本靴工協会」の運動の実質的中心になっていたのは「桜組」靴工たちであったろう（『時事新報』明治二十五年六月十一日付け・十面広告欄）。

一方、東洋自由党の機関紙『新東洋』（明治二十五年十二月十八日付け、十二号）には、

◎労働義友会は米国桑港にある本邦の労働者が組織する所に係り其の目的たる主として本邦労働者を刺撃して之が改良進歩を促さんとするにあり。目下府下銀座三丁目に其の事務所を置き前途多望の協会なり。

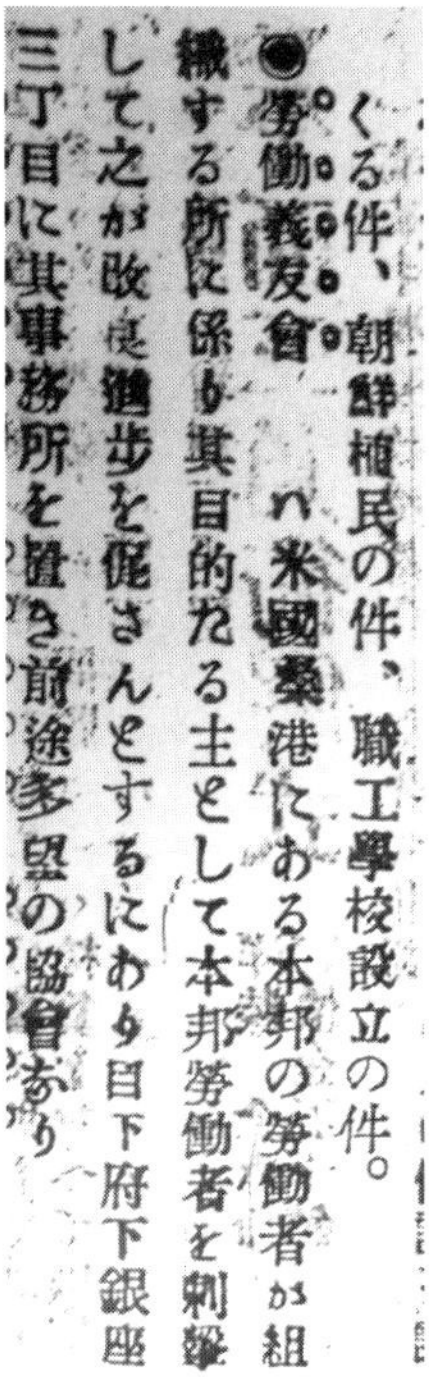
ぐる件、朝鮮植民の件、職工學校設立の件。
◎勞働義友會　ハ米國桑港にある本邦の勞働者が組織する所に係り其目的たる主として本邦勞働者を刺撃して之が改良進歩を促さんとするにあり目下府下銀座三丁目に其事務所を置き前途多望の協會なり

『新東洋』（第十二号）近代労働運動のさきがけ（労働義友会）を日本にてついに結成

とあるから、「労働義友会東京支部」は、「日本靴工協会本部」内に事務所を置いていたと推測される。おそらく、この反対運動は、当時サンフランシスコの「労働義

友会本部」のリーダーであった城の指揮の下、「労働義友会東京支部」、「日本靴工協会本部」の共同の取り組みにより、組織的かつ計画的に決行されたのではないかと思われる。

一方、早くからこの問題を伝え聞いていたサンフランシスコの靴工たちも、祖国の靴工たちを激励するために、『遥かに公明なる衆議院議員諸君に白す』という檄文を日本内地に送りつけていた。『遥かに公明なる衆議院議員諸君に白す』の全文は巻末資料（二八一ページ）に掲載しているので参考にしていただきたい。

この檄文の中に、「彼れ紳商等は毫も反対の運動をなさざるのみならず不肖の運動を妨害し却て断行を政府に慫慂する」という記述がある。これは、「雇用者側が靴工たちの運動をはじめから妨害していた」というふうに受け取れる。しかしそれでは、「この運動は雇用者側の了解と支援とを背景に始まった」とするこれまでの通説とは明らかに異なっている。

また、この檄文の内容が事実とするなら、「起草者は、遠くサンフランシスコにいたにもかかわらず、どうして、運動の只中にいた当事者のように詳細かつリアルに記載しえたのであろうか？」という疑問もわいてくる。そしてこの問いは、城常太郎がこの檄文の起草者であると仮定するなら解けるだろう。すなわち、明治二十五年春に一時帰国した城が、秋口まで東京に滞在してこの運動を企て、靴工仲間を先導し、運動が軌道に乗った後、サンフランシスコに渡ってこの檄文を書いたと仮定するならばである。

こうしたもろもろの疑問点を解決する糸口を見つけるため、筆者はこの運動を報じた当時の東京市内十六社の新聞すべてに目を通し、関連記事を探った。幸運にも、明治二十五年十二月二十三日付けの『万朝報』に、城常太郎がこの運動に参加していたことを伝える記事が掲載されていた。以下がその記事である。

◎靴職工運動の次第――府下にて陸海軍省の靴の用達をなしをるは桜組、北岡組、大塚組、内外用達会社にして、右の四組はいづれも工場を構え多数の靴職工を使ひ居たり。しかるに政府にては陸海軍部内に製靴場を設け兵士中より靴工を出し自ら製造せんとするを聞き、多数の靴工は生活の道を失はんことを憂い、協議の末、去る九月上旬、元と桜組の職工たりし銀座三丁目城常太郎なる者主唱者となり新たに靴工協会なるものを起こし政府案排斥の運動をなさんことを企てたり。

主唱者はただちに該会設置と同時に右四組の賛成を得んと言いいれしに、案外にもその運動の非を難ぜられ、もし我々の組合の靴工にして協会へ加入運動せんと欲するものは解雇すべしと厳達せしかば、発起者は失望しながらなお四組に向かい、第一製靴組のため、第二多数職工のため政府案排斥の運動なすを顧みざるは如何と押し返して談判せしに、各組より、我々は年来政府の恩顧に浴するものなれば政府攻撃の運動はなしがたしとの断乎なる返答に、何か仔細あるべしと、段々これを探らしめしに、政府案通過の上は製靴の原料を上納する考えなりとわかりしかば、協会の有志者はその不当を怒り大いに談判する所あり。

その談判の結果として職工が協会へ入るも打捨ておくこととなり、次第に加入者増加してついに六百名近くに及びしおりから、城常太郎は米国桑港に設けある自店へ向け出発し、その後事は一切某壮士に打任せ、自分は桑港において日本労働義勇団体なるものを設け遠く靴工の運動を助けたり。このゆえに、銀座三丁目十九番地の城の事務所には靴工協会と米国桑港労働義勇会の二看板を掲げありとぞ。(『万朝報』明治二十五年十二月二十三日付け)

この記事により、この運動が、あくまでも靴工独自の自発的な取り組みによりスタートした労働運動であったことが明らかとなった。そして、日本の地で「労働義友会」を最初に創設した人物が、ほかならぬ城常太郎であったことも証明された。さらには、サンフランシスコから日本の靴工たちを激励するために送った檄文『遥かに公明なる衆議院議員諸君に白す』が常太郎の筆によるものであることもほぼ確定したといえる。

この檄文の中には、自らのことを謙遜して、一般的にはあまり使用しない「野人」という言葉を使っているが、唯一現存する城が高野房太郎に送ったハガキの文章の中にも、「野生」という言葉が出てくる。これらの一致もまた、この檄文が城の筆によるものであることを示唆している。

実は、この檄文は、城ら二十人の靴工たちがサンフランシスコから送付したもので、「在米愛国同盟会」の機関新聞社「愛国」の社内で大量に印刷されものであることが左の記事で判明した。

彼ら靴工たちは議会から退席する際、衆議院議員に配ってもらうために、ぎっしりと印刷された書類の詰まった大きな箱を置いていった。この書類は、アメリカ在住の靴職人約二十人によって署名されている。……この書類はサンフランシスコにある日本語新聞「愛国」の社内で印刷されたものだ。(『ザ・ジャパン・ウィークリー・メイル』明治二十五年十二月二十四日付け)〔英文和訳は筆者〕

謎のオーガナイザー「某壮士」

前記『万朝報』記事内の一部を下に抜粋したが、一つ気になるのが、常太郎が某壮士に自らが礎を築いた近代的労働運動を一切任せて再渡米した際の、この某壮士とは誰なのかということである。

「城常太郎は米国桑港に設けある自店へ向け出発し、その後事は一切某壮士に打任せ、自分は桑港において日本労働義勇団体なるものを設け遠く靴工の運動を助けたり」

この某壮士が「労働義友会」日本支部長の責務を任された人物であると推測される。筆者はこの壮士とは、前述した元「在米愛国同盟会」会員で、労働運動に強い情熱をそそいだ福田友作であると確信する。

福田友作と常太郎の関係のことは前述したが、実は福田は大井憲太郎が設立した「東洋自由党」の壮士会員として、「日本労働協会」の中心的な役員となっていた。「日本労働協会」の役員構成を記すと、会頭は大井憲太郎、主任は柳内義之進、その他中心的役員には山崎忠和、福田友作、島内寛治等が名を連ねている。また、福田は壮士団体「大日本正義会」の会員としても壮士団体「日本労働組」と気脈を通じ、労働運動に着手していた。

明治二十四年の春、一時帰国した関根忠吉が「大日本正義会」と関係していたことは前に述べたが、関根と福田との話し合いのテーマが、「日本における労働運動の計画案」だったとすれば、関根を通じて、常太郎と福田友作は「労働義友会」設立前後においても、海を越えて連絡を取り合っていた可能性が高い。また明治二十五年当時、福田は「東洋のジャンヌ・ダルク」とまでいわれた元大井憲太郎の妻、景山英子と結婚しており、彼女の思想的影響を強く受けていただろう。福田は靴工の味方となって衆議院への請願運動に奔走したのであろう。福田には壮士上りとしての実践面の強みがあったが、ミシガン大学卒の法学士でもあった彼は、アメリカで「労働総同盟（ＡＦＬ）」やメーデーなどを身近で見聞して理論面でも造詣が深い。よって福田は、労働運動の担い手として、大井憲太郎のみならず、常太郎からも期待されていたであろう。

実をいうと、福田は前記『万朝報』記事「◎靴職工運動の次第」（明治二十五年十二月二十三日付け）の執筆者ではないかとも推測される。靴工三〇〇人が議会に迫った事件の記事は、東京府内十数社の新聞に一斉に掲載されたが、他社の新聞が通り一遍の記事ですましているのに比べ、『万朝報』の記事は、常太郎の名前を記し、「労働義友会」のことまで詳細に記して、あたかも、事件の当事者が書いたような記事になっている。福田は、明治二十五年の暮れごろ『万朝報』の新聞記者に転職していたようである。

「二人〔福田友作と景山英子〕の結婚は二十五年か二十六年のことであった。……友作は英語塾を開き、万朝報

社員となって生活を支えた」（『栃木県人物伝』「福田友作」下野新聞社発行）

ここでもう一つ、「労働義友会」東京支部長、「福田友作説」を裏付ける有力な資料を示そう。

筆者は、この事件を記した記事を、全国の地方新聞まで調べ尽したが、ほとんどのローカル新聞は、東京市内の新聞記事を書き写しているにすぎなかった。驚いたことに、栃木県の『下野新聞』のみが、この事件に関する的を得た長文記事を掲載していたのである。外でもない、福田友作の故郷が『下野新聞』の所在地に近い下野国都賀郡だった。福田は、明治二十四年から二十五年にかけて、東京と郷里の栃木県の間を頻繁に行き来していて、『下野新聞』の当時の新聞にも福田の記事が頻繁にでてくることから、『下野新聞』の記者たちは、福田を通して、「日本労働協会」や靴工兵制度反対運動を知り得ていたのではなかろうか。

参考までに『下野新聞』に掲載された「◎是豈小事ならんや――靴工数百人衆議院に迫る」の記事も以下に記しておく。

◎是豈小事ならんや――靴工数百余人衆議院に迫る。其の要旨を問えば即ち曰く。政府は明年度より陸軍用の靴を各師団に於いて兵卒をして製造せしめんとするの案を提出せり。もし、この案をして通過すれば、従来陸軍省の軍用靴を製造したる靴工はその職を失い、その余波延びて府下三千の靴工をして餓死せしむるに至らんとす。故を以て、之を衆議院議員に訴えて原案を否決せられんことを希ふにありと。その言う所を聞けば、誠に憐れむべきものありといえども、如何に事理に通ぜず道理に暗き労働者たるにせよ、徒党を結び隊をなして立法部に迫るが如きは事態決して軽しといふべからず。衆議院は我が帝国立法部の一大要素なり。その神聖にして犯すべからざるは、天皇の神聖にして犯すべからざると等し。もし、それ彼等にしてその願意を達せんと欲せば、すべからく、公定の順序手続きを踏んで而して至るべきなり。然るに数百人隊を成して議院に迫り語るに之を脅嚇せんとするの口吻を以てす。彼等無知の輩固より深くとがむべきに非ずといえども、我が神聖なる森厳なる帝国議会の面目に汚点を残すこと大なりといわざるべからず。思うにこの事たる、かの靴工輩の自からなせしには非ざるべし。近時市井の間、壮士と称する社会の毒蟲横行し、政治上に商業上にその暴威を逞ふし、良民の安んじて産を営む能はざらしむるもの往々にして之あるを見る。されば、この輩政府の予算案を見て奇貨居くべしとなし、無智の職工を煽動してその間、自から酒食金銭を貪らんとするの猾策には非ざるか。是れ吾人の特にこの事を以て軽視する能はずとなす所以なり。靴工今回の擧を以て単に彼等の計画に出でたるものなりとすれば、その害悪の及ぶ所極めて狭少なるべしといえども、不幸にして吾人の推測するが如く、かの無職無能の社会は、とかく、事あれかしと待構ふる。壮士輩の煽動する所に出でたるものなりとすれば、靴工事件は、よし事なくして、了りを告ぐるを得るも、その他に向かって如何なる手段をほどこすべきか、天下のいわゆる労働者なるもののため些少にても不利なるの議決をなすことあれば、彼等は直ちにその虚に乗じて無識の人民を煽動して議院に迫り、その議決を左右せんと欲するに至たる。議院にして、一度その脅迫に怖れ、要求を容るることあらんか、彼等は何事に就いても必ず我がままを唱え勝手を働き労働問題に対しては一も議院の独立を保つ能はざるに至らんとす。これ豈に軽々視すべきの小事ならんや。吾人は我が帝国議会の神聖を維持するの上に於いて、彼等靴工の無礼なる挙動に顧念するなり。国家経済の進歩を主として審議あらんことを希望せざるを得ず。けだし、天下無告の民あらば、別に救済を施すの道ありて存すればなり。而して吾人の特に之を望むものは、この俑は遂に誘ふに幾多比類の非擧を以てするに至るべきを懼るればなり。（『下野新聞』明治二十五年十二月二十四日付け）

さらに、福田友作が「労働義友会」の日本支部長であったとする根拠の傍証ともなる資料を付け加えたい。「東洋自由党」内に結成された「日本労働協会」の最高責任者であった柳内義之進は、おそらく福田友作の影響を受けたのであろう。福田が『万朝報』の記者をしていたのと同じく、柳内も後に同じ『万朝報』の記者となっていた。

柳内は、その『万朝報』の明治三十一年三月九日付けの社説の中で、福田友作が先導した労働運動を、あたかも回想したような記事を載せている。この社説は、福田が「労働義友会」東京支部長として活躍したことを思い返して書いたであろうことが伺われる。柳内による『万朝報』の当記事を以下に記しておく。

論壇◎貧者弱者の勢力（柳内義之進）――……例えば、今回日本鉄道会社のストライキ事件の如き、五百余名の多数の機関手火夫等をして、待遇改善の期成を謀らしむるも……彼等既に多数の同志を得て其の団結を堅うするや、其の勢力以て富者強者に当たるに足る。然れども彼らの勢力をして最も大ならしめ以て敵の心胆を寒からしめんとせば、適人の先導者を得るを要す。一たび適人の先導者を得るにあたりては、其の勢力実に侮るべからざるものあり。試みに本国現時の社会について之を求めんに、失意の政客壮士輩の如き、けだし最も適人の先導者なるべきなり。余輩のいわゆる失意の政客壮士輩というもの……多少国家的観念を有して社会人道のために尽くさんとするもの……もし其れかかる政客壮士の輩、先導者となって戦略を講じ、時に或は其の気炎を煽動するにあたりては、貧者弱者の勢力や、けだし恐るべきものあるべし。……（『万朝報』明治三十一年三月九日付け）

明治時代のキーワード「壮士」

「壮士」とは、いったいどんな種類の人々なのだろうか？　壮士に関する記述を、様々な文献から、当時の文体のまま引用して、以下のようにまとめてみた。

真の壮士とは、無頼無道の狂漢ではない。壮士は実に労働社会を医するの神薬なり。一露半滴の功能は実に著しきも、妄用濫使するときは、その害毒、アヘン、モルヒネの比ならんや。彼等壮士は血気丁壮の輩、筋骨たくましく、身体壮健、高等の教育の門戸を出入したるものなり。有為多望の青年。言論と実行の両翼をもとに、身を張って権力者と談判す。一たび義憤にかられ目的実地着手せば、大英雄大豪傑の手足を展開して歴史を変える偉業をなしとげる。坂本竜馬は古壮士なり。民権家の愛国同盟員全員壮士なり。田中正造もまた壮士なり。

また、真の壮士とは、人のために、又、世のために、身を殺し、仁を為すものなり。権威に怖れず、金力に屈せず、いやしくも正義のためには一身を犠牲にしても突進していくといふ、その元気が真に壮士の生命であった。されば、相手が時の政府であろうと、如何なる資産家であろうと、更に頓着なく、気に適らぬ事があれば、どしどし攻撃の鉾を向けていくのだ。

常太郎が一時帰国した明治二十五年は、明治二十年代における労働運動のピークといえる時期だ。特に常太郎が本格的に運動に奔走した明治二十五年八月ごろから暮れにかけては、東京市は労働運動の一大ブームといわれるほど、労働争議が多発し、労働団体が雨後の竹の子のように組織された時期でもあった。

一年前に設立した「労働義友会」からの日本の労働者に向けての働きかけは、着実に実を結んだのである。

◎労力問題――労力問題まさに我国に起こらんとす。志ある者、今に当たりて、社会の変移に留意警省せざるべからず。（『国会』明治二十五年九月一日付け）

◎煉化積職工の同盟罷工――今や職工の同盟罷工は東京府下の流行となり、左官職工等の同盟罷工ようやく調停を告ぐるや煉化積職工等も亦同盟罷工を企て――（『東京経済雑誌』第六三九号・明治二十五年九月三日）

東京中に労働運動が激化したこの年の暮れ、資本家、いわゆる紳商たちは、わが身の危険を察して、次々に身辺警護の護衛をつけるようになった。

◎大倉の護衛（『万朝報』明治二十五年十二月十八日付け）
◎紳商の警護（『都新聞』明治二十五年十二月二十日付け）

こうした社会情勢が巻き起こった原因のひとつは、「労働義友会」東京支部の活動があげられよう。

お上に「NO」を突き出した、反対運動

では、靴工兵制度反対運動の歴史的意義とは何であったのだろうか？　「靴工・城常太郎の生涯」の著者・佐

和慶太郎氏は、この運動を評価して以下のように述べている。

私は、表面に出た大井憲太郎の東洋自由党の影響だけでこの運動を評価すべきではないと思う。そこには、城常太郎たちの、はるかサンフランシスコの職工義友会からの、文通による近代的労働運動の方向が、あるいは明治二十五年の春、常太郎が一時帰国した際のオルグ（これは十分にありうることだ）が、東京靴工協会の岩瀬貞三郎らに大きく影響を与えた、と考えるのである。

佐和氏の推察を裏付けるかのように、明治二十五年十二月二十日付の『東京朝日新聞』は、靴工兵制度反対運動に関連して、

「在桑港靴工は夙に此意見を持し（遥かに公明なる衆議院議員に白す）という一遍の論文を石版摺に製して逓送し大いに内地の同業者を激励せしをもって靴工協会にては斯く盛んなる運動を試むるに至りしものなり」

と、城が再渡米後も、この運動にかなり深く関わっていたことを報道している。同新聞は、さらに続けて、「日本靴工協会」幹部の岩瀬貞三郎らが、デモ行進のみならず、「両三日中には、錦町錦輝館において大演説会を開き、大いに輿論を喚起するはずなり」とも記している。

おそらく、錦輝館において予定されていた「労働者大演説会」も、城らサンフランシスコの「労働義友会・本部」の指導のもとに計画された一つの試みだったのであろう。城と関わりの深かった雑誌『国民之友』もまた、この「日本靴工協会」の労働運動を見逃すことはなかった。『国民之友』には、次のような報道がなされている。

三百の靴工、衆議院に迫りていいわく。職をあたえよ。又いいわく。其の業を失う以上は、勢社会党たらざる

べからずと。これ軽々に見るべきものにあらず。労役問題は胎内に在らずして、すでに生まれたり。生まれたるにあらずして、すでに生長せり。(『国民之友』第百七十七号・明治二十六年一月三日)

日本における近代的労働運動は、城常太郎らサンフランシスコの「労働義友会・本部」の指導の下、「労働義友会・東京支部」や「日本靴工協会」メンバーたちの団結により、すでに胎内から生まれでて、生長しはじめていたのである。

このように、ひときわ頭をもたげてきた労働運動に対して、明治政府が脅威に感じ始めていたことは容易に察しがつく。陸軍直営の軍靴製造計画は、おそらく、靴工たちによる労働運動の肥大化を恐れた国家が、運動を挫折させる目的のためにとった政策のあらわれでもあったのだろう。

ちなみに、高野房太郎は、この靴工たちの労働運動に対して、次のような見解を述べている。

現時、実業界の外形は甚だ静穏無事なるが如しといえども、その内部には暗澹たる黒雲を包み、ついに大風雨を見るに至らんは明々白々にして、その来たるや唯時の問題なるのみ。否吾人は既に大風雨の来らんとする微候を見たり。紡績工及び煉瓦職工の同盟罷工、造靴工の議会に対する請願、皆これ社会動乱の微候たるにあらずや。(『太陽』二巻十四号)

この章では、新資料をもとに、これまで謎に包まれていた「労働義友会」とその中心メンバー城常太郎の足跡を追ってきた。あらためて痛感させられるのは、城も含めた無名の靴職人たちの労働組合運動黎明期に果たした役割の大きさである。

不幸にして、靴工兵制度反対運動は失敗に帰したが、「労働義友会・東京支部」の指導のもと、組織的かつ計画的に進められていたことを考えあわせると、この運動をもって、日本における近代的労働組合運動の開始と位置づけてもあながち間違いではないのではなかろうか。

徳富蘇峰が発刊した『国民新聞』は、労働運動が席巻した明治二十五年の日本社会を振り返って、翌二十六年正月に次のような記事を載せている。

◎明治二十五年を回顧――職工組合、同盟罷工、労役時間等の問題はこの年において漸く其の声の高まり来たりしを覚ふ。日本は漸く社会主義の芳香を味はんとせり。（『国民新聞』明治二十六年一月五日付け）

城常太郎は、「靴工兵制度反対運動」を機にして、全国規模の労働運動を展開させようと目論んでいたと思われる。常太郎は、後に取り組んだ「横浜船大工の運動」や「清国労働者非雑居運動」においても、同様の手法をとっている。

◎労働社会の惨状――既に然り、府下数百の靴工は、今や団体を組織して、大いに全国の同業者を糾合し、正に救済の方法を講ぜんと欲するも、また実に偶然にあらざるなり。（『新東洋』十二号・明治二十五年十二月十八日付け）

常太郎が日本に一時帰国して活動した明治二十五年、実は、高野房太郎も一時帰国している。しかしそれは、プライベートな事情による帰国であって、常太郎が新設した「労働義友会」東京支部の運動には参加していない。

実践に対する温度差が目立つ両雄の一時帰国だったといえよう。この温度差は後々、明治二十九年に城、高野の両者が本帰国した際も、解消されないまま続いたようだ。そのため、常太郎は一計を案じ、沢田半之助を使者に立てて高野説得に行かせたエピソードへとつながる。

四大靴商（御用商人）の面々

靴工兵制度反対運動をつぶしにかかった資本家側、ここでは陸軍と取引をしていた四大製靴会社の御用商人（紳商）について触れてみたい。

明治時代の製靴業界・四大紳商の面々は、西村勝三（桜組）、大倉喜八郎（内外用達会社）、北岡文兵衛（弾・北岡組）、大塚岩次郎（大塚組）である。紳商とは元々、教養や品位を備えた一流商人の呼称であり、肯定的な意味合いをもっていた。しかし、明治時代における紳商とは、城常太郎も義憤を込めて述べているように、私利私欲に走る御用商人を指している。

◎紳商の別荘——江亭娼を蓄ふ・一紳商、□屋大倉須崎村、春風管領、これ誰が荘ぞ。裡ふ娼婦数十人を養ふ。これ陸軍官吏を宿し、之に陪侍せしむるためなり。陸軍官吏を宿せしむるは何のためぞ。これその腐れ梅醤を売り、破れケットを□がためなり。而して亭の主人は厳然たる我が大日本帝国の一大紳商なりといふ。今は、深夜、娼婦の御用を達し、白昼は商品の御用を達す。明治昭代何為ぞ奇怪の事多きや。吾人の耳には奇しくもまた怪しく感ぜしが故に、ここに特筆し、一面は以て、廃娼論者の座右に寄せ、一面は以て駆紳商檄記者の机辺に呈す。（『日本』明治二十三年五月九日付け）（引用している文書で解読できない文字、不確かな文

字は□で表した。以下同様。〕

製靴業界の四大紳商の中でも、贅沢三昧で世間をにぎわした「弾・北岡組」の社長・北岡文兵衛の記事を二点紹介しておこう。

◎東京通信——伊藤総理大臣、松方大蔵大臣、山縣内務大臣外貴紳数名は昨日退朝後、橋場町なる北岡文兵衛氏の別荘に集会せられ、数時間談話せられたりと。この集会は公用にはあらで、かねて計画せられし会社様のものの設立に係わる事ならんなど憶測するもあれど、知るべからず。（『大阪朝日新聞』明治十九年十月十六日付け）

◎万華園——橋場北岡氏の別荘万華園はその規模はなはだ広大にて園中に宇賀神社を建立し追々は温泉場料理店の類も設立る計画にて庭向もこの頃ほぼ落成りたれば一昨八日の日曜日には日本銀行の諸役員二百人余を招待し園中の漁家にては酒の立呑百姓家にては寿司の立喰等の趣向もあり。又仮舞台を作り手踊りを興業し榊原健吉門弟の剣術試合もありて庭前の隅田川にては日本銀行連中の競船の催しもありしが其の手踊りには北岡氏の愛女が娘道成寺汐汲等を舞われ今年わづか六歳なれども身体の立ちこなし等中々感心なことにて見物の人々も大いに興に入り喝采の声止まざりしといふ。（『読売新聞』明治二十一年四月十日付け）

北岡文兵衛は晩年は女優と浮名を流し、その彼女にだまされ莫大な資産を詐欺された。また、慈恵医大の精神科医、森田療法の創設者、森田正馬の精神鑑定書を月刊『脳』に連載で掲載されたりと、人生の末路は不遇に終わっている。

北岡については、こんなエピソードもあることを発掘したので、紹介したい。北岡が若かった頃、なんと勝海舟暗殺を企てたというのである。

……勝さんの事はお話ししきれぬ程であります。もと私は、殺しにまいりまして、閉口して、それから、ずっと上がるようになりましたから、三十年あまりで……勝さんを殺しにいったときの話ですか？　それは、御免を蒙ります。第十区の改選のときに、いろいろの方から頼まれて出ましたが、相手が角田竹冷に鳩山和夫で、あのとき、私は三千円までつかって、首尾よく落第するようにというつもりでしたから、自分では、少しも骨を折りませんでしたが、大隈までが出て働くというので、それでは面白いと言って、九日前から出ました。その時、私を新平民だと言いふらしたので、改進党の仲間が、勝さんの所へ行って、話すと「どうして、新平民どころか、維新前に、赤い大きな大小をさして、俺を殺しに来た乱暴者だったが、今では、十区の代表者にはよかろう」というようなことで、それで大勢が帰りました。それから、誰彼には説いて下さいと言うと、杖をつきながら、遠い所まで出て行って、説いて下すったのです〔北岡文兵衛談話〕。（『海舟座談』勝海舟・岩波文庫、昭和五年）

一概には信じがたい北岡本人の談話だが、それを裏付けるであろう記事も見つけたので以下に掲載したい。

◎第十区の競争、勝伯の証人――府下第十区衆議院議員候補者に就いては北豊島郡地方橋場町の北岡文兵衛氏最も勢力ありて、これと競争を試むるものなかりしが、世は様々とて昨年補欠選挙の際互いに必死となりて已れ一番当選せんものと火花を散らして闘いたる角田、鳩山の両氏一致協力その自家縁故の人々を説得して林和一氏を同区の候補者となさんとて東奔西走しきりに遊説中なるが、ここに最もおもしろき孔明、楠公再生するも思いも付かざるべき計策を行いたり。そは北岡氏に熱心に選挙せんとする人々へある○○の細君が郵便にて「北岡は新平民なり」とさも事実らしく書き送りしより選挙地一般この評判パッと立ち、北岡氏が身分を探れば穢多なりぞとよ堂々たる立憲代議士に穢多を選挙するなどとはもっての外なりとの事、氏に反対の周旋方は我れ勝ちにと言いふらせしにぞ。同区の有志家某々二氏はけしからぬ事に思い、幸い氷川伯は北岡氏と深き交わりあればとて、去る六日同伯に就き事の実否をただしたるに伯は打笑いし、北岡は越後高田の藩士にして元は朱鞘の大小を腰にし随分我々にも敵対たるものなるも、彼の人は決断の好い人にて当節の議員などには最も適当なる人物なるべし云々、と言われたるより訪問者は安堵して立ち帰りたるよし云々。(『東京日日新聞』明治二十五年二月九日付け)

「靴工兵制度反対運動」総まとめ

府下の御用靴商四工場、「桜組」「弾・北岡組」「大塚組」「内外用達会社」は、靴工たちの労働運動をはじめから激しく妨害した。一部の雇用主は、すでに運動開始直後の明治二十五年十月ごろから、靴工協会の幹部となった有能な靴工たちから順次解雇していった。靴工たちは、突き進めば雇用主から首を切られ、退けば靴工兵制度が採用され失業するという、八方塞がりの苦境に追いやられていった。

◎ロックアウト——聞く、このごろ府下の靴工数百名、陸軍工長学舎が、まさに靴工の業を奪はんとするを見て、同盟してこの事の非を唱えんとするや、桜組、北岡、大塚等の大靴工はこれを制止してこの同盟に加入する者は直ちに之を免職すべしと威嚇し、あるいはその一人は既に多数の靴職工を解雇せりと。（『国民新聞』明治二十五年十月二十八日付け）

◎社会問題の新潮――事実は常に智識に先だつ、我が学者が、拘々孑々として機械的経済論の圏内に彷徨するの時に方り、彼の無学無識なる労働者は早く已に手腕を揮って、虚証なる経済学の規律を寸断せんと試む。思ふに我が社会に経済上、社会上の新問題、新智識を輸入し来り、更らに転じて政治上の問題に一新趣向を與ふるもの、将さに彼の労働者※にあらんとするを見れば、寧ろ奇とすべきにあらずや。（『国民之友』明治二十五年十月十三日・第百六十九号）〔※記事中の「彼の労働者」は、城常太郎のことをさしているのであろう。常太郎は労働運動をアメリカからいち早く直輸入した、労働運動家のパイオニアだったといえる〕

◎職工三百人――衆議院に迫りぬとの電報に接し、彼のフランス国の革命に我等にパンを與へよと絶叫したる昔しのことも思い出されぬ。（『日出新聞』明治二五年十二月二十三日付け）

◎ああ之れ実に善兆にはあらず――時は明治二十五年十二月二十一日、東京府下数百人の靴工は一の大隊を作りて衆議院に押し寄せ、大いに訴ふる所あるを、喚ふ。訴ふる所とは何なり。是れ全く陸軍省が従来の方針を一変して二十六年度より各師団の兵卒中に靴工を置くことに決し、即ち本年の予算に其の費用を組み入れたるを聞き、スハ大事□□御座んなれ。この案もしも通過せは、府下三千の靴工何をもってか口を糊せんと煽する者あり、応ずる者あり。終にこの挙に及べるなりと。ああ□季の世、滔々たる天下、上下皆な自己主義に靡けるの今日、自利唯之れ事とする卑賤の徒輩にして此挙ある。余輩は敢えて殊更に嘖々せざるべし。唯、余輩の憂ふる所の者は、彼等をして其敢えて此挙を企てしむるに至りたる現時の趨勢是れのみ。ああ之れ実に軽々に観過ごすべきの問題にはあらず。ああ、之れ実に善徴にはあらざるなり。杞憂家は叫ぶ、これ

実に社会党の前兆なり。職工一揆の萌芽なりと。ああ余輩は杞憂家其の人を慰むるの道を知らず。(『経国』第二十号)

一般雑誌『庚寅新誌』もまた社会党の起こる前兆と捉え時評欄において、

◎或は然らん——靴工百五十名衆議院に迫る。或人以て、社会党起こるの兆しとなす。或は然らん。(『庚寅新誌』(第六巻第六十九号・明治二十六年一月一日)

◎示威請願——靴工三百、隊を組みて議院を襲う。事の故は、陸軍営内新に製靴部を設くるの議あり。彼等乃ちその従前の利益を失はんことを恐れ、議院に請願するところあらんがためなりと。我が国に職工のデモンストレーションの俑(悪例)を作る。靴工たる者、夫れ或いは後なからんなり。(『自由党党報』第二十七号・明治二十五年十二月二十五日付け)

◎評林——○靴三百——議事堂前雑沓□。閣人狼狽幾誰何。乍疑壮士蔵刀棍。復怪農民着笠蓑。学舎教科国利益。賤民職業怨蹉□。蓋新献納靴三百。聞説苞苴就事多。評云。賤民嘯聚。門吏誰何。笑□無策。徒憤蹉□。賄賂成事。至今為多。暮夜昼贈。三百新靴。

○無頼民——将見欧西無頼民。文明風俗日趨新。不知嘯聚訴何事。日比谷頭三百人。評云。無頼三百。蛙数亦均。内外唱和。国竟沈淪。(『日本』明治二十五年十二月二十三日付け)

著者訳

靴三百——靴工が約三百人、議事堂前でガヤガヤ騒いでいる。靴工の中には、士族もいれば、平民や新平民（被差別部落民）もいた。閣内議員は、どこの者どもが、何のために騒いでいるのか解らず狼狽するばかりである。或は、壮士輩が刀と棍棒を持って押し寄せて来たのか？　はたまた、笠をかぶり、蓑を着けた怪しい農民どもが押し寄せて来たのか？　事実はこうだ。陸軍が工長学舎を建設して国家の利益を図り自前で製靴を始めることになった。そうすると、これまで製靴で家計を立てて来た民間の賤しい靴工が、失業し、無駄に時間を費やすことになると、怨んでいたのだ。靴工たちは、何とか今まで通り、陸軍の靴を製造できるようにと、三百名の衆議院議員全員の為に新しい靴を献納した。また、聞く処によると、その他、土産物をたくさん就けて頼み込んだという説もある。

評して云う。

賤しい靴工は呼び合って集まった。衆議院の門番は誰が何を訴えているのかよくわからなかった。靴工たちは、今日に至るまで、万策を使い果たし、多くの事を為して訴え続けた。昼も、夕暮れも、夜も、貢物を贈与した。三百の新しい靴も贈った。賄賂をもなした。しかし、無駄に費やし徒労に終わり憤慨だけが後に残った。議員たちは、その無策ぶりを一笑に付した。

無頼民——西洋で発生し始めた社会党的労働者を、日本においても、ようやく、無頼民として、将にここに見んとす。開国以来、今日は、文明風俗が日進月歩、欧米化し、新しくなっていく時代の趨勢である。日比谷の原頭に三百人の靴工が呼び集まっているというが、何事を訴えているのかは、よくわからない。評して云う。無頼民ともいえる社会党的靴工・三百人、あたかも同数の蛙が合唱するのに均しく、ゲロゲロ、ガヤガヤ。遥かに太平洋を越えたアメリカはサンフランシスコの城常太郎率いる「労働義友会」が一方で指揮し唱えると、母国日本でも東京にできた「労働義友会」の連中が一斉に合唱を始めた。それにつられて、「労働義友会」の指導の下に結成された「日本靴工協会」内の「東京靴工協会」の靴工たちも一斉に合唱を始めた。更には、「靴工協会」地方支部の連中や、東洋自由党の別働隊「日本労働協会」の連中も加わって合唱をした。まさに、国の内外、唱和一色の状態になってしまった。杞憂家は憂い叫んだ。嗚呼！この運動に火が付きエスカレートすると、我が誇り高き日本帝国は、畢竟ついには、体制が崩壊して沈没してしまうかもしれないと！

この日本初のデモ行進のニュースを知った支配者層の人々は、日本でもフランス革命のような大事態が起きるのではないかと心配したようだ。この事件を背後で支援していた下記諸団体を考慮に入れれば、それも理解できる。

この事件に関わり、支援した日米諸団体名を、以下に列挙する。

・サンフランシスコの「労働義友会」
・サンフランシスコの「在米愛国同盟会」
・サンフランシスコの「日本人靴工集団（翌二十六年一月、加州日本人靴工同盟会結成）」
・日本の「労働義友会」
・「日本靴工協会」
・「東京靴工協会」
・「神戸靴工協会、その他地方支部」
・「東洋自由党」（党首・大井憲太郎　党員に福田友作　中島半三郎）（福田友作と中島半三郎は元「在米愛国同盟会」会員）

・「日本労働協会」（東洋自由党の別動隊、主任・柳内義之進　委員・福田友作）
・「大日本正義会（壮士団体）」（会員に福田友作）
・「白梅組（壮士団体）」（東洋自由党傘下の社会主義団体）〔白梅といえば、新撰組の土方歳三を思い起こされる〕

近代労働運動の始まりは、すべてが「はじめて」だった。

・明治二十五年、日本初の近代的労働団体「労働義友会」が銀座において結成される（銀座三丁目十九番地は日本近代労働運動発祥の地）。
・議会請願運動の最初のものであった。
・日本で初めて組織労働者が政治的意思を持って労働運動を決行。
・搾取者と中間搾取者を最初から敵とみなして闘争。
・地方の靴工をも糾合した日本初の全国組織の近代的な労働団体「日本靴工協会」が「労働義友会」の長子として誕生。
・日本最初のデモ行進を決行。
・日本最初の労働運動号外が東京の街々に飛び交う。
・明治近代国家が始まって以来、大衆行動において最も多い受刑者をだす。
・日本の労働団体所刑の嚆矢となるべき事件であった。
・日本で初めて帝国議会においてストライキの言葉が使われる。

「日本靴工協会」のメンバー

委員長

岩瀬貞三郎（桜組・二十六歳・芝区新銭座町一番地・竹内芳吉方）

委員

斉藤己巳（内外用達会社・京橋区築地三丁目三十番地）

伊藤金太郎

総代

小林常吉（桜組・三十二歳・京橋区鈴木町六番地）

今井広吉（内外用達会社・京橋区築地三丁目二十六番地）

小蔦音五郎（弾・北岡組・浅草区吉野町十九番地）

栗栖小太郎

総代代理

野村愼吉

一般会員

宮崎富五郎（内外用達会社）、片岡良吉（内外用達会社）、海上光之助（大塚組）、大塚鉄之助、竹内周太郎、

川本常三、村岡嘉助、合田喜代松、町井義武、葛原安三

最高オルガナイザー

城常太郎（桜組・二十九歳・京橋区銀座三丁目十九番地）

集会及び政社法違反の罪状で検挙された靴工の氏名は、次の通り。

岩瀬貞三郎、斉藤己巳、小林常吉、今井広吉、小蔦音五郎、栗栖小太郎、伊藤金太郎、大塚鉄之助、竹内周太郎、川本常三、村岡嘉助、合田喜代松、片岡良吉、町井義武、葛原安三、以上十五名。

第六章　加州靴工、サクセス物語

ターゲットにされた靴工たち

さて、話をハネムーンの新婚さん、常太郎・かね夫婦の渡米後に戻そう。サンフランシスコで彼らを待ち受けていたのは、より厳しい生活環境だった。前章で詳述したが、東京の靴工たちが靴工兵制反対運動に立ち上がった明治二十五年暮れのころ、カリフォルニアでは白人による日本人靴工への迫害がますますエスカレートしていた。日本人靴工たちはバッシングから逃れようと、靴の修理にのみ専念して、営業地盤を固めていった。しかしサンフランシスコには、靴修理で生計を立てている白人靴工がいないわけではなかった。その多くは、イタリア人やポルトガル人などラテン系の移民たちだった。

過激さを増した迫害のもようを、靴工の浦川幾太郎は次のように記している。

我が同業者の店頭グラスを破壊し、看板を奪い、顧客の来るのを途上で防遮し、はなはだしきは、家主に対して立ち退きを迫り、その迫害、後にユニオンの援助を得て、ますます猛烈を極め、市内にても少しく遠隔の場所にある者は、安んじて従業し能はざりし事、今なお吾人の忘れざるところなり。(「我同盟会の将来

に就いて」浦川幾太郎）

同年、サンフランシスコ・モーニングコール紙は五回にわたり、日本人移民の増加を警告する記事を連載した。この記事を契機に、人種差別を伴った日本人排斥運動の機運は急激に高まっていった。この排斥運動の最初のターゲットにされたのが、ほかならぬ日本人靴工たちだった。靴工たちへのいやがらせは傷害事件にまでも発展し、在留邦人に大きな衝撃を与えた。

中国人排斥問題の米人間に起こるや、また、これに伴って日本人排斥の声、一隅に起こり、一、二の日本人靴工、白人のために迫害せられ、当時また、サンフランシスコ市長候補者、シーシー・オードンネルなるもの、その選挙を争うにあたり、日本人排斥を唱導せるあり。（『北米踏査大観』柏村桂谷）

ジャパン・バッシングの時流に乗じた「白人靴工労働同盟」は、次のようなでっち上げビラを一般白人靴工に配付して、日本人靴工排撃の気運を高めようとした。

日本人は、その本国に有力なるトラストを有し、社長を西村勝三と言い、常に数千名の職工を支配し、太平洋沿岸の造靴および修繕の利を壟断せんとしつつあるものなれば、彼らをして今日のままに放置せば、遂にわが白人の靴工業界は彼らのため蹂躙せらるるに至るべし。（『靴の発達と東京靴同業組合史』）

こうした状況を誰よりも心配した常太郎は、「労働義友会」のメンバー達との討議を繰り返しながら慎重に対応策を模索した。彼は義友会の同志・平野永太郎らとともに、組合組織化のために昼夜を問わず奔走したところ、二十名の靴工仲間たちがその呼びかけに応じて結集した。こうして設立されたのが「加州日本人靴工同盟会」だった。

明治二十六年一月、サクラメント街の大和屋において、常太郎の音頭のもと、「加州日本人靴工同盟会」発会式は盛大に挙げられた。

「加州日本人靴工同盟会」発起人（明治二十六年一月結成）
渡辺伊喜松　相原錬之助　明石精一郎　福島安兵衛　花井直次郎　平野永太郎
岩佐喜三郎　今村積五郎　城常太郎　城辰造　片岡富造　清田元三郎　岡本貞助
関根忠吉　鈴木謹十郎　鳥山徳造　友枝英三郎　依田六造　谷田部孝造　山本富造

『加州日本人靴工同盟会設立趣意書』
「浦賀一声の汽笛、三千余年の迷夢を覚破してより、世界大勢の潮流は端なく東えいの国を牽い、遂に優劣滅の渦中に投ぜしむ。爰に於いてか気運一転亦昔日の退守に甘んずるあたわず、輿論滔然商工の興起を唱え、移住殖民の急務を道う、洵に故あるなり。吾人不肖、固より敢えて国民の率先たるに当たらず、ただその業務の促すところ、遠く故山を辞して、万里異城に航するにいたれり。然れども吾人の職業はすでにすでに白人の久しく執れる処、需給また久しく平均したる所なり。吾人今この間に起きて亦これを営まんとす、勢い必ず両者の競争を避くべからず。吾人は幸いに大和民族の特質を享け、製靴の技術において敢えて対手に譲る所なしと雖も、黄白人種を異にし、東西言文を同うせず、四辺の事物吾人に不利なるもの挙げて謂うべからず。吾人はこれらの障碍に克って、而して自己の発達を計らんとす。あに容易のことならんや。説聞くならく、毛髪の弱き之を束条すれば以って千均をもたぐべしと。吾人また応救し、ますます団結の鞏固を致し、聚力を利用せざるべからず。合資の力をもって大資本に当たり、又時に此の抑圧に反抗するの覚悟なかるべからず。吾人は更に同業者をして各その身を修め、家をととのえ、居住の地番を固めしめざるべからず。蓋し、大勢に順行して、優存の地に立たんと欲する者の必ず取るべき道なりとす。而して吾人はこれを実行するの機関を要するは素より言を俟たざるなり。これ今回靴工同盟会を組織したる所以なり。一八九三年一月創立」

『日本人靴工同盟会規約及細則』（一九〇四年七月）

本趣意書は「在米愛国同盟会」会員、亘理篤治が起草し、同会員の菅原傳と大和正夫が訂正を加えて完成したものである。

匠の技で、つかめ白人顧客

「加州日本人靴工同盟会」をリードする常太郎は、白人靴工に対抗する道よりも、非暴力で相手の怒りを鎮めようとする平和的な道を選んだ。日本人靴工たちの結束は固く、どんなに理不尽な脅しにも屈っすることはなかったという。一方、日本人靴工の成功を聞きつけて、日本内地からアメリカへ渡る靴工はその後もひきをきらず、サンフランシスコ市内の日本人靴店数は二十店、靴工数は六十名にまで達した。それらの靴工の中には、サンフランシスコに立派な家を建てるほど成功した者も出てきた。

こうした日本人靴工業の目覚ましい発展の理由として、浦川は次の三点を挙げている。

一、白人顧客に対して親切を旨とし、期限を違はざる事。
二、白人同業者に比して、少しく安値なる事。
三、白人同業者に比して、修靴の技術巧妙なる事。
（「我同盟会の将来に就いて」浦川幾太郎）

当時の日本人靴工の高度な技術力を裏付ける資料が今も残っているので、ここに四例ほど紹介しておきたい。

靴工、伊東金之助は、ある日、白髪の上品な白人老婦人から、隠しボタンの婦人靴を作ってくれまいかと頼まれた。その婦人の息子は靴工場に通っているが、分業方式の作業のために、自分で作ることができないからだった。金之助は、それを喜んで引き受け、一人で製甲から底付、仕上げまでやってのけたので、老婦人は日本靴工の巧みさにびっくりした。（『靴産業百年史』）

この修繕工に対する白人間の信用は非常なる者にて、自分の近所に白人修繕工のいるにも関わらず、わざわざ、そこを通り越して、千里を遠しとせず、日本人の直し屋の所へ持ち込んで来るのだ。（『最近活動北米事業案内』河村鉄太郎）

日本人靴工が彼らの間に評判の善いことと言ったら、実に愉快な程で、彼らは、どうも日本人の靴直しは不思議に上手だ、一度彼らに直させたら履き心地が善くて再び白人の手に掛けられないと言っている。（『渡米成業の手引き』吉村大次郎）

私も最初、渡航の当時は、やはり、西洋人に靴を直させていたが、後に日本人の上手なことを知りて常に足触りの善い靴を履いていた。しかるに、帰朝して内地の職人に直させて見ると、その不器用さ加減というものは、とても先方にいる日本人の手際と比べものにならず、また、新しいものを買っても心地が悪く履けぬ。（『渡米成業の手引き』吉村大次郎）

城常太郎が、創設せしもの

「加州日本人靴工同盟会」は、二十人の靴工が発起人となった。その中には、関根忠吉を始め、常太郎の弟の城辰藏や、長崎時代の同志、依田六造の名前が載っている。会の中心人物が常太郎だったことは言うまでもなく、『加州日本人靴工同盟会沿革の概要』には常太郎のステイタスを「開祖」として記録されている。

また、常太郎に関する以下のような記述も残されている。

靴工同盟は、東京桜組の靴工たりし人、城常太郎君が創設せしもので……。（「桑港靴工同盟」矢野勝司）

それからちょっと思い出したんですが、関根忠吉さん、それから熊本の出身の城常太郎、神戸の平野永太郎さん、この方たちがアメリカのサンフランシスコで日本靴工同盟会というのをつくったですね。（『月刊皮革』「靴界昔ばなし」・昭和二十三年八月号）

では、「加州日本人靴工同盟会」はどんなしくみになっていたのだろう？　簡単に説明してみよう。

会員はカリフォルニア州に在住する日本人に限られ、入会するには会員五名の保証を必要とした。また、たとえ日本において靴業に従事していた職人でも、六ヵ月間、見習期間を設けて、その技術を米国風にしてからでないと会員にはなれなかった。靴工として働いた経験が証明されない場合には、技術試験がおこなわれた。未経験者は、会員の徒弟として一カ年修行したのち、技術試験に合格した者のみに開店が認められた。ただし、徒弟として二年以上修行した者は無試験だった。会費は一ヵ月、営業者は五〇セント、徒弟は三五セント、そのほかに会の営業資金として毎月五〇セントが積み立てられた。この積み立て金は一人五〇ドルまでを限度として、帰国や退会の際には返還された。役員は会長一名、幹事一名、検査役二名、会計一名、営業部員二名、常議員十二名で構成され、任期は六ヵ月、「二期以上重任再選するを得ず」とする、きわめて民主的な規約が設けられた。役員には相当の報酬が支払われた。

同盟会には、結成の当初から製造販売の直営店が設けられ、その運営には営業部員があたった。また原材料などを共同購入するために、「商品消費同盟」も設立した。会員が使用する原材料は、この「商品消費同盟」が大量に格安で買い込んでおいて、小売値より安い値段で会員に分配し、その利益を以って事務所の費用とし、余剰の金は会員一般の基本金として貯蓄した。

「加州日本人靴工同盟会」が、最も力を入れたのは、白人靴業者の迫害から身を守るために設立された「白人反抗予防委員会」だった。ある時期、「白人靴工労働同盟」は、日本人は不潔で妻帯しないので、排斥するべしとの風評を流した。これを聞き付けた「白人反抗予防委員会」の会員たちは、進んで「白人靴工労働同盟」に談判に赴き、次のように抗議した。

米国人は、一ドルの修繕料を要求するに、日本人は八〇セントである。しかるに他の外国人は五〇セントのものもあるではないか。白人ことごとく、ユニオンの定価を一定にすれば、日本人も引き上げるに躊躇せぬ。白人は幾百軒一定せざるも、日本人は常に一定の価格を保って崩さぬに不足はあるまい。(「桑港靴工同盟」矢野勝司)

日本人は、品物が一定し、価格が一定し、技術もまた一定していた。「白人反抗予防委員会」会員たちの自信に満ちた談判に、白人靴工組合員は切り返す言葉がなく、尻込んでしまったという。

こうして、白人同業者から迫害を受け続けたが、日本人靴工は屈することもなくマーケットを広げていった。「白人靴工労働同盟」は、苦肉の策で、「白人労働者は一致して日本人の靴直しに靴の修繕を依頼せざること。犯す者は一ドルか二ドルの罰金に処する」という規定を設けた。しかし、この規定は労働者自身が靴を持っていかずに、その女房か子供に使いを命じて日本人の靴直しに送ったために、取り締まりようがなかったという(『新世界』明治四十一年七月二十三日付け)。白人同業者が嫉妬のあまりにとった最後の手段は、皮革商コールマンサーズ会社に赴いて、日本人との皮革取引を拒絶するように申し込むという卑劣なものだった。ところがコールマンサーズ会社は、この申し込みを人道に反するものとして即座に拒絶した。コールマンサーズ会社の公平な態度は、日本人靴工同盟員たちに勇気を与え、顧客に対してよりいっそう誠実に尽くすようになったという。

カリフォルニア靴工クロニクル

時代を早送りするようだが、「加州日本人靴工同盟会」のその後の道のりを辿ってみよう。

アメリカ太平洋岸における唯一の実業団体として発足した同会は、明治三十一年十月六日、正式に加州政廳より五十年間有効なる公認を受けることになった。当時サンフランシスコ駐在領事だった診田捨巳も並々ならぬ協力を惜しまなかった。その後、「加州日本人靴工同盟会」は、さらなる発展を遂げ、在米日本人工業界における栄華の極みを独占し、最盛時の明治四十二年には会員数が三百二十七名にまで膨れあがった。

加州日本人靴工同盟会会員諸氏（明治三十五年）（サンフランシスコ日米史料館所蔵）

同盟会のピーク時における会員たちの働きぶりと収入などを解説したこういう記事もある。

雇い主の下で働く職工は、朝七時頃より仕事を始めて夜の十時まで、この内、食事の三時間を差し引き、純粋十二時間の労働で、その稼ぎ高は、普通の者で一日四ドル、非凡の者で七ドル。職工は、食費と住居費は雇い主持ちで、最低でも、月に二十ドル位の賃金がもらえた。

今これを、逆に雇い主の側からみた利益として計算してみると、職工は月に合計百二十ドルの稼ぎを上げるので、職工の給料二十ドルと、食費、住居費十ドル、合計三十ドルを差し引くと、雇い主は、一人の職工を雇うことで、月に九十ドルの利益を上げることができる。（『最近活動北米事業案内』河村鉄太郎）

こういう事情から、腕のいい職工たちは他人に使われるのを嫌がり、無理をしてでも単独で開業するようになった。サンフランシスコに、小さな日本人靴店が雨後の竹の子のようにできた理由はそこにあった。また、「加州日本人靴工同盟会」には、「資本貸付制度」があったので、会員になれば開店資金をすぐにでも借りることができた。明治四十二年には、サンフランシスコ市内だけでも、日本人が営業する靴店は七十六店にまでなった。同じ年、明治四十二年の一月から六月までの半年間に、「加州日本人靴工同盟会」が、カリフォルニア州各地の同業者に、革皮、墨、釘、その他、諸道具等を販売した総売り上げは、なんと三万二千余ドルの巨額に達している。

日本人靴店が明治三十年代から四十年代にかけて、一挙に増加した最大の理由は、「加州日本人靴工同盟会」が設立されたのがその主な要因だろう。同盟会を主軸として、日本人靴工が団結したことにより、白人靴工たちもうかつにバッシングできなくなったのではないかと思われる。また、一般社会の白人たちにも、日本人靴工の勤勉さや有能さが認められるようになったのであろう。

実は、日本人移民に対する排斥運動は明治四十年代に入って、ますますエスカレートしていたのである。日本人飲食店や洗濯屋の排斥は毎日新聞記事をにぎわし、悲惨な悲劇もあちこちで生じていたが、上記の理由により、日本人靴店だけは、一昔前の明治二十年代のような暴力的被害がほとんどなくなっていたという。その辺の事情を「加州日本人靴工同盟会」の会員、渡辺某（おそらく、渡辺伊喜松）は次のように記している。

（渡辺君）靴屋というものが、飲食屋見たようにひどい目に遭ふた。これは排斥熱も何もない時にドンドン排斥される。即ち商売敵で排斥されました。ところが、段々にうまくやって行きますと、靴を直しに来るような人間がある。値段が安いからいけぬということを言いだしたから、日本人も西洋人と同様に高くした。

高くしたけども、なぜ持って来るかというと、原料を良くして長く持つようにしておる。それには文句の言いようがない。それから、この前に「ボイコット」などをやって鞣皮を止めようというので地方の問屋などを圧迫して材料を日本人の靴工に売らぬことにしました。それから、日本人が一計を案じ出して、消費組合のように日本人の靴屋だけは独立して皮問屋を拵えまして、儲けを取らずして自分共に分配する。それはニューヨークあたりの本場から取る。即ちサンフランシスコで手が届かぬような所に注文しておる。それで、今サンフランシスコに日本の靴屋が六十軒あって、四百六十人ばかりの職人がやっておる訳で、至る所に広がって客が来て仕方がない位である。それはどういう所に長所があるかというと、西欧人の靴を直す者は六十位の爺が汚くしてやっておるが、日本人は黄色人とか何とかいった所が、機敏で綺麗であるから、妻君などが日本人の店にやってくる。又日本人の店には電話があるから電話で注文をして来る。労働者が皆直しに来ておる。去年の排斥熱の最も激しかった時には、サンフランシスコに労働者と名の付いた者が十万人からありますが、その連中が日本人の靴屋に直しに来るのに、新聞紙に包んで懐に入れて持って来る。サンフランシスコの一ブロックに一軒か二軒は必ず日本人の靴屋がありますが、最早靴屋の窓を壊すというようなことはないと思います。(『法学協会雑誌』第二十六巻第十二号・明治四十一年十二月一日「米国に於ける日本移民」高橋作衛)

当時のカリフォルニア州で、日本人靴工の繁盛ぶりを知らない白人は皆無で、外国人移民が携わる職業において、ゲルマン人の食料品、フランス人の洗濯屋、イタリア人の魚商、中国人の薬舗、日本人の靴工と言われるほど有名になっていった。かつて常太郎が渡米したころには夢想だにしなかったほど、彼の蒔いた一粒の種は、アメリカの西海岸で深く根を広げ、葉を茂らして成長したのである。

「加州日本人靴工同盟会」は、組織力がつき、経営が軌道に乗るようになると、儲けの一部を社会に還元して感謝の意を表すことも忘れなかった。『国民之友』の主幹、徳富蘇峰が、欧米漫遊の途次、サンフランシスコに立ち寄った際には、常太郎を始め同盟創立者を渡米せしめた恩人として、彼に記念品を贈り感謝の意を表している。

また同盟会は、在米同胞に率先して、母国の不幸や災難、あるいは戦争の国難に際して義援金を寄付している。その例をあげれば、日清戦争の際には六百三十円、日露戦争の際には七千二百九十円を献納、三陸海嘯義捐金、足尾銅山鑛毒事件寄付金、奥羽飢餓義捐金等、全て応分の寄金に率先しなかったことはなかった。

常太郎没後に建てられた城常太郎の顕彰碑文にも、「年々本国に寄送する金額二万円を下らず、日清及び、日露戦役には率先して恤兵献金をなしたり」と記されている。

靴工同盟会の成功物語は、当時、祖国日本にも広く知れ渡るようになった。アメリカンドリームを夢見る日本人青年が、続々と渡米したという。それに乗じて、日本では渡米熱がブームとなり、「渡米本」がたくさん出版されるようになった。それら、「渡米本」の多くが「加州日本人靴工同盟会」のことを特集している。こうして、日本でも有名になった「加州日本人靴工同盟会」に、国家の要人も興味を持つところとなり、成功の秘密を解くため有識者をアメリカに送り込み、調査させている。

◎茶話――一昨夜千葉県人の石井局長※歓迎会で塚本君の述べた補充労働者渡米論及び高橋氏の靴工同盟会発達史とは、すこぶる局長を動かしたそうな。（『新世界』明治四十年九月二日付け）〔※石井菊次郎　千葉県茂原市生まれ。当時、通商局長〕
◎靴工同盟会の歴史――サンフランシスコ靴工同盟会設立の歴史につき必要の廉ありて、博士高橋作衛※氏よりその取調方を在留日本人会に依頼し来たりしかば、同会より其の顛末を取調べ、これを同氏の手許まで送

付したり。（『新世界』明治四十一年二月二十八日付け）〔※高橋作衛　法制局長官、貴族院議員、東京帝国大学名誉教授〕

また、大正時代には、大正デモクラシーの旗手、鈴木文治が「加州日本人靴工同盟会」の歴史について、ＡＦＬ会長ゴンパースを前に、熱く語っている。

◎本社特信――米国労働大会・ボルチモア・鈴木生（記者注・旭章旗の前に鈴木文治君）、桑港の靴工同盟を語り家内労働を論ず……（『新世界』大正五年十二月二日付け）

第七章　『矯風論』米国からのメッセージ

離れていても、愛国の情

前章では勢いあまって明治四十年代まで書いてしまったが、話を「加州日本人靴工同盟会」が開設された翌年、明治二十七年に戻すとしよう。

常太郎の指導で、同盟会が飛ぶ鳥をも落とす勢いで発展を続けていたこの時期、プライベートでは、妻かねとの新婚二年目の生活を満喫し、弟たちにはアメリカ式製靴技術の伝授をするなど、公私に渡り多忙で充実した日々を送っていた。しかし、常太郎の心の平穏は長くは続かなかった。その年、日本が朝鮮に出兵したのに端を発して、日清戦争が勃発したからだ。

常太郎の甘い新婚生活は、一瞬にして緊張を強いられるものに転化した。一般的に愛国心が特に高まるのは、海外に出た時と戦争の時だといわれている。常太郎の場合は、母国の靴工仲間の期待を背負い、まさに日の丸を胸に打ち立てての心境でアメリカに乗り込んだのである。それ以来六年もの間、白人同業者と戦いながら日本人靴業の発展に心血を注いできたのだから、その愛国の情が人並み以上に熱くて当然だろう。常太郎は「加州日本人靴工同盟会」の組織力をフルに生かし、在留日本人に率先して恤兵献金を母国に献納した。

日本軍は、平城陥落、旅順口と威海衛を乗っ取るなど連戦連勝した。翌二十八年になると気の早い在留邦人は、連戦連勝の報道に舞い上がり、集会を開いては勝利の美酒に酔いしれた。常太郎は仲間たらとの浮かれ騒ぎには加わらなかった。日本からの新聞や雑誌を読むにつけ、戦争が終われば日本は産業の発展期をむかえ、労働争議も多発するだろうと予感した。それは、労働運動の機運が熟す日が近いということでもあった。

常太郎は戦後の状態をいろいろ予測していたが、心配してやまないことがひとつあった。それは日清戦争に勝利した後、小金は入っても明日の保証のない労働者や、血戦を終えて命からがら帰還した兵隊たらが、退廃的な生活に陥るのではないかという危惧だった。常太郎は神戸で靴業の徒弟生活をしていたころ、西南戦争後の好景気で小金を手に入れたために、酒色にふけり快楽に溺れて身を持ち崩した先輩靴工たちを、いやというほど見てきた。その堕落状況を繰り返させてはならないと、常太郎は案じたのだ。

これは日露戦争時のものだが、軍需景気によりにわかに収入の増えた靴工たちの享楽生活ぶりを表した記事を紹介しよう。

当時品川（桜組北品川工場）に行っていたのが非常に市中よりも靴屋の手間がよかったのだね。全部品川の女郎屋から通う。手間が一日五十銭なり六十銭、お女郎さんつきの下宿で弁当持って工場へ行って、また女郎屋に帰ってくる。それが下宿屋なんです。（『皮革産業沿革史』）

三十七年となって彼の日露戦争、時節到来というのでにわかに活気を呈した。製革の需要は未曾有の高さである。仕込みに追われて夜業をせぬ工場は唯の一軒もない。木下川、三河島、いずれも工場は増す。職工は増す。工場主たちの口元には不断の笑みがあった。桜組へ通う職工は俥で通う。通帳で妓楼に遊んだ者さえあった。工場主は儲かるのでクレージーとなり、職工は多額の金銭が手に入るのでこれまたクレージーで

あった。(『皮革世界』第五年・第十九号)

常太郎は戦争の終結を前にして、帰還兵や労働者を退廃的な生活から守る方法はないものかと頭を悩ませた。思案の末に思いついた方法は、自らが考案した堕落からの脱却法を文章にして、日本内地に送りつけるという試みだった。明治二十八年三月、常太郎は、サンフランシスコで『戦後の日本矯風論』と題した小冊子を自費出版し、日本のさまざまな関係部署に送付したのだった。

偶然に導かれて

前にもふれたように、筆者はここ二十数年にわたって、国会図書館をはじめ、さまざまな大学図書館に通って、常太郎の人生を解明するための「鍵」になる文献を探ってきた。しかし、歴史学者でもない「にわか研究家」の筆者が、数十万点にのぼる膨大な出版物から名もない一労働運動家の資料を探し出すのは、文字通り「枯れ草の山から針一本」を探し出すほどの幸運も必要だった。今ではほとんどの図書館で、パソコンで検索すれば、そのキーワードに関連した蔵書全般を閲覧できるが、一昔前にはまだそんな便利なシステムはなかった。

今から二十年ほど前のあの秋の日もまた、いつものように定期券を使って国会図書館に行き、またいつものように明治時代の名もない地方新聞を、眼をこらして隅々まで読んでいた。ふとその時、「常太郎の書いた出版物が一冊でも見つけられたら……」と思い、新聞を閉じて、『明治期所蔵目録』の別冊『著者名索引』を手にした。

その分厚い『著者名索引』は、それ以前すでに何度も目を通したので、常太郎の本はないとは分かっていたけれど、懲りもせずまた「じょう」のページを広げてみた。しかし当然というか、やはり、小学校も出ていない常太郎の出版物など載っているはずもなかった。普通なら諦めて本を閉じるはずだったが、その時は意味もなく胸騒ぎがして、「何かが起こるのでは？」という予感のようなものを感じた。いつのまにか手に汗をかいていて、その指が夢中でページをめくるので自分でも不思議に感じながら文字を追っていると、十数ページ後に「しろ」で始まる索引があり、そこに「しろ・つねたろう」という文字を見つけた。

今までたいした運にも恵まれずに生きてきた人生であるし、ましてや「大いなるものに導かれて……」というような神々しい体験は皆無だった私は、このウソのようなホントの体験を享受できるほどの器がなかったのか、「しろつねたろう」の七文字を再確認する勇気もなく、あわてて本を閉じて図書館をとび出し、そのまま地下鉄に乗ってアパートに帰ってしまった。いま思い返せば笑い話にもならないほど、意気地のない行動をとったものである。

翌日、まるでガンの宣告を受けに行くほどの心境で、心臓をパクつかせながら、再び国会図書館に足を運んだ。そこで祈るような気持ちでまた『明治期所蔵目録』をあけ、「しろつねたろう」が書き残したのが『戦後の日本矯風論』と題された小冊子であり、前日の発見が幻覚ではなかったことを確認した。それでも小心者の私は、二日後に実際に『戦後の日本矯風論』を借り出すまでは、「もし、これが同姓同名の別人だったら？」という不安と、「これで常太郎の謎が解けるかも……」という期待とで、ハラハラしながら過ごした。

それまでは、「偶然が重なって大事な物を発見する」などというミラクルな逸話は、小説やテレビ番組の中だけのことと思っていた。しかし、この「お宝」を発見するプロセスから、「人生には、人智を越えた力が働く瞬間がある」ということを学ばせてもらった気がする。

現存する、唯一の出版物

『戦後の日本矯風論』は、常太郎によって書かれた現存する唯一の出版物である。当時、日本国内では無名の常太郎が著した、わずか十六ページにも満たない小冊子が、今日まで、国立国会図書館に保存され続けていたことに、筆者は少なからず感銘を受けた。明治の中期ともなれば、印刷技術の発達に伴い、民間レベルでも数多くの本が出版されている。それらの出版物の大半が、長い年月を経る内に、紛失し消え去っただろうことを思えば、この小冊子が国会図書館の片隅に保管されていたのは幸運ともいえる。

靴工兵制度反対運動の時、常太郎は『遥かに公明なる衆議院議員諸君に白す』という意見書を衆議院に送り付けたように、この小冊子も、さまざまな国家機関に送付されたであろう。そして常太郎の言わんとした趣旨が、永久保存に値する評価を受けたからこそ、こうして今まで残っていたのではないだろうか。

この『戦後の日本矯風論』の主旨は、売春による悪癖を規制せよと説く、いわゆる「廃娼論」である。

当時、廃娼論者の中には、各界の頂点を極めたそうそうたるメンバーが顔を並べていた。福沢諭吉、徳富蘇峰、木下尚江、島田三郎などだ。しかし彼ら有識者が唱えたのは、人間の欲望を悪とし、自制を善とする、極端に理想主義的な廃娼論だった。それに比べて、常太郎が提唱したのは、性風俗の全面的な否定ではなく、きわめて現実に即した改良主義的な廃娼論だった。つまり、人々の欲望を抑圧するのは不可能なのだから、売買春に関わる犯罪を規制し、犠牲者の増大を防ぐべきだと訴えたのである。

今日においては、売春禁止法の抜け穴としての性風俗は暗黙の内に放任され続け、風営法による風俗店に対する営業条件の制限と制裁によってのみ、かろうじて社会の秩序は保たれている。こうして見ると、百年以上も前に常太郎が提唱した「制限と制裁」という対応策こそが、いまでも効果のある解決方法だったということになる。常太郎の、こうした時代を先取りする認識力は、この後、日本での本格的な近代労働運動を決行する際にも、十分に発揮されることとなる。

この『戦後の日本矯風論』は、薄い小冊子に過ぎないにもかかわらず、当時の日本内地に於いては、かなりの評価を受けたのであろう。新聞の書評欄にコメント付きで掲載する新聞社も現れた。以下がその記事である。

◎最近出版書／戦後の日本矯風論（城常太郎著、芝区愛宕町二丁目吉澤喜一郎発行）――在米国遊学の士城常太郎氏が遥に四千里外の天地より社会的道義的に戦後遊廓の制裁を切論せる者なり。（『読売新聞』明治二十八年四月二十二日付け／一面）

◎書評欄／新刊紹介／戦後の日本矯風論（芝区愛宕町吉澤喜一郎発行非売品）――在米城常太郎氏の記して送る所其所謂矯風とは妓楼遊郭の改革に在るものの如し。曰く妓楼内に酒食を禁ぜむと。是れ著者満腔の大策なり。或は経済上より論じ、或は生理上より論じ、或は品行上より論じ、或は個人的より論じ、或は国家的より論ず。論鋒縦横なりといえども如何せむ其の説迂癖にして未だ世態に通ぜるものに非ず。遊郭存廃の論は往往欧米の皮相に眩したる洋行返りのホヤホヤ先生、又はハネッ返りの宗教家の口に叫ばるといえども是れ一朝一夕にして断ずべきに非ず。戦後の策としては尚別に緊急のものあらむ。敢えて著者に問ふ。（『東京日日新聞』明治二十八年五月五日付け）

常太郎が唱えた矯風運動は、封建制から民主的近代国家に移行する過渡期に労働運動をすすめるにおいて、避けては通れない主張のひとつだったのだろう。労働者が自分勝手に享楽にふければ、互いに協力し合って 地位向上を戦い取る活動を共有しづらいからである。

廃娼運動の嚆矢といえば、「救世軍」を思い起こすが、救世軍よりも早く、明治三十二年の夏に、大宮に創られた「鉄工組合」の「労働者倶楽部」が廃娼演説会を行ったことはあまり知られていない。この演説会を契機として、島田三郎や中島信行ら労働運動に理解を示すキリスト者たちも加わり、廃娼運動が進められた。翌明治三十三年一月二十一日には、「労働者倶楽部」が発起者となり、木下尚江や阿部磯雄を招いた演説会を開き、「非公娼同盟会」を組織するに至った。そして、その後を継ぐかのように、同年八月、山室軍平が組織した「救世軍」が廃娼運動の全国展開をスタートさせていったのである（『公平新聞』明治三十三年一月二十八日付け）。

「鉄工組合」といえば、後に常太郎が創設する「労働組合期成会」から生まれた労働組合である。常太郎や木下源蔵が、「小石川砲兵工廠」の鉄工をオルグして組織員を獲得していったことは、後に書くが、常太郎の『戦後の日本矯風論』の思想が、彼等、鉄工組合員の労働運動の心構えの礎石となったことは否定できない。

城常太郎が「廃娼問題」に注目し始めた切っ掛けの一つには、当時、廃娼運動に取り組んでいた『金門日報』の社長・永井元との出会いがあると思われる。また、サンフランシスコにおける日本人ゴロツキたちが仕切っていた「売淫婦の渡航・賤業女子の米国行」の問題が表面化したことにもあったに違いない。彼女ら賤業日本女子の渡米の問題は、現地のアメリカ人の日本人に対する信用を失墜させ、日本人排斥運動の大きな原因の一つとなっていった。

『国会』新聞紙上にサンフランシスコの市場に日本婦人の競売の模様を描いたイラストと記事が載っていたので下に記しておく。

◎日本女子の競売（志賀重昂）――鳴呼、左に掲載するは、サンフランシスコの市場に日本婦人を競売するの図。米国シカゴ警察新聞より転載せし者。同新聞は之れに付記して曰く。「別品日本人の競売、日本舶来の小娘二十人、選り取りお好み次第、一頭四十ドルより五百ドルまでと」。この図、この文、我が同胞日本人の見て以て憮然たらざる者誰かある。読みて以て慨然たらざる者誰かある。これら賤業婦人といえども、我が同胞、我が国民にして嘲笑せられ、競売せらる。豈これを見、これを読むに忍びんや。唯吾輩が忍びて以てこれを掲載するは、一は以て我が同胞国民の注意を喚起し、一は以て当局者を警省せんと欲するを以てのみ。豈にまた他意あらんや。今や米国における日本人の声価は極めて墜落し来り。桑港プレチン、桑港クロニクル、桑港ヲルタ新聞等の各新聞紙は筆を極めて日本人を攻撃し、その甚だしきに至っては、日本人に向かって十字軍を起こし、支那人と同じく我が同胞を放逐せんとし、前にカリフォルニァ州政府は日本人の州立大学に入ることを禁止せんとし、又日本人と白人との結婚を以て正当の結婚と認識せざることを広告し、近く亦た日本人の上陸を禁止し、日本人排斥問題は随所に湧出すと。蓋し聞く北米サンフランシスコにおける日本人にして、或は一万ドル以上の金円を貯蓄し、或は日々、四十ドル以上の収入あるは、娼婦の主人、もしくは娼婦にあらざるはなく、この輩多く金銭を貯蓄するを以て、従って、人の指目に触れやすければ、娼家の主人もしくは娼婦は自から日本国民の代表者となり、因りて以て、外人等は日

日本女子の競売『国会』（明治二十四年六月二日付け）

本人を以て滔々皆な斯くの如しとなすと。（『国会』明治二十四年六月二日付け）

当時のサンフランシスコでは、同じ人間である黄色人種「日本人」を牛馬と同等にしか扱わず、一頭、二頭、と数えていたのである。当時のこうした時代背景を無視しては、『戦後の日本矯風論』は語れない。『戦後の日本矯風論』の全文は巻末資料（二七五ページ）に掲載しているので参考にしていただきたい。

第八章　持ち帰った、パイオニアのビジョン

巣立った義友会のメンバーたち

明治二十七年八月一日の宣戦布告により始まった日清戦争も、陸海戦ともに日本は圧勝し、翌明治二十八年四月の下関条約の調印をもって終結した。いよいよ、常太郎にとっての大仕事、祖国日本に労働運動の旋風を巻き起こす時節が到来した。

常太郎は血気に逸る気持ちを抑え、自らが立てた計画に従って帰国の準備に取りかかった。彼は自分が帰国する前に、「労働義友会」で苦楽を共にした沢田や平野に、それぞれの個性に合った人生行路を歩むように奨励したものと思われる。常太郎よりも一足先にサンフランシスコを旅立った沢田と平野の運命の行方を辿ってみよう。

＊沢田半之助のそれから

沢田（一八六八〜一九三四）は、後の鉄道院総裁・後藤新平の要請を受け、新たな人生の活路を朝鮮の李王室の服飾教師の職に見出すために、明治二十八年八月、サンフランシスコを後にして、ただ一人朝鮮半島へと向かった。しかし不運にも、王宮に滞在してまだ日の浅い明治二十八年十月、朝鮮国内の乱れに乗じて起こった「乙

末の変」に遭遇したために、身の危険を感じて急挙日本に帰国した。横浜に着いた彼は妻子に会うために故郷、福島県に向かったが、実家に戻った彼は、留守中に妻が一人娘を残したまま離婚していたことを知らされた。失意のどん底に突き落とされながらも気を取り直した沢田は、娘「えい」を友人宅へ里子として預け、商売を始めるために上京し、京橋区に「沢田洋服進調所」を開業した（『米友協会会史』「沢田半之助略伝」沢田智夫）。

＊平野永太郎のそれから

平野（一八六九～一九二三）は、在米中、親友である常太郎の影響を受けて労働運動に傾倒していったものの、本来は事業家としての才能を持ったビジネスマンタイプの靴職人だった。明治二十八年秋に帰国した平野は、高級紳士靴、婦人靴を専門とする製靴販売所「神戸屋靴店」を神戸市に開業した。彼は製靴販売のかたわら、製靴技術の伝授のほうにも力を注いだ。明治四十一年には「日本靴工同盟会」神戸支部長となり、またその後、「神戸靴商組合」の会長ともなっている。大正八年九月には「神戸屋製靴株式会社」を設立し、アメリカからグッドイヤー製靴機を輸入して量産体制をとるとともに、靴木型を製造して好評を博し『神戸靴』の名声を全国に広めた。

世界をめぐる、高野房太郎の長い旅

高野房太郎は、サンフランシスコの商業学校を明治二十五年一月に卒業すると同時に、「労働義友会」を脱退し、より収入の多い仕事を求めてタコマからシカゴ、マサチューセッツ州グレート・バーリントンなどを転々と渡り歩き、明治二十七年四月にはニューヨークに到着した。

到着直後の五月二日には、三年契約でアメリカ海軍に入隊し、軍艦の食堂勤務員の仕事に従事することになった。高野は、軍艦出航まで待機のかたちで自由な時間があったので、「アメリカ労働総同盟（ＡＦＬ）」会長サミュエル・ゴンパースに会って、労働問題の論議を交わした。労働問題事情に精通した高野を高く評価したゴンパースは、彼を正式に「アメリカ労働総同盟」の日本担当オルグに任命した。

そして明治二十七年十一月二十日、高野は、アメリカ海軍の砲艦マチアス号の食堂勤務員としてニューヨークを出航した。同艦出航の目的は、日清戦争さなかの極東におけるアメリカ権益を保護するためだった。アメリカ海軍の仕事には、以下のような厳しい規則があった。

軍艦に傭はるる者は、三年間勤続せざる可かざる契約あるを以て、随意に退艦するを許されず……軍艦に傭はるる時に、あらかじめ労働者の逃亡を防御するために、最初一ヵ月分の給料を取りおさえ置く。（『在米の苦学生及労働者』梅田又二郎）

高野は右記のことを承知の上で、あえてこの仕事を選んだわけで、必ずしも労働運動を日本で決行するために帰国しようとしていたのではなかった。いつ日本に到着するかも予測のつかない軍艦に乗り込み、最低でも三年間は艦内に拘束されながら海上での職務を強制される契約を自ら進んで結んだのである。おそらく、長年の放浪生活でインターナショナルな感覚が身についていた高野としてみれば、働きながら世界を見てまわれ、その上、まるまる給料が貯金できるのだから、むしろわくわくしながらの乗船だっただろう。

高野は「労働義友会」脱退後も、アメリカ煙草会社のタバコを日本に輸出することを計画していたぐらいだから、労働運動よりも実業家として成功する夢を捨てきれないまま出国したことになる。高野を乗せた砲艦マチアス号は、大西洋、地中海、スエズ運河、シンガポールを経由して、明治二十八年三月に香港に寄港した。マチアス号はその後、明治二十八年四月二十五日、高野の故郷、長崎港に二日間ほど碇泊した。この間に高野は、姉きわに面会している。もし砲艦での帰国の目的が、船賃を浮かすことにあったのなら、この時、脱艦したはずだ。しかし高野はその後も、広東、上海など中国各地を転々とまわり、一年余りも軍役に服している。結局、高野が日本へ上陸したのは、マチアス号が横浜に寄港した明治二十九年六月末だった。

米国軍艦マチアス号は一昨十八日午後四時十分神戸より横浜に入港したり。(『東京日日新聞』明治二十九年六月二十日付け)

同艦は六月十八日から八月一日まで約一ヵ月半横浜に碇泊したが、おそらく彼は六月分の給料をもらうため給料日までは軍艦内で働いて、給料をもらった後、すなわち六月の末に逃亡したのだろう。なお、逃亡防止のために乗船する際、米軍側に取り抑えられていた最初の一ヵ月分の給料三二ドル三六セントを残したままの逃亡だったという。横浜は高野にとって第二の故郷である。高野は久しぶりに母の手作りの料理を食べ、旧友たちとも再会し、懐かしい日本の生活にひたった。そして同年夏、横浜の英字新聞『ジャパン・アドバタイザー』の記者となった。そのころ仕事のかたわら、弟と共同して『和英辞典』の編集や『実用英和商業会話』の執筆も進めている。

高野が記者となった明治二十九年後半は、日清戦争の勝利の結果、日本の産業界は異常なほどの活況を呈し、労働争議も多発していた。まさしく労働運動の機が、最も熟した時期だった。しかし、アカデミックな労働問題研究者としては日本屈指の域に達していた高野も、実践家としての経験が不足していたために、絶好の機会を前にして、ただ傍観する以外手の打ちようがなかった。行動に移せない自分をふがいなく思い、焦り揺れ動く心情を、高野はゴンパースへ宛てた手紙の中で、次のように表している。

アメリカの高賃金に慣れてしまったため、満足できる仕事を探すのは容易ではありません。もう一度アメリカに戻る方が、私個人にとっては得策ではないかと思うこともしばしばですが、その度に私の人生の目的を考え、利己的な気持ちを抑えています……。（『高野房太郎よりゴンパース宛て書簡』明治二十九年七月五日付け）

今ほど労働需要が盛んなことはこれまでなく……私自身が非力で、彼らに何か実質的な援助をできずにいることは、まことに残念です。（『高野房太郎よりゴンパース宛て書簡』明治二十九年十月十日付け）

高野が労働問題論者から実践的リーダーに変身し、日本の労働運動史に彗星のごとく登場するためには、それまで運動の最前線で戦い抜いてきた経験を持つ常太郎との再会を待たねばならなかった。

「働く者の楽園」を夢見て

前述したように、明治二十九年が始まるころには「労働義友会」の主だったメンバーは既にアメリカを離れて日本に帰国し、それぞれ天職ともいえる道を進み始めていた。

平野は神戸で「神戸屋靴店」を起こし、沢田は東京の京橋でテーラー「沢田洋服進調所」を開業、高野はアメリカ海軍の水夫として軍艦に乗り込み、世界各地を巡りながら、後に新聞記者となるための素養を養っていた。

高野は二十八年の暮れ、数年ぶりに常太郎に宛てて手紙を出している。だが、その差出人の住所が米海軍の軍艦からではなく、「千駄木林町百八十番地」になっていたために、常太郎は高野がすでに帰国しているものと勘違いしたようだ。

そのころ常太郎は、居残った同志・木下源蔵とともにアメリカに留まり、日本で本格的な労働運動を巻き起こすビジョンを練りながら、帰国の準備を重ねていた。日本でひとたび労働運動の扉を開いたなら、リーダーである自分がすべてを背負う覚悟だった常太郎は、フルタイムで運動に専念できるように、十分な活動資金も蓄えていた。また、日本に「働く者の楽園」を築くためなら、「加州日本人靴工同盟会」の開祖としての地位も、繁盛していた自分の靴店も、執着なく捨てることもできた。

明治二十九年二月の始め、常太郎夫婦はサンフランシスコを出港して帰国の途についた。二月十八日、横浜港に着いた二人は、一旦は故郷熊本に帰り、懐かしい家族や旧友たちとの再会のひと時を過した。

妻かねは生前、当時のことを振り返って孫たちに次のように話していたという。

「私たち夫婦はアメリカから帰るなり東京に住んでいたの。お爺さんは、それはもう労働運動に打ちこんでましたよ」

この証言からすると、常太郎夫婦は、熊本の家族や旧友たちとの再会もそこそこに、あわただしく上京したことになる。

三月半ば、早々に東京へと直行した常太郎夫婦は、ひとまず知人である真田某方に身を寄せながら、労働運動の拠点を捜した。またその間、高野房太郎との再会を果たそうと、彼に一通の葉書を書き送った。

東京市本郷区駒込千駄木林町百八十番地・高野房太郎様

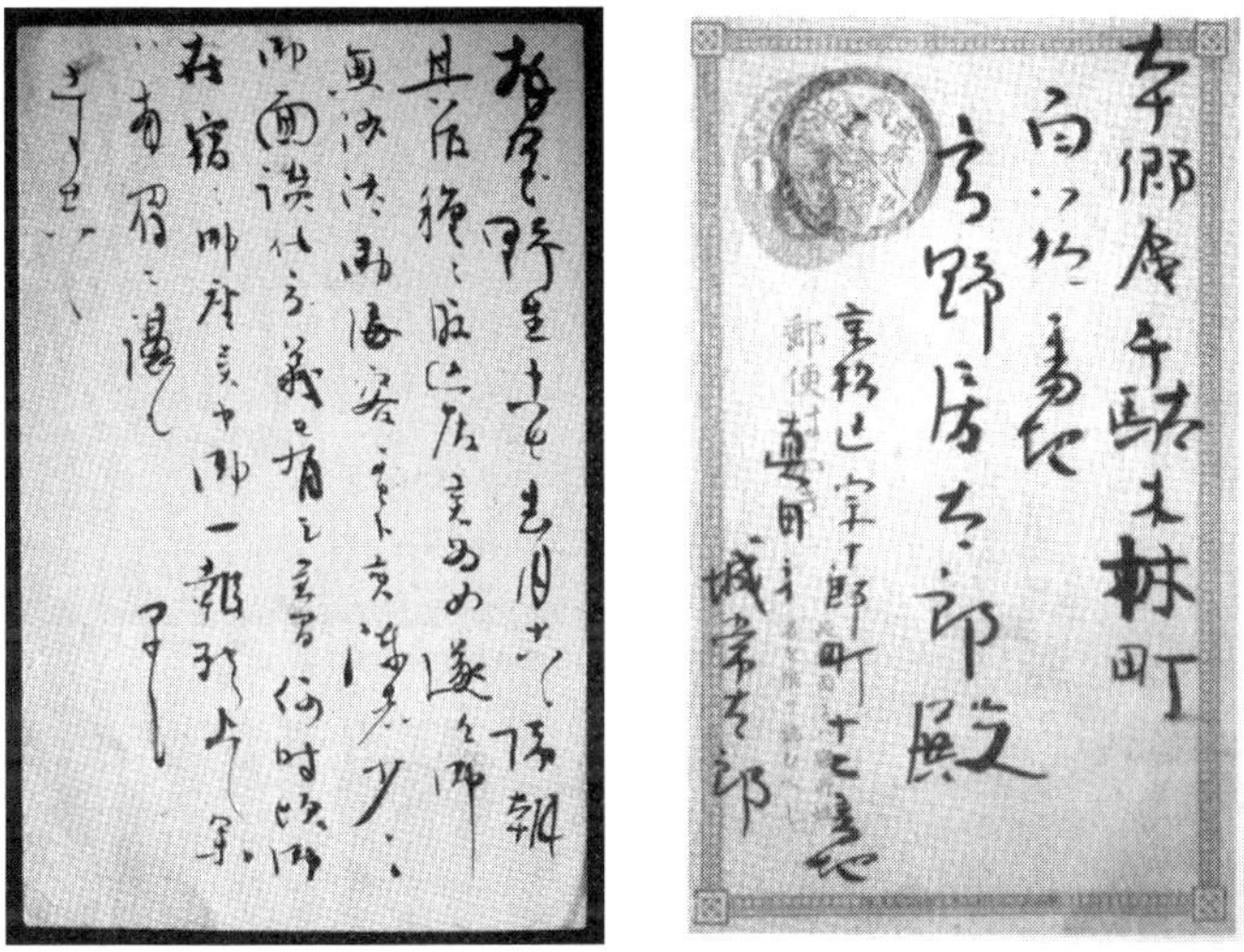

城常太郎のはがき表（右）、本文（左）（法政大学大原社会問題研究所所蔵）

拝啓　野生こと去月十八日帰朝。其后種々取込居候為め遂々御無沙汰御海容被下候。陳者少々御面談仕度義モ有之候間何時頃御在宿ニ御座候ヤ。御一報願上候。余ハ拝眉ニ譲ル。

早々　三月廿八日

敬具

東京市京橋区宗十郎町十七番地　真田方　城常太郎

おそらく、葉書の返事は高野ではなく、彼の弟から来たものと思われる。高野は航海中の軍艦からサンフランシスコにいた常太郎に手紙を送るのに、いったん日本にいる弟の家に送り、そこからアメリカへ転送してもらっていた。

高野房太郎は、マチアス号乗務中にゴンパースに手紙を出した時も、いったん日本に送って、東京から発信したように装っている。（『明治日本労働通信』大島清・二村一夫）

高野がまだ帰国していないことを知った時の常太郎の落胆

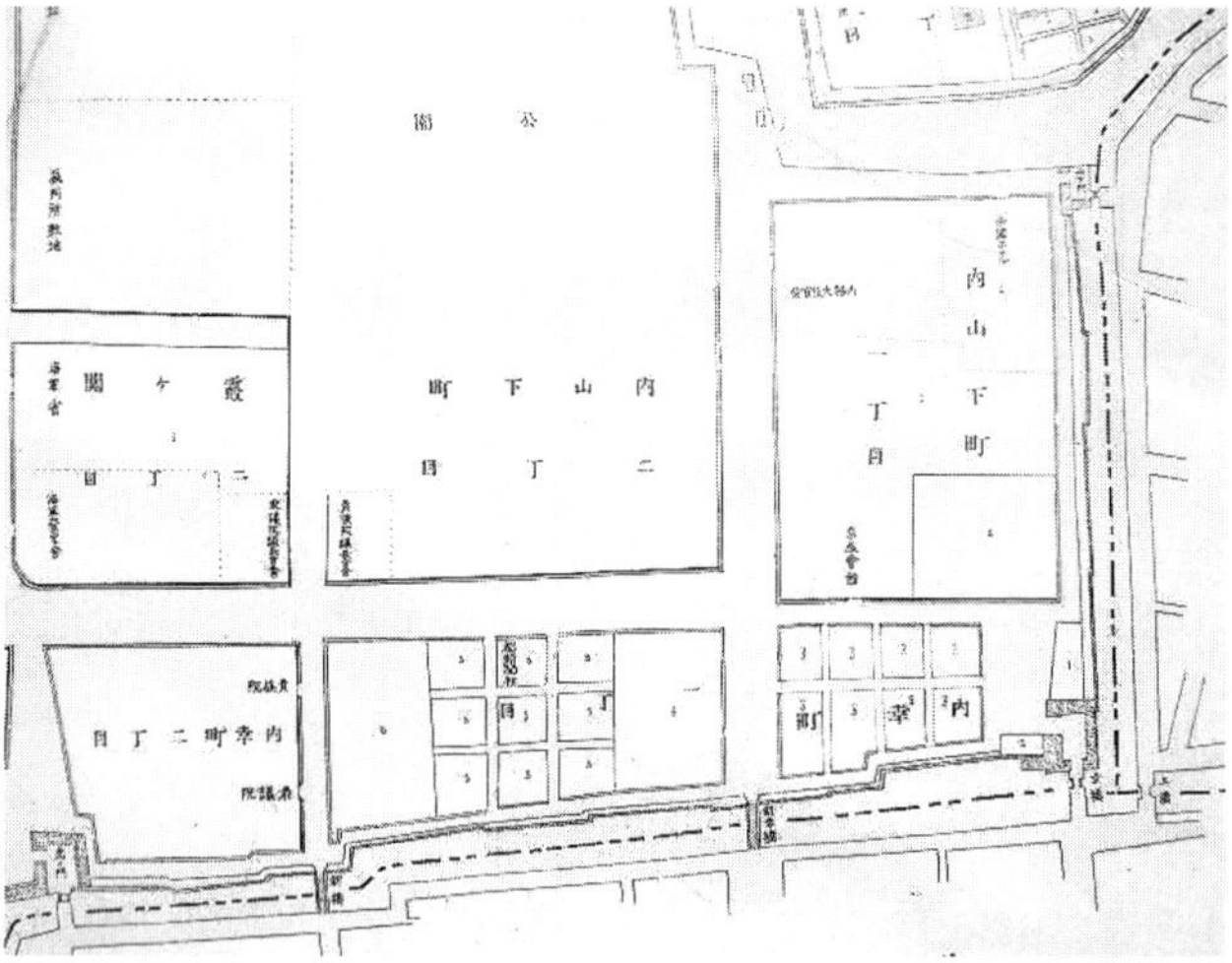

城常太郎の自宅兼「職工義友会」の事務所（東京市麹町区内幸町一丁目一番地）『東京市麹町区全図』（明治二十八年七月調査　明治二十九年発行）

ぶりは、想像にあまりある。当時の常太郎は、沢田半之助もまだ朝鮮にいて帰国していないと思っていただけに、よけいに気落ちしたと思われる。

しかし、いつ帰国するともわからない高野を何もせずに待ち続けるわけにはいかなかった。常太郎はサンフランシスコから帰国した木下源蔵と二人だけで、早々に運動開始の準備に取り掛かった。帰国前に二人で計画した通り、運動の拠点として日本の政治の中枢に隣接する場所を選んだ。それは「帝国議事堂」と同じ麹町区にある内幸町の一丁目一番地だった。当時の記録には、内幸町の特徴を以下のように記している。

東京新聞社があった内幸町は、江戸城濠の幸橋御門から内側のエリア。江戸切絵図でみれば、典型的な大名屋敷だった。明治以降、官庁街となった霞ヶ関の〈官〉と銀座や新橋の〈民〉を結んで、内幸町は〈公〉の意識の強い街として形成されたといえるだろう。（『内幸町物語―旧東京新聞の記録』）

『明治大正昭和東京写真大集成』は当時の内幸町の特異性を、「内幸町は、西洋文化や政治や金融や報道を芽生えさせる、実験農場のような場所だった。」と評している。

明治三十年当時、麹町区内幸町一丁目には、島津邸、相馬邸（相馬誠胤・陸奥国中村藩第十三代藩主）、子爵井伊直安（貴族院議員）控邸、星前衆議院議長邸、堤代議士邸、東京倶楽部、幸倶楽部、中央倶楽部、国民協会議員倶楽部、青年同志倶楽部、進歩党事務所、山田喜之助弁護士事務所（一丁目一番地）、高木法律事務所、菊池武夫（中央大学初代学長）事務所、都新聞社、ジャパンタイムズ社、英国商業雑誌社（一丁目三番地）、長與胃腸病院（夏目漱石が胃潰瘍で入院）、黒住教東京仮大教会所、などがあった。内幸町は一丁目と二丁目しかなく、しかも二丁目はすべて帝国議事堂で占められていたので、住宅地区は一丁目の限られた狭い地区だけだった。筆者も当時の地図を頼りに、内幸町一丁目周辺を何度か訪れてみたが、常太郎の元住居があったとみられる場所が、帝国議事堂の目と鼻の先、歩いて五〜六分の至近距離にあったことが分かり、いささか驚いたことがある。

このように、常太郎が日本の労働運動の拠点として、「公」の意識の強い町を選んだことから、彼の目指す労働組合運動の方向性が窺える。日本の労働運動の基礎を創るため、戦術的なプライオリティーとして、常太郎は先ず、「労働組合法」の法律の制定を衆議院に求める請願運動から始めようとしていた。それゆえ、皇居の外堀に架かる幸橋の内側、帝国議事堂が在る町、内幸町にどうしても拠点を置きたかったのだろう。外堀内にこだわった理由の一つは、明治二十五年に一時帰国して「労働義友会」を設立した際、事務所を外堀より外側の町人町、銀座三丁目に置いたことにより、デモ行進の際、橋の上で厳しい検問を受け参加者が激減した教訓があるからと思われる。

一方、木下は、労働者たちへの宣伝や啓蒙がしやすい立地を捜して、職工数東京随一の大工場『小石川砲兵工廠」（現在は東京ドーム）に歩いて五〜六分ほどの場所、東京市小石川区上富坂町十五番地に住居を構えた。富坂は、砲兵工廠の裏手の土塀沿いの長い坂で、夏目漱石もよく通った坂として知られている。木下が住み着いた上富坂界隈には、砲兵工廠の職工たちが住む三軒長屋が立ち並んでいたという。

斉藤茂吉の歌に

「富坂を横にくぐりて溝の水、砲兵工廠へ入りけるかも」

というのがあるが、それほど、木下の借家は砲兵工廠に隣接していた。おそらく、借家の南窓を開ければ、眼前に、黒い煙を吐く砲兵工廠の大きな煙突が迫って見えたことだろう。

この砲兵工廠の鉄工たちが中心となって、後に「労働組合期成会」と「鉄工組合」を結成することとなる。

ネームチェンジ、「職工義友会」

日本の労働運動の先陣を切った中心人物が城常太郎であることは、筆者が発掘した新資料により証明できたと思う。しかし、その時期が明治二十九年の何月ごろであるかは、明確にはわかっていない。「上京後、直ちに労働運動に奔走し始めた」と、妻かねが語っていることから、おそらく、明治二十九年四月から五月にかけてだと思われる。常太郎と木下は、運動の中枢となる麹町区内幸町一丁目の常太郎の自宅に「職工義友会」の看板を掲げたのであろう。サンフランシスコ時代に使われていた「労働義

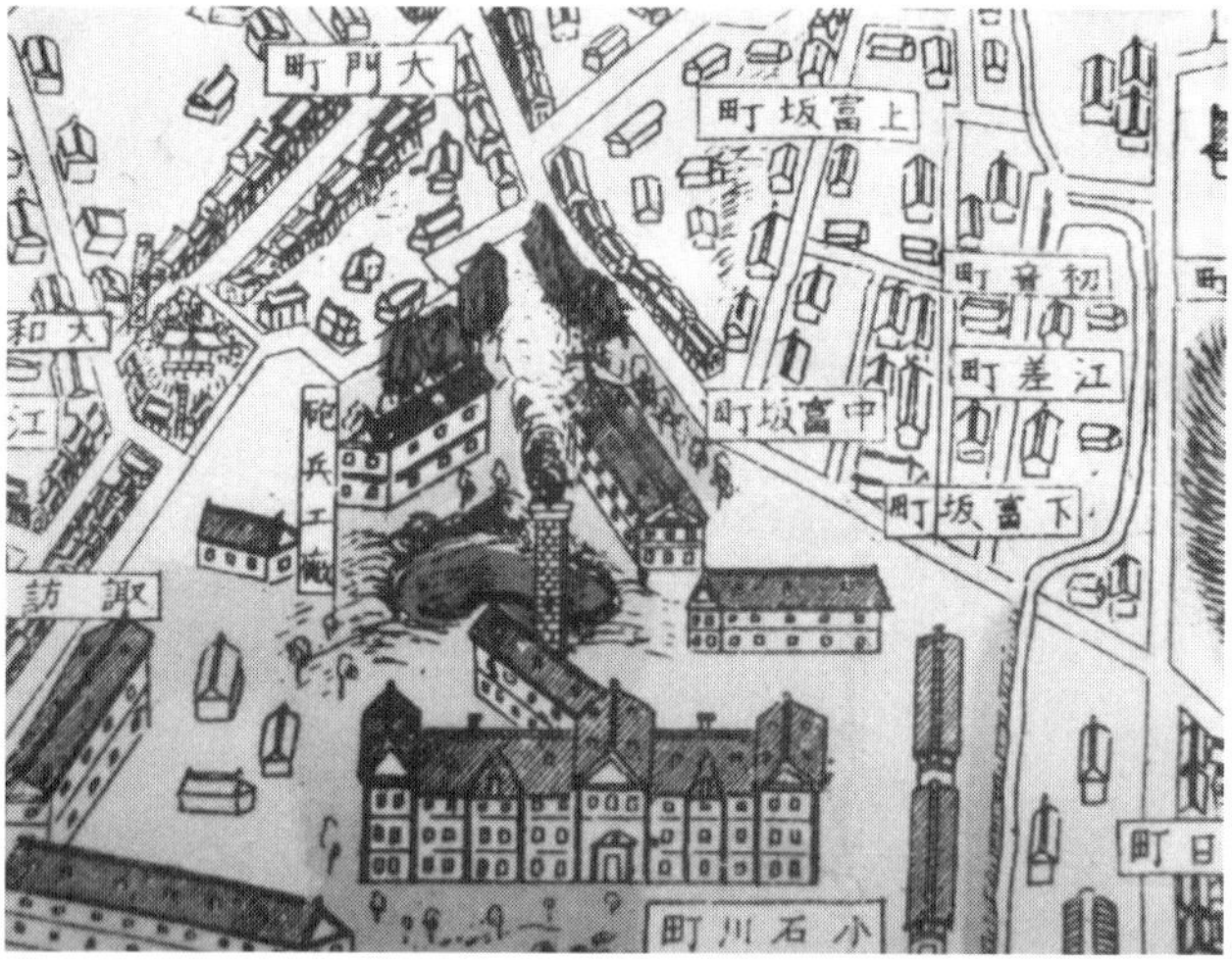

『東京一目新図』（明治三十年版　人文社発行）木下源蔵の自宅、東京市小石川区上富坂町十五番地

友会」という名称を、日清戦争後、工場賃金労働者（職工）の数が急速に増えたわが国の社会情勢をかんがみて、日本では「職工義友会」という名へと変更したのである。

こうして常太郎らの運動は、国家の中心である貴衆両院議事堂のあった同じ町に拠点を置いてスタートした。それは、逃げ隠れすることなく、国家の賛同が得られるまで公然と運動を行うという意思表示とも受け取れる。

常太郎と木下が帰国したこの時期、日本の産業界は大きな発展期を向かえていた。日清戦争の勝利により獲得した二億三千両の賠償金が企業熱を煽り、工場の建設ラッシュが起こり、いたるところに煙突が林立した。

こうした中、工場に勤める賃金労働者、いわゆる職工の数も急増し、そこに新たな労働問題が発生し、労働運動の萌芽もおのずと形成されはじめていた。

明治二十九年の労働争議は、前半期三件に対し、後半期の十六件……後半期を月別にみれば、七月が一件、八月が二件、九月が三件、十月が七件、十一月三件、であり、漸増の傾向である。（「明治二十年代の労働運動」山本四郎）

三宅雪嶺は、『同時代史』の中で、労働運動におけるこの年の意味を、「既に時機熟しながら、いまだ広く人の耳目に映ずるにいたらず……将来に起らんとする種々の運動の第一年と見なすべし」と記している。

こうした状況の中、常太郎の帰国を聞きつけて、元「東京靴工協会」のメンバーだった靴工たちも、少なからず事務所に出入りするようになった。常太郎と木下は、サンフランシスコ時代と同じように、毎月第一第三土曜日を集会日として、靴工たちの啓蒙に勤めた。集会の席で、靴工たちから「桜組」工場での劣悪な労働状況を聞くにつけ、常太郎は、計画していた本筋の労働運動とは別に、彼らのために早急に待遇改善の運動をやらねばとの思いに迫られた。彼らは、四年前の靴工兵制度反対運動の失敗のしわ寄せをもろに受けて、会社に対する不満が今にも爆発寸前になっていた。

日清戦争後、陸軍省は数名の靴製造教師を雇い、被服工長学舎において兵士に靴の製造を習わせ、軍靴総体の三分の二を工長学舎で製造するようになっていた。「桜組」は、わずかに残りの三分の一だけを引き受けることとなったので、会社側幹部たちは、密かに従業員を解雇してリストラすべきか、賃金を引き下げるべきか、あるいは労働時間を減らし給料も時間制にするべきかを内々に協議していた。ところが六月に入ったころ、これを漏れ聞きした靴工たちは烈火のように怒り、すぐさま常太郎に知らせた。靴工代表者たちは義友会事務所に急きょ集まり、常太郎を中心に、密かに協議をした。その結果、この際先手を打って、こちらから待遇改善の運動をするのが得策だという結論に達した（『万朝報』明治二十九年六月十九日付け）。しかしその矢先、会社側はいきなり靴工の賃金を時間割で支払うことに決め、就業時間も、朝八時より夕方五時までに短縮してしまった。

常太郎は再び靴工たちと協議した結果、これを機にストライキを前提とした会社側との待遇改善の団体交渉に入ることに決まった。常太郎は当時、「桜組」総支配人の大沢省三が旅行中だったので、彼の帰京後を見計らって、自ら直接会社に乗り込んで談判する予定だった。だから靴工たちにはそれまでは我慢し、感情に走って早まった行動に出ないよう、くれぐれも注意した。

ところが、常太郎の危惧が現実となった。六月十九日、東京市内の各社新聞は、いっせいに「桜組」の靴工の暴行事件を取り上げた。その中の一つ『東京日日新聞』は次のように報道している。

◎桜組の職工同盟狼藉――昨日正午過ぎ、桜組の靴製造職工八十余名は職工監督、羽生田、渡辺の両氏に向かって狼藉に及びたるより、その首謀者四人はその筋に拘留されたる次第を聞くに、職工等は夙に賃金の引き上げを望み、かつて同盟を組織し帝国議会にまで請願書を提出したることある程なれば、昨今のごとく諸物価騰貴のおりからとて如何でか黙止すべき彼等は、同組の組織として職工の賃金を時間割にて支払はるるを機とし時延就業時間を永くせんことを請求したれど、実際同組は今日の八時より五時までの就業時間においてすら製造に余裕を感ずるほどなれど、むげにその要求の排斥しかねるものあるより取締役大沢省三氏の旅行中なれば帰京まで待たれよと挨拶せしを不服として前記のしだいに及びたるなりというが、彼等はなお他にも連絡を通じおれるやの形跡ありという。(『東京日日新聞』明治二十九年六月十九日付け)

この文書の「彼等はなお他にも連絡を通じおれるやの形跡ありという」の「他にも」とは、「職工義友会」ではなかろうか。というのは、後に「東京靴工倶楽部」が結成された時も、「労働組合期成会」と連絡を取り合っていた形跡があるからだ。

◎靴工倶楽部――同倶楽部は会員八十名もあり。……なお、労働組合期成会と連絡することを計画しおれりと。(『横浜毎日新聞』明治三十二年四月二十三日付け)

首謀者の一人には靴工兵制度反対運動のリーダーだった当時三十歳の岩瀬貞三郎もいた。岩瀬らは、常太郎が帰国したことで百万の味方を得た気分になり、四年前の靴工兵制度反対運動の失敗以来、積もりに積もっていた会社側への不満を一挙に爆発させたのだ。労働争議のノウハウを熟知していない彼らは、常太郎の制止も聞かずに暴走してしまったのである。もっとも、『万朝報』の以下の記事を読むと、靴工たちの怒りの蛮行にもそれなりの理由があったことが理解できる。

職工総支配人に大沢省三なる者あり。日清戦争にて業務多忙の折から職工一同に向かい「君らがここで靴を製するは兵士が戦場に功を立つると同然なれば、凱旋の後はそれぞれに賞与をなすべし」と約したるが、さて凱旋後の今日になると……大沢の約束を履行するどころの騒ぎでなく新たに監督として来たりし羽生田乙次郎の考えにて職工の労働時間十時三十分のところを八時間に減じて費用を減額せんと計りたる……。

（『万朝報』明治二十九年六月二十日付け）

政府は日清戦争が秒読みになると、靴工兵を養成する時間がないために、民間製靴会社に軍靴製造をゆだね、それに呼応する形で、製靴会社も靴工の愛国心を煽って軍靴製造に精を出させた。ところが、いざ戦争が終わってみると、手のひらを返したように、陸軍は工長学舎での軍靴製造を始めた。一方、雇い主側も陸軍からの受注が減るとみると、靴工との約束も守らずに、突然彼らを切り捨てにかかったのだ。結局、時代の犠牲になったのは弱者である靴工たちだった。

岩瀬ら首謀者五名は京橋警察署に拘引され、取調べの末、五日間の拘留に処せられた。五名はこれを不当として、弁護士を立てて裁判を起こした。残念ながら資料がないので、その判決は定かではない。分かっていることは、岩瀬を含む築地工場職工八十余人全員が、事件を起こした四日後の六月二十二日に、早々と解雇されてしまったことだ。

◎桜組暴行余聞――桜組製靴場職工の暴行事件につきその後聞くところによれば、同組においては一昨二十二日職工八十余名を一同解雇したる由。これは陸軍省の方針漸次靴の製造を工兵隊に委せんとするにあるより注文おいおい減少し職工の解雇を行はんとする矢先彼の暴行ありしより断然解雇するにいたりたるものなりと。(『自由新聞』明治二十九年六月二十四日付け)

常太郎はこの事件をきっかけに、職工たちを平和的に労働運動へ導くことの難しさを痛感した。前にもまして労働者の意識を高めることが、運動の第一目標に掲げられるようになった。

明治二十九年の後半になると、常太郎が予測したとおり、労働争議の件数がうなぎのぼりに増え始めた。歴史には、逃してはならない「時」があるとよくいわれる。この「時」こそ、常太郎がサンフランシスコで夢見続けてきた、日本での近代労働運動を開始するまたとないチャンスだった。

第九章　働く者よ、夜明けは近い

パンフレットに群がる労働者

明治二十九年九月半ば、いよいよ本格的な労働運動を決行する時が来た。常太郎と木下が、運動の第一歩として取り組んだのは、パンフレットによる工場労働者への啓蒙活動と、衆議院に「労働組合法」制定の請願書を提出するための署名集めだった。このパンフレットは前述した明治二十四年十月に常太郎がサンフランシスコから日本の労働者に送った檄文を基に作成されたものであろう。

二人が最初に宣伝活動の場所として選んだのは、東京随一の大工場「小石川砲兵工廠」の門前だった。常太郎は、宣伝活動に出かける前日は「小石川砲兵工廠」に隣接する木下の家に泊まりこんだ。二人は朝方早くからパンフレットを持って、家から歩いて十分ほどの「小石川砲兵工廠」の表門へと向かった。

冷たい朝の空気の中を急いでいた日本の工場労働者は、職場の入口で、異常な光景に迎えられた。二人の男が、通行人の間で彼らの行動が引き起こした騒ぎと批評には無関心に、注意して読むようにと丁寧に勧めながら、薄いパンフレットを配るのに、忙しく従事していた。日本の労働者が、無料で何かをもらうということはたびたびはなかったので、彼らはパンフレットをもらおうと群がり、大量の小冊子はすぐにさばけてしまった。(『アジアの革命家片山潜』ハイマン・カブリン)

常太郎らは、「小石川砲兵工廠」以外にも、「新橋鉄道製作所」、「築地桜組製靴工場」などに出かけては労働者へのオルグ活動に明け暮れた。それと同時に、労働運動に興味を持った者を自宅に集めて「労働団結」の重要性を説くこともあった。

『労働世界』(第二十九号・明治三十二年二月一日)には、「城常太郎氏は、労働団結の首唱者に之れあり」と記されている。

広がる連帯のサークル

常太郎が「職工義友会」の看板を掲げて、日本の労働運動の序幕を開いた明治二十九年九月より二ヵ月前の七月、斉藤房次郎らにより東京船大工組合が設立され、またその翌月、八月には、東京府下の和洋染革職人八十名が東京府本所に事務所を置き「東京和洋染革工業組合」を結成している(『明治二十年代の労働運動』山本四郎)。それ以前は三年間にわたり、ただの一度も「労働団体」が結成されていないにもかかわらず、常太郎の帰国後の明治二十九年七、八月、わずか二ヵ月の間に前記二団体が忽然と出現したわけである。常太郎とこの二団体との関係について調査した結果、間接的ながらその接点が見えてきた。

まず、「東京船大工組合」だが、常太郎は東京船大工組合の組合員大沢竜吉と行動をともにして、翌明治三十年六月に横浜の船大工たちのストライキを指導していた。地理的に見て、東京湾近辺の船大工工場地帯と、常太郎がオルグ活動をおこなっていた「築地桜組製靴工場」の場所が極めて隣接していたことが、彼と船大工たちとを結び付けるきっかけの一つとなったと考えられる。ちなみに、「東京船大工組合」員たちは組合結成後、ただちに「組合工場」を築地に新設している（「昨今の同盟罷工」『社会雑誌』第四号、『高野日記』（四月七日・四月十二日・六月十日・六月十一日）。組合工場のアイデアは、その九年前に、「桜組」の靴工たちが、「靴職工同盟会」を結成した後、組合工場を新設した前例を倣ったのではと推測される。

次に、八月に結成された「東京和洋染革工業組合」の場合を見てみると、職人に対するあまりにも低い賃金がその結成のきっかけとなった。

（東京）府下に百二十三戸の染革問屋あり。横浜商館より資本を得て業を開き、今日たいてい五万円以上の資産を作り居るに拘らず、職人には一人として生活に余裕ある者なく、問屋の命令せるままに御無理ごもともと業務に服しつつありしが、あまりに専横なるに忍ぶあたわずして、組合を作る。（『日本の下層社会』横山源之助）

組合が結成された染革業と常太郎の製靴業は、双方とも「皮革生産業」で同業だ。皮革産業の歴史書には、常太郎と染革職人の組合が、同様のセンテンスで続けて掲載されている。

城常太郎が靴工である関係から、靴工への呼びかけも積極的におこなわれた。さきにふれた、東京染革職人も問屋の専横なるに忍ぶあたわずして組合を作る。（「日本皮革産業の史的発展一」『歴史科学大系・第二一巻』）

この資料から、常太郎の帰国後の活動が、それぞれの組合結成にプラスの刺激を及ぼし、連帯の輪が広がり始めたさまが理解できる。

頼もしい盟友たち

沢田半之助のそれからについては、前章の始めに詳しく記したが、内幸町に「職工義友会」を開設した常太郎は、沢田がまだ朝鮮に赴任しているとばかり思っていた。明治二十九年十月、常太郎は在米時代親しくしていたある友人と再会し、「沢田がすでに帰国していて、東京の京橋で洋服店を開業している」と報され、小躍りして喜んだ。しかもその友人の話によると、沢田の方も常太郎に会いたがっているそうだった。沢田はちょうどそのころ、洋服店を経営しながら明治二十九年九月に「在米旧友親睦会」を発会し、在米時代の友人にコンタクトを取って入会を呼びかけていた。そこでその友人のところにも、沢田から勧誘の通知が来たというわけだ（『米友協会会史』沢田智夫）。

常太郎は、さっそく京橋にある沢田半之助の店に出向いて行った。店では沢田と膝を交えて話し合い、労働運動に参加するようにと強く説得した。沢田はすでに「洋服店」と「在米旧友親睦会」の掛け持ちで多忙な日々を送っていたので、常太郎は「労働運動はパートタイムでもいいから」という条件付きで誘い込んだのだろう。ちなみに、片山潜の著した『我が回想（下）』の中には「沢田半之助は其職業の洋服店の発展のために、労働運動は間接の応援位に止まった」と記されている。

「職工義友会」のメンバーに復帰した沢田半之助は、まもなく「在米旧友親睦会」に入会した会員の一人から、米軍艦の水夫として航行中とばかり思っていたあの高野房太郎がすでに帰国していて、横浜で新聞記者をやっているとの情報を知らされた。サンフランシスコで青春の苦楽を分かちあった心の友、高野がすでに近くで暮らしていると聞いた常太郎は、どれほど驚いただろう。旧友と再び会える嬉しさもさることながら、常太郎は高野を有能な同志として「職工義友会」に迎え入れたいと強く願った。というのは、始まったばかりの日本の労働運動を成功させるためには、その理論面に精通した高野の存在が不可欠だと確信していたからだ。

だが、問題がひとつあった。友人らの話によると、高野はすでに労働運動よりも、天職とも思える新聞記者の仕事に新たな生きがいを見出しているという。それを辞めてもらい、労働運動に専従してもらおうというのだから、並大抵のことではない。常太郎は、自らの熱い情熱のあまり、相手に押しつけがましくなるのを避けたいと思ったのか、高野説得の役を話し上手な沢田に頼んだ。

高野房太郎のとまどい

明治二九年十一月十一日、沢田は常太郎から預かった手紙と「職工義友会」のこれまでの運動成果を手土産に、横浜戸部町の高野の下宿先に出向いていった。沢田の誠意にあふれた説得が功を奏したのだろう、長話の末、高野は「職工義友会」への復帰を前向きに考えると約束をした。

考え方や性格が違う城と高野の間に立って、双方の調整役を務めていたのが沢田半之助だった。

沢田半之助（下）……沢田は在米日系人同士を結び付ける役割を担っていたのではないかという。（『福島民友新聞』二〇〇七年二月二十三日付け）

また、沢田の人を惹きつける話術については、片山潜もこう評している。

君〔沢田〕は、我が党の交際家であって、日本の労働運動は、君があったから、交際の方面に発展することができた。（「労働運動と社会主義」片山潜）

しかし時が経つにつれ、高野の心中に迷いが生じてきた。米国留学の経験を生かせる新聞記者を辞めてまで、労働運動に飛び込む勇気がどうしても沸いてこなかったのだ。特にこれといった蓄えのなかった高野にとって、職を失うことは即ち、自らの生活の糧を絶たれることを意味していた。

沢田と会った後、一週間以上も悩んでいたちょうどそのころ、高野はゴンパースからの手紙を受け取った。

一八九六年十月三十一日

日本・東京　F・タカノ　様

貴方が帰国の同胞の闘争を助けることができる情況ではないことは残念です。しかしながら、いずれ、貴方が彼らへもっと注意を向けることが出来るようになり、貴方の経験を生かして忠告を与えることが出来るようになる時が来るであろうことを確信しています。

貴君のご成功と、もっと頻繁にお便りくださることを願いつつ。

敬具

サミュエル・ゴンパーズ

（『ゴンパースより高野房太郎宛て書簡』）

このゴンパースの励ましに勇気づけられ、高野が苦汁の決断を下したのは、翌十二月初めのことだった。新聞記者の職を捨てて、労働運動に専念する道を選んだのである。

義友会は適当なる運動員を得るの必要を感ぜしを以て、元と桑港において義友会の一人たりし人にして、当時横浜において洋字新聞（アドバアタイザア）の記者たりし高野房太郎氏に嘱目し、沢田半之助氏を使はして、高野氏を説かしめしに、高野氏は甘諾職を捨てて東京に出で来りぬ。（『日本の労働運動』片山潜）

片山潜は、家族ぐるみの付き合いをしていた沢田半之助からこれらの史実を聞き出したものと思われる。片山がこの文章を書いた明治三十四年当時、高野はすでに中国に渡っていたし、常太郎も神戸にいたので、片山の傍にいた「職工義友会」の会員は沢田だけだった。沢田は並はずれて世話好きで、片山の家族を生涯にわたって経済支援している。

沢田は敬愛する片山潜が投獄され、ソビエトで死亡するまで、かげながら、ピアニストであった同氏の娘を経済的に援助していた。（「沢田半之助略伝」沢田智夫）

片山は、「職工義友会」のメンバー以外には知るはずもない武藤武全、木下源蔵の名も『日本の労働運動』に正確に明記していることから、これらもまた沢田から聞き出したのだろう。

ただ、片山は「職工義友会」の再結成の時期に関しては、実際には明治二十九年（おそらく四月）なのに、「明治三十年四月」と間違って記している。

三十年四月に東京麹町区内幸町に職工義友会を起し……（『日本の労働運動』）

このような勘違いによる誤記は、高野房太郎も行っている。サンフランシスコの「職工義友会」の主だった会員たち（沢田、平野、城、木下ら）は、すでに明治二十八年から二十九年前半には帰国しているのに、それを「明治二十九年の末」と記載している。

明治二十九年の末、会員の四、五相前後して帰朝するや……（「労働組合期成会成立及び発達の歴史（一）」

片山が「職工義友会」の再結成の時期を「明治三十年四月」と誤って記した理由は、彼が、当事者である高野房太郎が書いた記事「明治二十九年の末会員の四、五相前後して帰朝」を、信じていたからであろう。明治二十九年の末に帰国したと思った片山であれば、「職工義友会」の再建の時期は当然明治三十年に違いないと判断したのであろう。

一方、高野自身はゴンパースに宛てた手紙の中で、労働運動へ取り組むことを決意するまでの経緯を次のように記している。

一ヵ月前に私はこの決意を固めたのですが、事情があってその時は申し上げるのをためらったのでした。しかし日がたつにつれて、絶好の機会が近づいており、ただ何もせずに、この好機を逃してしまうのは愚の骨頂であることがはっきりしてきました。

もはや躊躇している余裕はないので、一週間前（十二月四日）にディリー・アドバタイザーを辞め、友人の一人（靴造りを職業にしています）と相談するために上京しました。（『高野房太郎よりゴンパース宛て書簡』明治二十九年十二月十一日付け）

高野房太郎はゴンパースに対して、事実にそぐわない事柄をたびたび書いている。よって、この手紙に「主役は私です」と書いていても、額面どおりに受け取れるかどうか疑問が残る。高野は上記ゴンパースへの書簡で、「十一月の初旬、労働運動を決行する決意を固めた」と記している。しかし、「事情があってその時は申し上げるのをためらった」とも記しているので、そこには「迷い」があったと見受けられる。更に、高野は、「迷った末、再度 労働運動に取り組むことを決意し、誰にも相談することなくアドバタイザー社を退社した。そしてその後、城常太郎と相談するために上京した」とも記している。しかし、この経緯は不自然に見える。労働運動に身を投じるかどうか迷っていた高野が、城常太郎に相談もせずに一方的に仕事を辞めるとは考えにくい。まず最初に、城と相談して、労働運動へのおおよその見通しを立てたところで新聞社を退社するのが自然だからである。

片山潜が『日本の労働運動』に書いた、「沢田半之助が高野を説き伏せて労働運動に参加させた。」という記述を考慮に入れると、高野が「迷っていた」ことも「城と相談せずに新聞社を辞めた」ことも、つじつまが合う。

高野の関連資料を読むと、「ゴンパースに対して見栄をはっている」と伺われる部分が少なからずある。ここでも高野は、ゴンパースに対して、「自分が日本の労働運動決行の主導権を持っている」と印象づけたいあまり、「沢田半之助に説得された」とは書けなかったのであろう。前述のゴンパースへの書簡で、高野が「絶好の機会が近づいており」と記す契機になった出来事とは、「桜組」の靴工によるストライキを指すのであろう。ちょうどそのころ、西村勝三が経営する「桜組」製靴工場でストライキが起こっていたからだ。

戦後の経済市場は資金供給の方法変化せし結果として事業の勃興となり或は物価の騰貴となるが故に各国とも同盟罷工は多く戦後に起こるものなりと聞きしが、果たせるかな昨冬以来東京に桜組の同盟罷工（ストライキ）……。（『東京日日新聞』明治三十年五月十六日付け）

後に記すが、明治二十九年の末、城常太郎は「桜組」関係者らに「畳んでしまえ！」と袋叩きにあい、重傷を負っている。このことからも、「桜組」靴工のストライキは常太郎が中心になって決行されたのではないかと推測できる。

明治二十九年後半、高野が横浜で新聞記者をしながら、『和英辞典』の編纂や『実用英和商業会話』の執筆にいそしんでいた同じころ、常太郎は、労働闘争の最前線で活動していたのである。

出そろった義友会・四天王

明治二十九年十二月四日に新聞社を辞めた高野は、おそらく、翌十二月五日、常太郎と再会するために上京してきたのであろう。というのは、十二月五日は「第一土曜日」で「職工義友会」の集会日だったと推測されるからだ（サンフランシスコ時代の「労働義友会」も後に城が神戸で結成した「労働組合研究会」も、同じく、毎月、第一土曜日と第三土曜日が集会日となっていた）。

高野はゴンパースに宛てた手紙の中で、当日の模様を次のように報告している。

友人の一人（靴造りを職業にしています）と相談するために上京しました。その結果、十二月二十二日に三ヵ月の会期で開会する衆議院に、職業別労働者団体に関する法律の制定を求める請願書の提出を第一歩とする運動の計画を作り上げました。（『高野房太郎よりゴンパース宛て書簡』明治二十九年十二月十一日付け）

この日、高野も交えて極めて重要な活動方針が決定されていることから、事務所である常太郎の家には、同志であった木下源蔵や沢田半之助も同席していたことは、間違いないだろう。となると、この日が「第一土曜日」の五日で「職工義友会」の集会日だった可能性は高いといえる。おそらく高野房太郎は集会日に合わせて十二月四日に退職し、翌五日の集会日に日帰りで上京したのだろう。当日決定された労働運動の活動計画は、高野房太郎の持論や意に反して、極めて政治的なものだった。既に「職工義友会」の活動が城の立てた目標に向かって着実にステップを踏んでいたため、遅れて参加した高野は遠慮して、自分の意見を強く主張できなかったのではと思われる。城常太郎が労働運動の拠点を日本の政治の中枢部に置いたのも単なる偶然ではない。城は、それまでも、その後も、政治的な労働運動に取り組んでいる。

この日の協議で、運動の役割分担も決められた。高野は請願書の作成に取り組み、常太郎、木下、沢田らはこれまでどおり、直接工場に赴き労働者から署名を集めることにした。

高野は常太郎らに一日も早く東京に引っ越すことを約束して、その日は一旦横浜へ戻った。彼が東京に移り住んだのは、さらに二ヵ月後の翌明治三十年一月二十六日のことだった。

この日午前十時半河合氏と共に出京す。途に城、沢田両氏を訪ふ。(『高野日記』明治二十年一月二十六日付け)

高野が日帰りで上京した明治二十九年十二月五日前後、沢田は、常太郎や木下の援護で、芝区の洋服職工へ働きかけ、「洋服職工組合」結成と同時にストライキを起こさせることに成功した。

◎職工同盟——芝区洋服職工等は去月以来賃金等のことにつき同盟罷工をなせし末洋服職工組合を組織するにいたりたり。(『都新聞』明治二十九年十二月十二日付け)

常太郎の自宅兼「職工義友会」の事務所から歩いて一分も行けば外堀に架かる幸橋に着く。幸橋を渡れば、そこは、芝区の繁華街。そうした地理的条件が、芝区の洋服職工へ働きかける上での要因となったと思われる。一方、常太郎と木下は、東京市内の靴工の企業間を越えた「靴職工同盟」創設に奔走し、それなりの成果を出した。

◎靴職工の同盟まさに起こらんとす——目下、東京市中にある靴職工は、その数、千をもって数ふべし。而してその種類を分てば三あり。即ち西村勝三氏が士族の子弟に授産のため養成せしものと、亀岡町派と称せらるるものと、他の一般の靴職工とあり。この三派のうち、亀岡町派は従来の習慣より職工間の交際はもちろん、その他すべて他の派とは別物の姿となりきたりたるが、その共同一致の力に富むことは他の両派の遠く及ばざる所なり。したがって職工間の契約、賃金、雇者被雇者の関係等は自ずから秩序立ち一の団体をなし来たりしが、なにぶん、慣を離るるあたはずして他の各派と競争するには不都合を感ずることあり。之に反し、西村氏の養成せし靴工は、多少の教育もあり自ずから靴工中の一派をなし今日に及びたるが、他の一般の靴工は不規律にして職人風を有するをもって、今日のところ、この三派の合同は困難の点なきにあらずといえども、時勢の必要に促がされてや三派合同して一の組合を組織し従来の弊風を一洗せんとて目下それぞれ計画中なり。その組織は未だ知るを得ざれど、第一は職工の品位を高むるを旨とするものの如し。ゆえに先年、靴工協会を組織せし当時の二の舞をなさず、厳かにその加盟者を吟味し、資本家に対して靴工の品位を保たしむる方針なりという。(『都新聞』明治二十九年十二月十三日付け)

これらの記事を掲載した『都新聞』本社は、城の自宅と同じ内幸町一丁目にあった。城の自宅がすでに「職工義友会」の事務所として機能していたため、同じ町内にある『都新聞』の記者がその活動を嗅ぎ付けて、「職工義友会」事務所を訪問取材し、城や沢田の運動の記事を二日間続けて掲載したのだろう。

ちなみに、この「靴職工同盟」と「洋服職工組合」の記事を掲載した新聞社は東京十六社中、この『都新聞』一社だけだった。『都新聞』は、上記記事と相前後してアメリカの労働組合を紹介する記事も掲載している。

◎米国の労働者組合――米国に労働者組合なるものあり。常に労働者のために気焔を吐く。富天下を蓋ふ資本家といえども、この多数の団体を制圧するあたはず。……今やわが国の職工同盟の兆しようやく現はる。彼ら同盟者は多く、範を米国の労働社会に取るがごとし。(『都新聞』明治二十九年十二月十二日付け)

この記事中の「彼ら同盟者」とは、もちろん、城、木下、沢田らのことを指していることは明らかだ。

前述した記事に「靴職工の同盟まさに起こらんとす。」とあることから、当時「日本靴工協会」が再結成されていたことも考えられる。明治三十一年になると、その支部ともとれる「神戸靴工協会」の名が新聞に出てくる。

日清戦争にいたって、明治三十年に労働組合期成会が成立し、同年のうちに鉄工、靴工の組合が結成された。

（『東京の被差別部落』西順蔵編、明石書店、一九八一年）

後に常太郎らが結成する「労働組合期成会」の会員の中で、靴工の数が、鉄工、活版工に続いて第三位であったこと『工場法案に対する意見書』（発行・労働組合期成会）、また、「労働組合期成会」の常置委員に靴工、島粛三郎がいたこと、更に、明治二十九年から三十年にかけて、「加州日本人靴工同盟会」の若手靴工たちが、続々と帰国したこと、なども「日本靴工協会」再結成説の傍証となりうる。

◎桜組の新事業——長く米国に在留し同地において造靴の業を営み居たる斯業の熟練の本邦人数名を新たに雇い入れて品川御殿山下に一大工場を築き……。（『横浜毎日新聞』明治三十年十二月二十四日付け）

また、明治三十年の「加州日本人靴工同盟会」の会長に、常太郎と親しい長崎時代からの同志、依田六造が選ばれたことも、「職工義友会」と「日本靴工協会」の財政的支援をアメリカから確保しやすくしたであろう。

◎加州日本人靴工同盟会の新年会——例年の通り靴工同盟会にては、一昨三日をもって新年宴会を小川亭に開かれたり。会するもの八十名の多きに達し、役員の改選を行へしに、依田氏は会長に、上原氏は会計に、渡辺氏は幹事に、友枝氏は検査役に、小堀、中島、栗原、佐藤、田中、加藤の六氏は常議員に選挙され、それより、依田会長の万歳をもって酒杯に移りたり。（『桑港時事』明治三十年一月五日付け）

常太郎は、帰国後の活動経過を、アメリカの「加州日本人靴工同盟会」に報告していたと思われる。それらの報せを聞いていた同盟会幹部の一人に岩佐喜三郎がいる。岩佐喜三郎は、後に米国に渡った無政府主義者・岩佐作太郎（二人は親戚関係）に、常太郎の活躍ぶりを語り伝えていた。

岩佐作太郎※は、サンノゼ市に在留していた岩佐喜三郎を訪ねて一週間近く寝食を共にしている。この時、作太郎は喜三郎から、城常太郎が日本の労働運動の「開祖」だと聞いていたのだろう、後に以下のように記している。

〔※岩佐作太郎（一八七九～一九六七年）千葉県出身のアナーキストで一九〇二年に渡米、一九〇六年に幸徳秋水らと同地で「社会革命党」を結成〕

そこには、kイワと言う在米のゴロ付仲間で有名な親分株の男がいた。彼は岩佐喜三郎とて、私の家には家来筋にあたるものであった。菅原傳や高野房太郎、わが国労働運動の開祖である城某などは彼の交友であった。彼は、私の名を新聞で見て、私に会うために足を洗ってサンノゼ市で本職の靴直しを始めていた。……私たちはこうしてkイワのところに厄介になった。（「在米日本人の社会運動史の片影（二）」岩佐作太郎『黒旗』第三巻第一号、昭和六年一月一日発行）

第十章 「謎解き」真の起草者は、だれ？

「畳んでしまえ！」と袋叩きに

明治二十九年の二月に帰国して以降、常太郎は馬車馬のように労働運動に奔走してきたわけだが、暮れも押し迫った十二月の新聞記事により、彼に関する意外な事実が判明した。常太郎は労働運動に従事するかたわらで「製靴会社の創設準備」にも駆け回っていたのである。

麹町区内幸町一丁目一番地、造靴業城常太郎は、米国桑港に一大工場を所有する該業の熱心家にて、今後内地雑居の暁、外人の為め我国の造靴業を奪われん事を憂慮し、これを予防せん目的にて資本金五十万円の日本製靴会社を設立し、大阪、神戸へも支社を置かんと準備中。（『万朝報』明治二十九年十二月十七日付け）

「米国桑港に一大工場を所有する」とあるこの「一大工場」とは、「加州日本人靴工同盟会」の直営工場のことを指している。また「資本金五十万円」は実際に常太郎が懐に所持していたというよりも、新会社設立までこぎつければ「加州日本人靴工同盟会」から五十万円の資本協力が得られるというような意味合いのものだろう。

上記記事にも触れられているように、常太郎がこの時期に製靴会社を起こそうとした理由の一つは、明治三十二年に押し迫っていた幕末以来の不平等条約改正にあった。不平等条約が改正されると、その代償として内地が開放され、外国資本や労働者が自由に日本国内に流入できるようになる。第二の開国ともいわれた内地雑居の時代が到来すると、日本の未熟な産業界は、強大な欧米の資本に乗っ取られてしまう危険性が大きい。

常太郎は在米時代から、サンフランシスコにある巨大企業ヒルスデール製靴会社や、マサチューセッツ州にある千五百人の従業員数を誇る世界最大の製靴会社アイザック・プラウティ社などが、世界中に牙を向けて市場を拡大しようと血眼になっていることを知っていた。彼はこれら強大な資本力が日本に押し寄せてきた場合、日本の造靴業はひとたまりもなく崩壊してしまうだろうと予測した。内地雑居後の欧米人との経済戦争に打ち勝つためには「労使共存共栄による理想工場」こそ必要と考え、大成功したサンフランシスコの直営工場のような製靴会社を築こうとしたのだ。ところが、常太郎の理想工場建設の夢は、以外にも「桜組」築地工場の職工たちの妨害により、もろくも崩れ去ってしまった。

以下に、上記『万朝報』記事の続きを掲載しよう。

◎製靴会社発起人重傷を負さる――同業なる築地一丁目桜組の職工等がこれ〔城の製靴会社設立〕と反対の地に立ちて、城の運動に不満を抱き居りしが、桜組長伊勢勝は今度、荏原郡居留木橋村へ別荘を新築し、去る十四日、座敷開きの祝宴を催さんとて、知己一同を招待す。

城も招待を受けたる一人なりしかども、反対者の多き桜組の宴会、万一の事あるやも知れざれば、見合わせる方然るべしと忠告する者多かりしを、城はこの際これを断る時は、却って先方の感情を害するからとて出席せしに、一座酒の廻るにしたがい城に喧嘩を吹きかけるもの現れ来たり。

城が憤然として立ち去らんとする処へ、畳んでしまえというより早く、一人の男が飛びかかり、脾腹をドンと蹴飛ばせば痛手に堪らず仆るるを、続いて大勢現れ出で袋叩きにしたる上、頭部へ三カ所の傷を負わせ、城は全身血に塗れ、一時その場へ気絶したるが、同席の者に介抱されて僅かに自宅へ帰り、医師名倉の治療を受けしに、脾腹は骨砕け、六針も縫いたる。

その上に三週間以上経過せざれば、全快に至らざる重傷なるも、災難と諦めて事なく済ませんと言い張るを、親戚朋友が承知せず、京橋木挽町九丁目の弁護士、亀崎浪重に依頼し、桜組製靴場の部長、関根某、高濱某、外一名を指名し、一昨日、殴打創傷の告訴を起こしたり。(『万朝報』明治二十九年十二月十七日付け)

なぜ、「桜組」築地工場の職工たちが常太郎に反対し、暴力を振るって重傷まで負わせたのだろうか?「桜組」幹部たちは、常太郎の帰国が自社の労働争議に火を点けるきっかけとなることを恐れていた。その対策の一つとして、常太郎の先輩格であり、サンフランシスコでは同志の間柄にあった関根忠吉を、軍靴担当部長に抜擢している。幹部たちは関根を管理職にして味方に付ければ常太郎も遠慮して、まさか「桜組」に労働運動の波風は持ち込まないだろうと読んだのだ。

ところが、八章でも詳しく述べたように、常太郎の元に結束した「桜組」築地工場職工たち八十人は暴走してしまい、六月には全員解雇されてしまっていた。さらに、十一月から十二月にかけても常太郎は「桜組」の職工を説き伏せてストライキを仕掛けている。おそらく、六月の全員解雇の件以降は、築地工場の全員が新聞広告で募集をかけて採用された職工や支店から回された新人職工たちだったと思われる。「桜組」幹部が、新しく入ってきた職工たちに、常太郎を敵視させるような従業員教育を施したことは十分考えられる。それゆえ、一一月末に決行されたストライキは全面ストではなく、一部の職工のみにより行われた部分ストだったのであろう。そうした状況下、宴席で酒の力を借りた反ストライキ派の職工たちの一部が、常太郎に襲いかかったのだろう。

常太郎はまたこの時期、神戸の製靴会社に出資していたことを示す資料を見つけたので以下に紹介したい。

◎神戸製靴合資会社——日清戦争に際し、広島にありて陸軍御用達をなしおりし神戸元町五丁目の高浜保造氏は、多年米国に開店しおり今度帰朝したる造靴師平野永太郎、城常太郎及び神戸の今井松之助の三氏と資本金一万円をもって製靴合資会社を元町五丁目に開業せり。その製造には新式の器械を用いるよしにて追って蒸気器械をも据付くる手はずなりという。(『大阪毎日新聞』明治二十九年十二月十五日付け)

常太郎は、新規の会社に出資することで利益配当金が入れば、生活費の心配もなく労働運動に打ち込めると思った。しかし残念なことに、「神戸製靴合資会社」は利益を生むこともないまま、ほどなく解散してしまった。

アクティブな義友会

翌明治三十年二月、東京に引っ越してきた高野の存在は、義友会に新しい血を注ぐこととなった。メンバーたちは俄然勢いづき、一日も早く請願書を衆議院に提出しようと、エネルギッシュに動き回った。ところがこの請願運動は、ある議員の忠告により急に取りやめざるを得なくなってしまった。その理由は、政府が「職工義友会」という新種の活動団体に対して疑念を抱き始めたので、これ以上請願運動を強行すれば不要な混乱をもたらす恐れがあるからということだった。四人は首をかしげながらも、それが政府内部の動向に詳しい議員の忠告だったために、大事をとって従うことにした。政府当局との関係を平安に保つことは、特に運動の出発点では重要なことだったからだ。義友会の主だった四人は、ブレインストームを繰り返した結果、労働者を集めて演説会を開き、運動にはずみをつけようとの結論に達した。幸い、常太郎らはこれまで署名集めをしながら直接労働者に呼びかけ、やがては開催されるだろう演説会に備えて着々とシンパを増やしていた。

一方、高野も有識者との人脈を作るために、東大生であった弟岩三郎の紹介により「社会政策学会」の会員となることができた。

二月七日午後の玉泉亭における例会には、私は兄を同伴した。（「社会政策学会創立のころ」高野岩三郎）

高野は社会政策学会に入会したおかげで、佐久間貞一（日本最大の印刷工場、秀英社・社長）、鈴木純一郎（東京工業学校講師）ら、後に「労働組合期成会」の有力な協力者となる有識者たちと近づくことができた。

手紙の中の自画自賛

明治三十年四月六日午後一時より、神田の錦輝館において「東京工業協会」総会が開催された。高野はこの集会の様子を「アメリカ労働総同盟」会長・ゴンパースに宛てた手紙の中で、次のように記している。

私は、あなたにようやく次のことをお知らせすることができ、嬉しく思います。労働運動の唱導を唯一の目的とする最初の公開の集会―この国ではかつて催されたことのなかった集会―が、「職工義友会」の主催のもとに、今月六日、東京・神田にある錦輝館で開催されました。

雨天にもかかわらず、数百名の労働者が出席し、労働運動の心からの同情者・佐久間貞一、東京帝国大学学士・田島錦治、そして社会問題の研究家・竹内常太郎の諸氏と私が演説しました。

……この種の集会が繰り返し開催されるならば、ついには我が労働者のなかに独立精神を目覚めさせ、労働改善への第一歩がかならず成しとげられるだろうと確信しています。

「職工義友会」―この会の主催のもとに集会が開かれたのですが―この義友会は四人の残党からなり、彼らはサンフランシスコ在住の十二人ほどの日本人によって数年前同地でつくられた会の成員です。残党とは、一人の裁縫師と二人の靴職人と私自身であり、全員が労働組合主義の忠実な唱道者であると私は確信しています。

集会の際に、私の書いたパンフレットが配布されました。そのパンフレットには、組織的活動の利益と組合結成の計画および合衆国で広まっている共済制度について詳しく述べられています。その一冊をここに同封します。（『高野房太郎よりゴンパース宛て書簡』明治三十年四月十五日付け）

高野はこの集会を「職工義友会」が主催したように記しているが、実際は「東京工業協会」主宰により開催された総会であり、「職工義友会」はあくまで、佐久間貞一に機会を与えられてこの集会を側面から賛助したにすぎない。高野自身の四月六日の日記には「工業協会総会に列す」と記されている。

おそらく高野は、一日も早く労働運動の成果を上げ、何としてでもゴンパースの期待に応えなければとの思いから、上記のような小さな嘘をついてしまったのだろう。彼はこの集会を賛助した「職工義友会」の「四人の残党」として、本人のほか、一人の裁縫師と、二人の靴職人を挙げている。もちろん一人の裁縫師とは沢田半之助であり、二人の靴職人とは城常太郎と木下源蔵（巻末資料一八三ページ参照）だ。

『職工諸君に寄す』のヒミツ

この錦輝館での集会で聴衆に配布されたパンフレットが、日本労働運動史にキラ星のように燦然と輝く『職工諸君に寄す』である。この歴史的檄文が誰の手により記されたのか？　という問いに、新しい切り口からその解答に迫ってみたい。

私は、あなたにようやく次のことをお知らせすることができ、嬉しく思います。今月六日、労働運動の宣伝を唯一の目的とする日本初の公開集会が、職工義友会の主催のもとに、東京・神田にある錦輝館で開催されました。雨天にもかかわらず、数百名の労働者が出席し……集会の際に、私の書いたパンフレットが配布されました。（『高野房太郎よりゴンパース宛て書簡』明治三十年四月十五日付け）

これは高野がゴンパースに宛てて書いた手紙の一部を抜粋したものだ。この手紙の「集会の際に、私の書いたパンフレットが配布されました」の部分をもって、『職工諸君に寄す』高野執筆説が、労働運動史研究家の間で定説となりつつある。しかし筆者は『職工諸君に寄す』執筆の栄誉を、高野だけに帰することに疑問を抱かずにはいられない。高野は同じ手紙の中の「職工義友会の主催（主催ではなく手伝ったにすぎない）のもとに……」の部分で、明らかに事実に反することを書いている。文中に一つの小さな虚言が記されていたからといって、その手紙全部が信用できないと主張するつもりはない。しかし、そのささやかな嘘を書くにいたった動機を推察したとき『職工諸君に寄す』高野執筆説が疑わしく思えてくる。

高野がこの手紙を出した当時、彼は間接的ではあるが、ゴンパースから運動資金を援助してもらっていた。そうした立場上、高野はゴンパースの期待に答える必要があったのだ。だから小さな嘘をついて、自らの活躍をゴンパースに印象づけようとした可能性が考えられる。「職工義友会の主催」と書かれた部分が、実際には明らかに「東京工業協会の主催」だったとすると、「私の書いたパンフレット」が、実は「誰が書いたパンフレット」なのか確証が持てなくなる。高野がゴンパースに宛てた手紙だけでは、史実を立証する証拠とはなりえない。更に、筆者がこの手紙の内容を新資料に照らし合わせて詳細に調べてみると、事実に反する内容が他にも数点記されていることが判明した。以下にそれらを列挙しておく。

○この集会は「東京工業協会」だけではなく、更にもう一団体、「東京貸資協会」との合同主催により開かれた「総会」であったこと。

○高野は「労働運動の宣伝を唯一の目的とする日本初の公開集会」だったと記しているが、彼の日記によると、四人の弁士、佐久間貞一、田島錦治、竹内常太郎、高野房太郎のうち、労働運動の宣伝演説をしたのは高野一人に過ぎなかったこと。

○高野の手紙には、集会場が多数の労働者で埋め尽くされたように記されているが、実際は、聴衆の相当数は「東京工業協会」内のいわゆる金満家に属する各種業者組合有志者と全員が工業者からなる「東京貸資協会」会員で占められていたこと。

◎定式総会――東京工業協会及び東京貸資協会は来る四月六日午後一時より京橋区西紺屋町地学協会において定式総会を開き、前年度の諸報告及び役員改選を行い終わりて、勤倹貯蓄の経済上における効用　独逸学

士　武内常太郎　米国における職工の勢力　米国フレトユニオン委員　高野房太郎　右二氏の演説あり。同五時より萬安楼に懇親会を開く予定。（『東京朝日新聞』明治三十年三月二十六日付け）

◎東京貸資協会――貸資協会は手工業者の為に起こりしもの……。（『日本の労働運動』）

◎工業協会起こる――その会員たるの人、錦衣玉食に近き紳士者流多数を占むるを見る毎に、未だかって同会のために長大息せずんばあらざるなり。（『改進新聞』明治二十四年六月二十四日付け）

突然だが、筆者は『職工諸君に寄す』の起草者は城常太郎ではないかという仮説を立てている。具体的には、前述した明治二十四年十月に常太郎がサンフランシスコから日本の労働者に向けて送りつけたあの檄文こそが『職工諸君に寄す』の原文ではないかと推測している。その原文に文章のうまい高野が若干の訂正と補足を加えながらアレンジして『職工諸君に寄す』は出来上がったと仮定すると、すべてのつじつまが合う。

以下に、『職工諸君に寄す』の内容を、常太郎の思想に照らし合わせながら検証してみたい。

（一）内地雑居問題を重要視している

『職工諸君に寄す』の冒頭は、「来る明治三十二年は実に日本内地開放の時期なり。外国の資本家が抵廉なる我賃金と怜悧なる我労働者とを利用して、巨万の利を博せんとして、我内地に入り来るの時なり」で始まっている。起草者は、明治三十二年に迫った内地雑居に対する強い警戒心があった。彼にとって、内地雑居に対する警戒心は、労働者の団結を訴える最も重要な契機となったにちがいない。常太郎が日本で労働運動に取り組む際に、何よりも内地雑居問題を重要視したことはすでに述べた。仮に常太郎が起草者であれば、出だしが「内地雑居問題」の一句から始まっていることは極めて自然なことだといえる。

常太郎は後に、神戸において「清国労働者非雑居期成同盟会」を組織して、自ら先頭にたって中国人労働者入国反対運動を指揮した。その事実からしても、彼がいかにこの問題に真剣に取り組んでいたかがわかる。

また筆者が知る限り、明治三十年四月以前の高野房太郎のあまたある論文の中に「内地雑居問題」を取り上げたものはない。高野は「内地雑居問題」にそれほど不安を抱いていなかったと考えられる。

アメリカ時代、高野は日本人町に納まりきれずに、白人の中で暮らしていたし、ルーシーという白人女性とも恋愛をしている。また米軍艦に乗って世界一周をしているほどで、彼は愛国主義者というよりは、インターナショナルな感性を持ったコスモポリタンだったといえる。だから、福沢諭吉をはじめ多くの文明化推進論者がそうだったように、高野もまた「内地雑居」により外資が流入し、国内産業が繁栄するとすら考えていたのかもしれない。高野の以下の言葉は、彼流の文明化推進論と受け取れる。

われわれは、中国において、真のまたもっとも強力な文明化への道を切り開く闘士なのです。戦争の結果、われわれは中国に工場を設立する権利を獲得しましたが、これらの工場は民衆の物質的な状態を向上させる上でたいへん良い影響を及ぼすものだからです。(『アメリカン・フェデレイショニスト』第三巻第一号)

「内地雑居」がもたらす副産物の一つに国際結婚の増加が挙げられる。高野の実弟、岩三郎は当時としては珍しくドイツ人女性と結婚をしている。家族のよほどの理解がなければ国際結婚などできなかったのが明治という時代である。おそらく、高野家は「内地雑居」の時代に適応できる一家だったのだろう。

高野の生まれ育った長崎市は一五七一年以来、日本で唯一、他国との門戸を開いた開港都市だった。それゆえか、長崎県人は他県の人に比べて国際的な感覚にも富んでいたという。

長崎市は……貿易港で日常外国人を多く見る国際都市でもあり、この環境に影響されて、兄は自由奔放な性格に育って行った。（「兄高野房太郎を語る」高野岩三郎『明日』昭和十二年十月号）

ずば抜けて英語力に長けていた高野にとって、「内地雑居」がもたらす利点は計り知れない。おそらく、方々で重宝がられ、活躍の場も広がったであろう。また、その英語力を生かそうとして帰国後、労働運動よりも先に取り組んだのが、『和英辞典』の編纂と『実用英和商業会話』の執筆だった。

国際経済通でもあった高野は、常太郎の内地雑居に対する悲観的予測が杞憂に過ぎないことも知っていたはずである。その彼が、『職工諸君に寄す』の冒頭で、いきなり、自分の意に反することを書くはずがない。

（二）倫理の道を説く矯風的傾向がある

尚ほ一事の云ふべきことは諸君の行為に就てなり。諸君はその労力を売りて生活を立つる一個の正路者なれば、その為す所、行ふ所にして誤ることなくんば、白日の下、天下に恐るべき者なきなり。されど若し諸君にして一度不正の事をなし又は不徳の行いを為さば、正路者たるの資格はここに消へ去りて、遂に身をも滅ぼすに至るべし。

正直の頭に神宿るとは、我も人も知る所にて、諸君の守るべき道は此外にあらじ。まして諸君の如く不利益の地位に立つ者は、その不利益を直さんとするには少なくも自からの行を謹まざれば万事円満の結果を得難し。されば諸君は一方に於ては地位実益の上進拡張を務むると共に、また正道を踏むの勇気あること必要なり。

諸君にして内を整へ行を正し正々堂々その求むる所を得るに務めんか、如何に無情なる人も諸君の正道の前に降伏せさる者あらんや。（『職工諸君に寄す』）

パンフレットの文中で起草者が次に訴えたかったことは、労働者の自主的な生活改善である。『戦後の日本矯風論』の内容から、常太郎が倫理主義的思想の持ち主だったことは疑う余地がない。

一方高野は、労働運動を展開するに当たって、経済的観点に重きを置く立場を取った。高野は何にも増して、労働者に金銭的メリットを与えることこそが、労働運動の成否の鍵を握ると考えていた。彼の物質主義的傾向は、次の文章でも読み取れる。

中国人の文明化を意図した従来の活動は、もっぱら精神的、道徳的状態の向上に主眼がおかれ、文明の真の土台である物質的状態を完全に無視してきたからです。（『アメリカン・フェデレイショニスト』第三巻第一号）

よって、『職工諸君に寄す』に見られる矯風的傾向は、高野よりも常太郎の思想を反映していると解釈できる。

㈢ 実現可能な改良主義を唱えている

『職工諸君に寄す』と『戦後の日本矯風論』から抜粋した下記文章を読めば分かるように、双方共に非現実的な急進を排し、実現可能な漸進的改良を唱えている。
また、二つの文を比べてみると、そのリズムや言葉遣いまでもが非常に似通っていることが分かる。

論者の言うごとく、革命により全然改良の実を挙げることを得ばけっこうの次第なれども……貧富平均論は、言うべくして行うべきことにあらず。(『職工諸君に寄す』)

論者のごとく、一寫千里の廃娼を希望するものにあらず、否、希望せざるにあらずと言えども、言うべくして行うべからざることを知りしなり。(『戦後の日本矯風論』)

(四) 地方都市への広がりを強調している

大阪には千人を有する大工組合、千人を有する印刷工組合、千人を有する靴工組合ありて、相聯合して大阪職工聯合団を造る。また長崎には五百人を有する大工組合、五百人を有する印刷工組合、五百人を有する靴工組合ありて、相聯合して長崎職工聯合団を造る。(『職工諸君に寄す』)

『職工諸君に寄す』の起草者は、内地雑居に備えてだろうか、東京以西の地方港湾都市の組織化を優先している。上記中にある長崎は、常太郎がかつて靴店を出店していた港湾都市であり、大阪や神戸は、後に常太郎が労働運動の舞台とした港湾都市である。常太郎が明治二十四年十月にアメリカから日本の労働者に送りつけた檄文「米国桑港に我労働義友会起る」(『経世新報』)も、『職工諸君に寄す』と同じく、地方都市の組織化を重要視していた。現実の実践活動においても、高野房太郎が中央である東京に最後まで固執したのに対して、常太郎は東京の組織作りを軌道に乗せると、中央の運営は高野、片山に任せ、仮幹事の地位を捨ててまで、ただ一人、神戸に赴いて関西の労働運動に着手している。

……以上、『職工諸君に寄す』の中に垣間見える思想内容は、その重要ポイントにおいて常太郎の思想と合致していることが理解できよう。

客観的な史実は、新聞記事にあり

つい最近、城常太郎執筆説を後押しする有力な新資料をさらにもう二点発掘したので紹介したい。

ある資本家は職工義友会なる名をもって職工諸君に寄すと題し一篇の印刷物をば一昨日各所に配布したり。言う所は職工の利益を謀るがために同業組合を各都市に起こし、更に進んで全国同業聯合団を作るは目下の急務なりと云うにあれども、其の文中同盟罷工の暴挙を戒しめ、さて、、、貧富平均論は言うべくして行なう可らず。されば我輩は諸君に向かって断乎として革命の意志を拒めよ。厳然として急進の行いを斥けよ。尺を得ずして尋を求むるの愚は之を貧富平均党に譲れよと忠告するに躊躇せざるものなり。と云うに至っては是れ徳を装ふて我が労働者を籠絡せんとするものなり。思うに資本家の威嚇策と籠絡策は向後益す進行せん。

(『万朝報』明治三十年六月二十六日付け)

当時の『万朝報』は、現場取材を徹底し、正確な情報を発信することにかけて定評があった。半年前の同じ

『万朝報』の記事を読めば、上記の「ある資本家」が城常太郎であることは明白であろう。

……造靴業城常太郎は米国桑港に一大工場を所有する該業の熱心家にて、今後内地雑居の暁、外人のため我が国の造靴業を奪われん事を憂慮し、これを予防せん目的にて資本金五十万円の日本製靴会社を設立し、大阪、神戸へも支社を置かんと準備中……。（『万朝報』明治二十九年十二月十七日付け）

また、『職工諸君に寄す』はその文中で「……同盟罷工（ストライキ）の暴挙を戒しめ……」ている。ところが、同時期、高野房太郎は「ドシドシ、ストライキを企つる」べきであると主張している。

……次に幹事といえる高野房太郎氏、労働組合期成会に就いてと題し、熱心に弁ずる処ありしも、其の立論たる全く粗暴過激にして労働者の無教育と血気に投じて、単に其の意を迎ふるに過ぎず、曰く労働者をして賃金を高からしめ其の進歩を図らんと欲するには、唯其の敵たる資本主を責むるに在り、其の方法はドシドシ、ストライキを企つるに如かずなど、全く破潰的の演説にして実に実着なる記者の聴くに忍びざる処にてありき。……（『実業世界』第七号・明治三十年八月二十八日発行）

一方、常太郎は『職工諸君に寄す』の中で書いている通り、ストライキの暴挙を戒めている。

城常太郎氏は第一席に登壇して、同盟罷工（ストライキ）を無くするは、却って之が団結を鞏うするにありとの理由を述べ……。（『横浜毎日新聞』明治三十年六月二十七日付け）

第十一章　演説会のトップバッター

恩師には礼と節

城常太郎が邁進した労働組合運動は「内地雑居への対策」という極めてナショナリズム的な動機も含まれていたので、労使協調的な傾向も強かった。

この時期、常太郎は資本家への働きかけとして、恩師でもある西村勝三の協力を求めようと品川の西村邸を度々訪れている。『靴産業百年史』は、常太郎が西村邸を訪問した時の様子を、次のように描写している。

城は「桜組」の西村にも、しばしば会って労働問題に意見を戦わしていた。西村は少年時代の城を引き立てたこともあるので、労働運動家として成長した城に会って、欧米の労働問題の傾向を聞くのを楽しみにしていた。

もともと柔軟な感性を持っていた西村は、経営者と労働者がお互いに節度を保ちながら生産に携わる協調主義を旨としていたので、常太郎が唱える民主的な労使協調論と共鳴しあえる部分も多々あった。だから西村は、好感を持って常太郎を自宅に迎え入れたのである。

後に西村は、製靴業者と靴工の和合を目的とした「大日本靴工同盟会」を設立することになるが、その趣意書の中には、「靴工同盟会は、工業界における義勇軍のごとし」という一節が挿入されている。この「義勇軍」という言葉の使い方に、靴工同盟会の構想に常太郎の影響が及んでいたことが伺い知れる。

勧誘上手なトップセールスマン

四月の神田・錦輝館での「東京工業協会」と「東京貸資協会」の合同総会の後、「職工義友会」の主要メンバー四人にとっての大きな目標は、自分たちが初めて主催する六月の演説会の開催だった。それを成功させるため、高野は引き続き各界著名人のサポーターを増やしていった。この時期に「職工義友会」の協力者となった有識者には、島田三郎（後に衆議院議長）、松村介石（キリスト教牧師）、片山潜（後にコミンテルン執行委員）などがいる。

一方、常太郎は、木下、沢田らと共に、「小石川砲兵工廠」だけに限らず、中小工場にも出向いて労働者たちのオルグに励んだ。膝をつき合わせて根気強く、労働団結の必要性を説いて回ったのである。常太郎のこうした活動は、歴史の表面に華々しく浮かびあがることはない。しかし演説会を「労働者の集い」として成功させ、日本の近代労働運動の起爆剤にするためには、まずは地道な草の根運動が必要だった。実際、見も知らない工場に出向いて行き、労働組合の何たるかも知らない職工たちを説き伏せる労苦は、半端なものではなかった。詐欺師まがいと見られて門前払いされたり、「社長に逆らって首になったらどうしてくれる」と食って掛かられたり、経営者側の怒りを買って追い出されたり・・・時には身の危険を感じたこともあっただろう。

常太郎らが蒔いた草の根運動の種が、鉄工職人や靴職人の間に広がり、大きな実りをもたらしたことは、次の資料からも分かる。

労働組合期成会に加入する人は非常な勢いでありました。特にはじめのうちは活版工などが多く、また人形屋もあれば、靴職人もございまするし種々ありましたが、そのうちで一番たくさん入会してきたものは鉄工であります。(「日本に於ける労働」片山潜『社会』第一巻六号)

片山潜は、歴史の舞台裏で労働運動の夢を売り続けたトップセールスマン、城常太郎を評して、次のように記している。

我々指導者の中の二人が神戸に住み、そこで同じような運動をはじめた。この中の一人は靴屋を職業とし、しばらくアメリカにいたことがある。彼はすぐれた労働宣伝家で、それがいまや神戸で運動したのである。(『日本の労働運動』)

肺病の淵をさまよう職工たち

いよいよ自らが主催する演説会が目前にせまった五月、思いがけない災が降りかかってきた。義友会の主要メンバー四人のうちの一人、木下源蔵が肺結核で倒れたのだ。サンフランシスコ時代からの盟友である常太郎は、毎日のように木下の家に看病に行ったという。常太郎の妻かねは生前、当時のことを振り返って孫たちにこう話したことがあったという。

「私たち夫婦はアメリカから帰るなり東京に住んでいたの。お爺さんは、それはもう労働運動に打ちこんでましたよ。だけどある時、一番の運動仲間が結核で倒れたことがあったの。あのころ、お爺さんは毎日のように看病に通ったものです。まあ、その時に病気が移ってしまったのかねえ、お爺さんもまた先々、結核で苦しむようになったのよ……」

実はこの時代の東京では、結核が猛威を振るっていた。特に「小石川砲兵工廠」の職工の間に肺結核患者が続出していた記録が残っている。木下源蔵の家は、その砲兵工廠から歩いて五〜六分しかかからなかったので、職工を集めてのオルグ活動の場として便利だった。木下はそうした環境もあって、結核を患った職工に病気を移されたのだろう。

◎砲兵工廠と肺病——砲兵工廠の不潔にして格外に多数の職工を一室に詰め込んで労働せしめ、悪ガス、腐敗空気を長時間呼吸して、食事時間は三十分なるも馬小屋のごとき食堂は工場を離る数丁ゆえ、往来、及び手を洗うに十五分間を費やし、食事はわずか十五分なり。

食終わってただちに仕事につき忙しく労働するは火事場のごとく、しかも、受け負い仕事ゆえ各職工、身体衛生を顧慮せず激働する有り様は、さながら餓鬼社会に食物を投じたるを争うごとし……今や砲兵工廠の労働者は、肺病の淵にあり。この悪水に触れる者は直ちに投げ出され、食を失うぞ。（『労働世界』第七十一号・明治三十四年二月一日）

まさに「小石川砲兵工廠」は、不衛生きわまりない肺病の製造場でもあったわけだ。不運にも木下は、肺結核が元で「職工義友会」を脱会し、労働運動史から姿を消してしまった。その後、病を克服した木下は、空気のいい北多摩のほうに移転して、そこで靴店を開業した。

なお、木下源蔵は、労働運動家としては通称（玄三）の名を、造靴職人としては（源造）の名を、といった具合に使い分けていた。当時、造靴職人は商売がら縁起を担いで、自分の名前を（蔵）から（造）へ改名する者が多かった。アメリカに渡った常太郎の弟、城辰蔵も辰蔵『戸籍簿』から辰造『加州日本人靴工同盟会発起人欄』へと改名している。また、常太郎の盟友・依田六蔵も、六蔵『東京名工鑑』から六造『加州日本人靴工同盟会発起人欄』へ改名している。

奔走の常太郎と、悠々の房太郎

『高野房太郎日記』の明治三十年五月十九日のページには「……午後……城氏を訪ひ閑談一刻……」とある。いつもは、城常太郎の家で長話をしていた高野房太郎だが、この日は「閑談一刻」とあるので、高野は、玄関先でほんの数分間立ち話をしただけで帰ったようだ。高野が「閑談一刻」で帰ったのは、後にも先にも、この日以外にはない。それまで、高野は城と週に一度くらいの割合で会っていたのだが、五月は、この日の一度きりしか会っていない。どうやら、原因は城の多忙が重なったことにあったようだ。

高野房太郎は、日記を見る限り、四月から五月にかけて、友人らと、夜の巷を飲み歩いたり、柔術の練習に励んだり、上野公園に散歩に行ったりと、およそＡＦＬの日本オルグらしからぬ悠長な日々を過ごしている。それに比べて、城常太郎の五月は、肺結核で倒れた木下源蔵の看病や、六月に迫った労働問題演説会の聴衆集め、さらには横浜船大工の組合作りの指導など、東奔西走の大忙しの渦中にあったようだ。

高野房太郎が、それまでの悠々とした日々から一転して、再び労働運動家として活動し始めたのは、城常太郎に「横浜船大工組合」の指導を依頼された後のことだ。

目覚めた船大工の連帯

かけがえのない同志・木下を失った常太郎は、自らに失意にくれる贅沢を許さず、船大工たちのオルグのために横浜に参じている。

常太郎は以前から、「内地雑居の後、最も被害をこうむるのは、外国人が上陸してくる港湾都市で働く者たちだ」と警鐘を鳴らしていた。だから、横浜船大工たちが会社側に不満を持っているという話を聞くと、これぞ組合作りのチャンスとばかり即座に飛びついた。

常太郎はまず横浜船大工の中の数名の有志に会い、「今後、造船事業はますます発達し、その工場も増し、職工の数も加わるべく、且つ、外国人などもますます入り込むべければ、この際、船大工職の組合を組織し、互いに相救済しあうべき」と説得した（「昨今の同盟罷工」『社会雑誌』第四号）。

素早い行動の常太郎は、時をあけずに横浜に泊まり込み、船大工たちの指導に全力を注いだ。その甲斐あってか、数日後の六月五日、常太郎は「横浜船大工組合」を結成に導いている。

組合の構成員は、横浜市を中心に神奈川県下久良岐郡、橘樹郡の船大工総員三百六十人だった。「横浜船大工組合」はさっそく総会を開き、雇い主側に対して、一日につき十七銭の賃上げ要求を行うことを決議した。六月七日、組合員は早急に嘆願書を作成し「横浜船渠会社」や大小二十ヵ所の鉄工所の雇い主全員にそれを提出した。

常太郎はかつてサンフランシスコで、「白人靴工労働同盟」から迫害を受けた際、妥協と主張を織り交ぜながら

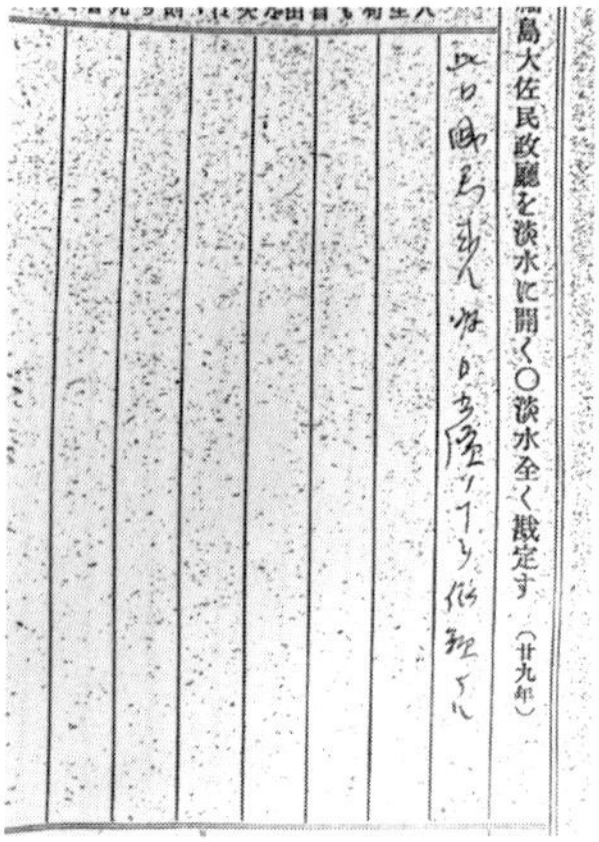

『高野房太郎日記』（明治三十年六月十日付け）城常太郎、横浜船大工ストライキ指導（法政大学大原社会問題研究所所蔵）

平和的に交渉し成功したことがある。その経験から常太郎は、船大工たちが準備を整えないまま感情に走ってストライキに突っ走らないよう念入りに指導した。しかし、この怒りを抑えた控えめな嘆願にもかかわらず、雇い主側は六月九日、同業者の総会を開き、船大工たちの要求をにべもなく拒絶した。手ごわい相手と判断した常太郎は、翌十日の朝、急遽、高野の援護を頼むために帰京した。東京に着いた常太郎は、その足で高野の下宿先を訪ね、横浜船大工たちの相談に乗ってくれるよう説得した。

十日の『高野日記』には、「この日、城君来る。明日、出〔横〕浜のことを依頼さる」と記され、翌十一日の日記には、「午前八時四十五分、城氏と共に出〔横〕浜す。横浜にて大沢君に面会し、午後四時、気車にて帰京す」とある。十一日、常太郎と高野が横浜に駆けつけた目的が、船大工たちの指導のためであったことは、次の資料からも明らかだ。

> 私は、横浜の船大工組合の指導者たちの相談に乗っています。彼らは、四週間ほど前、ストライキを実行するために組合を結成しました。（『高野房太郎よりゴンパース宛て書簡』明治三十年七月三日付け）

この日、六月十一日、船大工たち三百余人は横浜市内で総会を開き、常太郎、高野、大沢も交えて討議しあい、スト宣言に踏み切るのは最終手段とし、さまざまな形で控えめな嘆願を続けていくことを満場一致で決議した。

この席上、高野は組合員たちに、組合活動を行う上で必須となるもろもろの事項やルールをアメリカの組合を例に出しながら詳細に教えた。さらに万一、ストライキに踏み切った場合の有効な対処方法も的確に指導した。

一方、常太郎はスト決行に備えて、神戸、大阪を始め諸方の同業者に檄を飛ばして、横浜の船会社が船大工を雇い入れようとしても応じないよう事前に了承を取り付けるよう指導した。さらに、『戦後の日本矯風論』執筆以来一貫して訴え続けていた、禁酒など生活改善の道を説いて、ストライキ中は集会の場での飲酒を禁止し、早まった暴力的な行動を慎むようアドバイスした。

その日のスケジュールを済ませた高野は、午後四時、間近に迫っていた労働問題演説会の準備のために帰京した。六月十三日の『高野日記』には、「城氏来る」と記されている。この来訪は、常太郎が横浜の現場から帰京した挨拶のためなのだろう。ちなみに、常太郎が高野の下宿先を訪れたのは、後にも先にもこの二度きりである。おそらく義友会事務所が常太郎宅にあったせいで、ふだんは高野が常太郎の家を訪問する機会が多かったのだろう。

さて、横浜船大工たちは根気よく嘆願を続けたが、経営者側は一向に耳を貸さなかった。そればかりか、逆にストライキを挑発する雇い主さえ出てきた。堪忍袋の緒が切れた船大工たちは六月十七日、ついにストライキを宣言した。常太郎はスト宣言の翌十八日には、横浜に駆けつけている。この日、松影町の寄席「松影亭」に船大工二百余人が寄り集まり集会を開いた。彼ら船大工たちは、ストが長引く場合は神戸や東京への出稼ぎもありうると考え、その準備のためにも仕事先から道具を取り戻すべきだと話し合い、早々と「横浜船渠会社」へ六十人が、「根岸岡本工場」へ四十人が、それぞれおもむいた。不意におしかけられた船渠会社は、驚いて伊勢佐木町警察署から警察官を派遣してもらったが、常太郎の非暴力の教えが行き届いていたからか、船大工たちは懸命に自制し、終始落ち着いた振る舞いを守った。彼らの態度が実に秩序正しかったので、いつもなら雇用主側につく警察官でさえ彼らに同情を寄せたという。その平和的な行動は、さらなる好結果をもたらした。船大工たちがストに入った後も、船渠会社では三十人ほどの一部の船大工たちがストに同調せずに毎日出勤していた。ところが、スト職工が道具を取り戻しに来ても、会社側が知らん顔をして要求に応じないのを見て感ずるところがあったとみえ、スト派の勧めに応じて同盟に入り、翌十九日から一緒にストへ参加したのだ。こうして、船渠会社で働く船大工は一人もいなくなってしまった。また岡本工場でも同様の現象が起きたと伝えられている。

三日間のストにより、会社側の業務に支障が生じてきたため、経営者の中には総会の決議を破る者も現れ、十九日には六ヶ所の工場が、船大工たちの要求を受け入れた。この六ヶ所に就業した船大工は六十人だが、いずれも新賃金七五銭のうち二五銭をスト組合へ差し出し、休業中の同盟員の救助費にあてることにした。労働者同志による心温まる「連帯」が起きたのである。そして翌二十日、常太郎の要請に応じたのだろう、高野が再び横浜に駆けつけている。横浜に着いた高野は、待機していた常太郎らと落ち合い、さっそく最も手ごわかった船渠会社に赴き談判をしたが、失敗に終わっている。五日後に差し迫っている神田青年会館労働演説会の準備のため、高野はその日、常太郎は、翌二十一日に帰京している（『高野日記』六月二十日・二十一日）。

ステージに立つ常太郎

「職工義友会」の主催による第一回の演説会が六月二十五日の夜、神田美土代町の青年会館において開催された。数ヵ月にも及ぶ精力的な宣伝活動が、ようやく実を結んだのだ。この演説会は、日本史上初めて、非抑圧階級の権利を公然と擁護した記念すべき集会だった。この演説会の正否に、全国数百万人の労働者の将来がかかっていたといっても過言ではなかった。この日の夜は、雨天で道路がぬかるんでいたにもかかわらず、来場した聴衆は千二百余名にまで達し、神田の講堂は立錐の余地もないほど労働者で埋め尽くされた。

午後七時、開会。いよいよ、日本の労働運動の夜明けを告げる鐘が鳴り響く瞬間が来た。

司会を務める沢田半之助の緊張しきったアナウンスの声が、静まり返った場内の静寂を突き破った。割れんばかりの拍手の中、第一席にさっそうと登壇したのが城常太郎だった。常太郎は「職工義友会」を代表して「開会の辞」を述べ、引き続き「同盟罷工を無くするは却て之れが団結を鞏うする」ものであると、大きな手振りで熱弁をふるった。この演説内容の記録がないのは残念だが、当時の進歩的知識人にまじってただ一人、学歴もない鍛え上げの労働者が千二百名の同朋を前にして労働団結を訴えたのだから、さぞ壮観だっただろう。

神田青年会館『近代日本史』（第四巻、日本近代史研究会編、国文社発行、一九六六年刊）

常太郎の演説は、聴衆を見下ろすことなく同一目線で、しかも自らが実践してきた具体的な運動体験を例に出しながらの説得力ある演説だったに違いない。現場主義に徹した労働運動家の発する自信に満ちた声に、多くの聴衆が感動とともに耳を傾けただろう。常太郎は演説の最後に、自らが取り組んでいた横浜船大工のストライキの経過報告をした。労働者側がほぼ勝利を手中に収めたことを発表するやいなや、会場全体が熱烈な歓声と拍手に包まれたという。

この集会が催された当時、横浜の船大工たちはストライキを行っており、その過程でかれらは組合を結成するに至っている。このストライキの勝利は、東京のオルグたちを非常に力づけた（『明治労働運動史の一駒』ハイマン・カブリン）。

ひときわ聴衆の心をつかんだ常太郎の演説を、後に鉄工組合員ＭＩ生は次のように記している。

やがて登壇せられたるは、一個平民的の偉丈夫、城常太郎氏なり。まず、開会の旨意より起こして組合の必要止むべからざると説く。緊一節険一層、語究まるがごとくにして際なく喝采聲裡に壇を降れり。(『労働世界』第十号・明治三十一年四月十五日)

後年、妻かねは、常太郎の演説振りを孫たちに次のように伝えている。

「お爺さんは演説が上手くてねえ、興が乗るとこうして握りこぶしを作って、何度も演壇を叩く癖があったのよ」

続いて、高野房太郎は「日本の職工と米国の職工」、松村介石は「希望の曙」、佐久間貞一は「水火夫問題」、片山潜は「労働者団結の必要」と五人の弁士が、それぞれの立場から労働組合の必要を説いた。弁士の演説がすべて終了すると、常太郎、高野、沢田、片山の四人が再び壇上にあらわれ、「労働組合を創る手助けをする労働組合期成会なるものを起こしたらよかろうと思うが、賛同する有志の者は残ってもらいたい」と呼びかけた。会場に残ってくれた数十人の来会者と、常太郎ら四人は、夜十時から一時間に渡って熱のこもった協議をした。最後に「労働組合期成会を組織して労働運動をやるから、有志のものは宿所、姓名を書いて出していただきたい」と賛同を求めたところ、これに即座に応じる者が四十七名いた。そして午後十一時、解散。

この四十七名の中に、一ヵ月後に「労働組合期成会」の常置委員となった靴工・島粛三郎や城と同郷の松岡乙吉など、少なくとも数名の靴工たちがいたのはほぼ間違いない。ハイマン・カブリンは、この四十七名という数字に、「わずか四十七名がこれに応じただけだった。この集会に出席した労働者の厖大な数から見ると、この小さな数にはいささか失望させるものがあったと思えよう」と、比較的低い評価を与えている。しかし、労働者の自覚もまだ乏しかった時代に、一夜の演説会場で労働運動への参加を決意したものが五十名近くもいたのは、決して〝わずか〟と評するものではないであろう。

演説会が終わった夜、常太郎、高野、沢田の三人は、青年会館を出た後、近場のレストランで打ち上げをした。三人は互いにこの半年間の苦労をねぎらいあいながら、演説会の予想外の成功を祝して盃を酌み交わした。

この打ち上げでの話し合いで、「労働組合期成会」の組織についての、おおよその構想がまとまったという。常太郎が、心地よい疲れを感じながら妻かねの待つ自宅に帰り着いたのは、夜中の二時を少し過ぎていた。

この夜、青年会にて労働問題演説会を開く。聴衆無慮千二百人。城氏、松村氏、佐久間氏、片山氏、及び余五名演説す。鈴木氏は病疾のために演説せず。演説中喝采わくがごとし。演説会解散後、有志の者をとどめて期成会設立のことを談ず。賛成者多し。記名する者四十名。十一時、青年会を去り、城、沢田氏と共に晩餐し、一時半帰宅す。（『高野日記』六月二十五日）

また記念すべきこの夜のことを、片山潜はこう書き記している。

六月二十五日の晩は来た。わが国における労働問題の第一の演説会であった。僕はこの時はじめて、城常太郎君、沢田半之助君に面会した。（「労働運動と社会主義」片山潜）

片山潜は、「この時代、指導を任された有識者たちが期成会員を増やす手段としては労働問題演説会の開催に限られていた。工場に乗り込んで労働者一人一人と膝を突き合わせてオルグを行なった有識者など誰一人として

片山潜『歩いてきた道』（片山潜、日本図書センター、二〇〇〇年発行）

いなかった」（「日本に於ける労働」片山潜『社会』第一巻六号）と回顧している。しかし、一労働者に過ぎなかった城常太郎だけは『職工諸君に寄す』が印刷された明治三十年四月以降、「小石川砲兵工廠」を中心として、東京、横浜などの各工場に乗り込んで勢力的に同檄文を配布しながら労働者をオルグし続けていたのである。そのことは、前述した片山潜の言葉「彼（城常太郎）はすぐれた労働宣伝家で」や、唯一常太郎だけが各工場に『職工諸君に寄す』を配布して廻ったことを伝える記事となって残っていることなどからも容易にうかがい知れる。

ある資本家（城常太郎）は職工義友会なる名を以て『職工諸君に寄す』と題し一篇の印刷物をば一咋日各所に配布したり。（『万朝報』明治三十年六月二十六日付け）

明治三十年六月二十五日に開催された日本初の労働問題演説会に、千人以上の聴衆が集まったのも、当日、その場で即座に四十七名もの会員を獲得できたのも、それまで長期間にわたって労働者たちへ接触して労働運動の夢を売り続けてきた常太郎に負うところが大きいといえよう。

第十二章　出るクギは襲われる

実を結ぶストライキ

神田青年会館での演説会の翌日、六月二十六日の『高野日記』には、「この日午前、沢田氏方に参り、それより鈴木氏を訪ひ、期成会発会式に付き談話し、午後七時、気車にて出〔横〕浜す」と記されている。

前夜の打ち上げの際に、常太郎や沢田と打ち合わせた結論を、高野はさっそく実行に移したことが読み取れる。

続いてその四日後の六月三十日の日記には、「この日午前十時、片山氏と沢田氏を訪ひ、午後一時半、同行鈴木氏を訪ひ、期成会発起会を五日池ノ尾にて開くことを定め、求友亭にて晩餐し、午後九時帰宅す」とある。

この日記によれば、高野は、片山潜、沢田半之助、鈴木純一郎ら三人を訪問して、「労働組合期成会」の発起人会を七月五日に池ノ尾で開くことを決めたことがわかる。

ここで気がかりなのは、これほど重要な取り決めをするのに『高野日記』の中にこの五日間、なぜか常太郎の名が一度も出てきていないことだ。高野は、常太郎に何ら相談することなく「発起会」の日程と場所を決めている。この重要な時期になぜ、高野は五日間も常太郎に会わなかったのだろう?　この謎を解く鍵は、前記した六月二十六日の『高野日記』の中にあった。注意深く読めば、「……午後七時、気車にて出〔横〕浜す」と記されている。おそらく常太郎は演説会の翌日に、船大工のスト指導のために横浜に駆け戻ったのだろう。

常太郎は、六月二十六日から三十日までの五日間、泊り込みで現場のストライキのリーダーシップをとっていたと思われる。六月三十日にいったん帰京した常太郎は、その足で「東京船大工組合」事務所を訪れ、吉田某、その他数人の組合員に呼びかけ「ストライキのいい手本になるので」参考のためにも横浜に行くよう促した。翌七月一日、常太郎と組合員たちは東京の某所で落ち合い、さらにその後、高野とも合流して、汽車で横浜にスト見学に向かった。

この日、午前八時、家を出て、沢田氏方に参り、城氏、吉田、その他の人々と共し、出〔横〕浜し……。

(『高野日記』七月一日)

大原社会問題研究所によって作られた『社会労働運動大年表』には、「明治三十年七月七日―東京船大工組合員、横浜船大工組合の成功をみて再スト計画」と記されてある。横浜へのスト見学が功を奏し、運動の輪が東京へも広がったのだ。

横浜の船大工ストは、常太郎らの指導が実を結び、スト開始から約一ヵ月後の七月十九日、最も頑固に要求を退けていた船渠会社もついに降参した。結局、船大工側は要求額にほぼ近い一日七十三銭の賃金を獲得して、めでたく幕を閉じたのである。

スト参加者は、集会の場での飲酒や激論を一切禁止する、との指導部の指令を忠実に守りました。その行動はまことに秩序正しく平和的だったので、いつもなら雇用者側につく警察官でさえ、彼らに同情を寄せたほどです。
……ストライキ指導者のこうした的確な指導と、参加者の平和的な行動とによって、会社はついに十日ほど前に降参し、罷業者たちは一日七十三銭の賃金で妥協し、会社に戻りました。（『アメリカン・フェデレイショニスト』第四巻第七号）

なお、高野はこの争議を「この国の産業史上最も注目すべきストライキ」だったと賞賛している。常太郎は現場でのストライキ指導を優先し、現場から労働団結の全国的気運を高めようとしたのだ。

横浜、東京の船大工は今回の同盟罷工を機として、いよいよ強固なる団体を組織し、進んで気脈を全国の同業団体と通ぜんとするの擧あり。（「労働社会の趨勢」『万朝報』明治三十年六月二十六日付け）

高野日記は語る

「職工義友会」主催による労働問題演説会以降、『高野日記』の中に常太郎の名が出る頻度が少なくなっていることから、「職工義友会」事務所はすでに、常太郎の自宅から他へ移されたのではないかとの推測が一部にある。しかし、演説会の翌日早朝に、スト指導のために横浜に駆け戻った常太郎は、高野と横浜で合流している。その後、五日間、泊り込みでストライキの指揮をとった後は、三十日に帰京したが、翌七月一日、高野と再び汽車で横浜にスト指導に向かっている。これらのことから、上記の憶測は、謂れのないものと理解してもいいであろう。

実は、高野房太郎は、四月までは度々城常太郎の留守中に彼の家を訪問している。

城氏を訪ふ、あらず帰宅す。（『高野日記』）

しかし、六月と七月は、常太郎が横浜に行く機会が多かったためか、二人は互いに手紙で連絡し合っていたのであろう、不在の日に訪れる失敗はなくなっている。

七月一日……この日、午前八時、家を出て、沢田氏方に至り、城氏、吉田、その他の人々と共し、出〔横〕浜し……。（『高野日記』）

また、二人で横浜に出かけた翌日、七月二日にも高野は事務所である常太郎の家を訪問している。

七月二日……この日午後……城氏を訪ひ午後六時帰宅す。（『高野日記』）

おそらくこの日の訪問において、常太郎の家を「職工義友会」の事務所から引き継いで「労働組合期成会」の事務所としても使用することが話し合われたのだろう。また、事務所に、アメリカの著名な労働運動家の肖像を飾ることも話されたに違いない。高野は、次の日（七月三日）、ゴンパースへ宛てて手紙を出し、運動家の写真を数枚送ってくれるよう依頼している。

ゴンパース様　拝啓……職工義友会は、労働運動の大義のために働こうとしている人々の意気を高めるために役立つと考え、その事務所を著名な労働運動の指導者や社会改良家の肖像で飾ろうと企てています。それについて、最近お撮りになったあなたの写真を一枚、それにあなたが職工義友会に代わってどなたか他の指導者に写真を下さるよう頼んでいただきたいのです。もし必要なら、写真は日本で引き延ばした後でお返しします。……敬具　一八九七年七月三日　日本　東京市本郷駒込追分町三一番地　高野房太郎（『高野房太郎よりゴンパース宛て書簡』明治三十年七月三日付け）

高野が上記の手紙を出した同日、期成会員への通知書もついでに出している。

七月三日……期成会員へ通知書を出す。（『高野日記』）

「労働組合期成会本部」は引き続き、麹町区内幸町の常太郎の自宅に置かれることとなった傍証として、その様子を、片山潜はこう記している。

我が期成会の本部は、始めのうちは小さな所を借りまして、しかも一人の職工の家に本部を置きました。（「日本に於ける労働」片山潜）

さらに、常太郎と高野は、翌々日の七月五日の「労働組合期成会の発会式」の日に会い、その一週間後の七月十二日にも、常太郎の家で二人は会っている。

七月十二日……午後一時家を出て……島田三郎君を毎日社に訪ひ、城氏方に参り帰宅す。（『高野日記』）

主に『高野日記』を参考として検証した結果、高野房太郎が城常太郎に会った回数が最も多かったのは、明治三十年七月だった。当時二人は頻繁に会って、運動展開の策を練り合っていたのであろう。

ドリームかむツルー

七月五日の夜、東京市京橋区北槇町の貸席・池の尾において、「労働組合期成会」の発会式が催された。賛同者は、六月二十五日の演説会から十日の間に、さらに二十四名増えて合計七十一名になっていた。

同会は鈴木純一郎の演説で始まり、その後ただちに規約の討議に移り『労働組合期成会設立旨趣』が発表された。また、七月下旬に再度演説会を開くため、有志会員から寄付金を集めることも決まった。そして最後に、期成会の創設をリードしてきた米国帰りの三人が仮幹事に推された。

城常太郎、沢田半之助、高野房太郎の三氏を仮幹事に推薦して、午後十一時ごろ散会せり。（『日本の労働運動』）

こうして、運動の中核をになう本格的な「組織」が常太郎の自宅を拠点として発足した。サンフランシスコの粗末な靴工場で「いつの日か日本に労働運動を持ち帰ろう」と誓い合った常太郎たちの夢が、六年の歳月を経てようやく実現したのである。

産声をあげたばかりの「労働組合期成会」は、二週間後の七月十八日の夜、第一回目の演説会を神田青年会館で開いた。一日の重労働を終えた労働者たちが、東京中からぞくぞくと集まり、聴衆はおよそ千余名に達した。

常太郎はこの日も第一席で登壇し、「労働組合期成会」を代表して「開会の辞」を述べ、今こそ日本に近代的な労働組合が必要だと熱く訴えた。

常太郎の開会演説に続いて、岡友次郎「労働者として労働問題を論ず」、高野房太郎「電気機械工及び機械工に告ぐ」、片山潜「同情を論じて活版職工に及ぶ」、佐久間貞一「労働問題の解剖」、島田三郎「資本と労力の調和」と総勢六人が代わる代わる熱弁を振るった。これら弁士の中でも、岡友次郎は学者ではなく一介の植字工だったが、現場で働く者の代表として仲間たちの声を切々と弁じたという。ちなみにその夜の新入会者は三十余名だったが、その中には、「自分は親しく会務に奔走することはできないので、毎日の労働から得る賃金の一銭を貯え、その半額を会費にあて、他の半額を寄付として毎月一回払いこもう」と申し出る者もいて、会員一同を感激させた。

常太郎の名前が、ない！

またたく間に会員が百名を超えた「労働組合期成会」は、翌八月一日、日本橋区呉服橋外の柳屋で第一回目の月次会を開いた。資料によると、菊原貞一の演説から始まり、仮幹事の経過報告や規約の修正があった後、正式に十五人の常置委員が選ばれた。片山潜、沢田半之助、高野房太郎、村松民太郎、山田菊三、田中太郎、野村秀、小出吉之助、松岡乙吉、島粛三郎、馬養長之助、間見江金太郎、松田市太郎、岩田助次郎、石津孫一。その中からまた五人の幹事が選出された。その五人の幹事とは、沢田半之助、高野房太郎、片山潜、村松民太郎、山田菊三である。さらに「幹事長」には幹事の互選によって高野房太郎が推薦された。

ここで特筆すべきは、五人の幹事の中にも、また十人の常置委員の中にも「城常太郎」の名前が記されていないことだ。常置委員の中には、常太郎の同志、靴工・島粛三郎も選出されているのにである。サンフランシスコ時代から共に闘ってきた盟友、高野は幹事長に推選され、沢田も幹事に選出されているのに、なぜか常太郎の名前のみが役員名簿から外されているのである。従来の労働運動史の文献は、常太郎が期成会幹事の選出から外された理由について、一言の言及もしていないどころか疑問すら投げかけていない。

実際、常太郎はこの最も重要な第一回月次会に出席していないのみならず、その六日前の七月二十六日に、高野、片山、沢田が出席した「鑢製造業組合総会」にも姿を表していないのだ。いったい、常太郎の身に何が起こったというのだろうか？

この疑問に対する答えを知っていたのは、労働運動史を内側から見続けていた女性、常太郎の妻かねだった。かねの証言によると、常太郎は七月十八日の演説会を最期として、「労働組合期成会」を急に引退したという。唐突な引退の原因は、期成会のポストをめぐる内輪もめでも、病気のせいでもなかった。常太郎は七月十八日の演説会が終わった直後に、暴徒に襲撃されていたのだ。

妻かねは、当時を振り返って孫たちにこう語ったことがある。

「あの晩のことは、ようく覚えています。お爺さんは演説会が終わって会場から帰る途中に暴漢に襲われて、滅茶苦茶に殴られたのよ。お爺さんは『わたしは城だ、わたしは城だ』と叫んだそうだけど、またよけいにやられたそうなの。それはもうひどい重体でねえ、ウンウン言って苦しんで、寝込んでしまったの……」

殴られながらも、「わたしは城だ」と叫んでいることから、常太郎は最初は「人違いにちがいない」と思ったのかもしれない。しかし妻かねの証言からすると、この闇討ちは常太郎本人を標的にしていた可能性が高いといえる。もしそうなら、なぜ常太郎が襲撃の対象になったのだろうか？

その理由のひとつは、彼が現場主義に徹したリーダーで、絶えず危険な場所に身を置いてきたことが考えられる。当時、進行中の横浜船大工のストライキでも、雇用主側にしてみれば、ストを指導する常太郎は最も癪に障る扇動者として映ったに違いない。「小石川砲兵工廠」などの工場でも、見知らぬ常太郎が突然やって来てオルグ活動をするのだから、立場の違う人間からさまざまな反感を買ったことも考えられる。

また、演説会場には、私服警官が多数潜入し、たえず弁士や聴衆を監視していたという。警察当局にとって、二度にわたって「開会の辞」を宣言し、なおかつ会の本部を自宅に置いていた常太郎は、活動家の中でも最も注意を要する人物としてマークされていたとしても不思議ではない。どこの誰が常太郎を襲ったのか実証するのは無理だが、勢いを増した期成会を黙って見過ごすわけにはいかなかった勢力が、ひそかに暴徒を雇って、運動の中心人物と思われる常太郎を襲撃させたことは十分に考えられる。

六年ごしの夢が実現しようとした矢先に起きた事件だけに、常太郎の無念さは察するに余りある。この襲撃事件により、常太郎は近代社会運動史上初めての「犠牲者」となったわけだ。

高野房太郎は当時の警察による期成会リーダーたちへの監視の状況について、次のように記している。

警察は厳戒態勢をとり、多数の私服警官を会場に派遣しました。……直ちにこの集会実現の中心となった人びとを厳重に監視し始めました。指導者の私宅に刑事が頻繁に訪れるようになりました。彼らの前歴が秘密裡に調べられ、あたかも犯罪容疑者のように尾行がつき、日々の言動を調べました。指導者たちの家庭生活は無慈悲にもかき乱され、かくて彼らの悲劇が始まったのです。（『アメリカン・フェデレイショニスト』第こうして見ると、黎明期日本労働運動史の裏側で、常太郎は影の指導者としての任務を黙々と遂行していたことがわかる。学校もろくに出ていない常太郎は、もとより学者肌ではなかった。当然、役割分担として、常太郎がまず現場で労働者に呼びかけて組合を結成させ、その後、理論派の高野を相談役として呼び寄せるという段取りで、二人は互いの長短を補い合いながら運動のすそ野を広げていった。

無名の常太郎が、社会変革のビジョンを実現しようとすれば、利害と憎悪の渦巻く現場に身を投じて運動する以外なかったし、そこはまた、対立分子に命を狙われかねない危険と背中合わせの最前線だったのだろう。

「実況中継」これが明治の演説会

八月一日、「労働組合期成会」が第一回目の月次会を開いて役員が選出され、同月十五日には、二回目の労働問題演説会が催された。その模様が掲載された、臨場感あふれる記事を発掘したので紹介したい。

◎現今の労働問題——現今社会問題の進歩に伴われて、労働問題大いに発達し来り、労働問題々々々々という声は各諸処々に囂々然たるに至りたり。蓋し我が邦文明の潮流なるもの然らしめたるに由来する? 今其の形勢を通観するに、先ず其の第一着の発生に係るものを、則ちかの労働組合期成会なりとす。同会は過般米国旅行より帰朝したる、片山潜、高野房太郎等諸氏の発起計画する処に係り、我が邦における労働組合の緊切重要なるを唱導し、以て其の労働組合を成立せしめ、労働者と資本主との調和を図り、我が邦の経済界と実業界をして、円満なる発達をなさしめんために其の期成を企て務むるに在りといふ。しかして記者は其の労働組合期成会なるものの、開設に係る去る十五日の労働問題演説会（芝公園外惟一館）に臨みて、其の弁士諸氏の演説を聴きたるに、先ず其の所謂蛙づ飛ばしとして田中太郎氏の賃金論と題せる演説あり。始め労働の種類より説き起こして、賃金の原因は資本主なりと誤解に向かって説明を与へ、以て賃金の眞正原因は社会の需要者なりと結論したれども、其の喋々と弁ずる割合に、立論正確ならず論拠弱く、ことにヘタの長談議に聴衆がやがや立ち上がりて、簡単々々の声喧しく遂に弁士をして降壇せしめたり。次に幹事といえる高野房太郎氏、労働組合期成会に就いてと題し、熱心に弁ずる処ありしも、其の立論たる全く粗暴過激にして労働者の無教育と血気に投じて、単に其の意を迎ふるに過ぎず、曰く労働者をして賃金を高からしめ其の進歩を図らんと欲するには、唯其の敵たる資本主を責むるに在り、其の方法はドシドシ、ストライキを企つるに如かずなど、全く破潰的の演説にして実に実着なる記者の聴くに忍びざる処にてありき。ことに其の演説中、氏が洋行せり々々々々てふ声はなはだ多きに、記者餘りの事と思ひ、指折り数へたるに十回に達したるを以て、記者は耐へ得ず、大喝一声『洋行の事は能く解りました。むしろ洋行者と顔に書いては如何』と評したるに、会員とも覚しき人等の続々と記者の左右に来りて警護するを見受け、それよりは、氏の演説中全く洋行との声なかりし。次は佐治實然氏にして人に尊卑あらんやと題し以て氏特有の哲学論を持ち出し、弁舌爽快、立論正確、かの労働者は謹直なるべし、厳格なるべし、勤勉なるべし、衛生に注意すべし等を以て、開発教育的に淳々訓じ諭し入れ、続いて実業家や資本家といわるる人等の若き時より苦心難行したる事實を示して、労働者の粗暴過激ならんとするを戒められたり。記者ここにおいて大いに心を安んじぬ。満場また感に入ってぞ見えたり。次に片山潜氏の社会問題演説ありしも、幾分か過激破潰てふ分子含まれたりしには、記者また胸をわるくし、遂に起て窓の横手に行きたり。次は鈴木純一郎氏の職工組合に就いての演説なりし。一見温厚なる氏が演説は、其の学理を精論し、且つ氏が農商務省の調査員として、各地方に出張し、職工の状態に就いて調査したる実験を陳述し、大いに聴衆の志気を喚起し、其の思想をして正確着実ならしむる処ありたり。これにて散会を告げたりしが、幸いに鈴木、佐治両氏の實着演説によりて、サシモ粗暴に浮き立ちつつありし労働者の聴衆も、誠に静々粛々黙々として、演説堂より散ぜしを見たる記者は、ここにおいてか、全く本日の演説状況を録して、我が敬愛なる実業世界読者に報告するの緊要なるを感じぬ。嗚呼読者諸君よ、現今の労働問題とは、このごときものなり。諸君須らく戒心せずして可ならんや。我が実業界に就いて警醒を要すべきは、かかる時のことぞ。記者はここに現今の労働問題として諸君に報ずると同時に、心中深く、かの常の所謂『実業界の不幸』てふ一事實として、大いに嘆息する処なくんば非ざるなり。(『実業世界』第七号・明治三十年八月二十八日発行)

この記事から、高野房太郎の人となりが伺える。高野は、「北米職工同盟団代表員」の名刺を作ったり、コロンビア大学の学生であるとゴンパースに嘘をついたこともある。「洋行帰り」自慢をしたことを示すこの記事から、高野が上昇志向の強い人物だったことが推測される。

常太郎が、裏方に徹した実践主義者だったのに対して、ステータスに重きを置く「洋行帰り」の高野房太郎は、対極の性格だったことが理解できる。高野房太郎が演説中に「洋行せり」の言葉を繰り返したのは、師である高田早苗の「洋行論」を聴いたことが契機となって渡米したことを考え合わせると、わからないでもない。

高野は労働運動を始めて一年余りで「労働組合期成会成立及び発達の歴史」という歴史書を書き残し、その数ヵ月後には、「労働組合期成会」の要職を捨てて商売の道に転じている。高野は、常太郎と出会って「労働運動」に開眼したものの、本来は「実業家」志向の強い人だったのであろう。立川健治先生は、高野の性格について、こう論じている。

高野にとって、「商売化」も「労働運動」も、同じ比重をもつものだったのかもしれない。……世間体をたえず気にして「かまえ」をもち、身をたてるべく上昇志向をもっていた、といったらいいすぎであろうが、生活の意識としては、ある「かまえ」をもっていたことだけはうかがうことができると思う。その「かまえ」は……「労働運動」に関心をもったことのなかにもみることができると思う。……高野の最後の論稿である「職工組合に就て」の文体が、自分の理論の正しさを書き残しておくんだというものからなっている、といったことを思い出してほしい。このことと高野の運動からの離脱をつきあわせるならば、つまり思想の構造とつきあわせるならば、離脱は、単に「商売」にのりだすためだった、としかいえないのである。(「高野房太郎─在米体験を中心にして─」立川健治『史林』一九八二年五月号)

アンラッキーの連鎖

暴徒の襲撃で負傷した常太郎は、住み慣れた麹町区内幸町の借家から引っ越しをせざるを得なくなり、とりあえず京橋区惣十郎町十二番地に移った。引っ越しの理由は、期成会本部としても使われていた内幸町の自宅に、怪我で活動もできなくなった常太郎がそれ以上居座るわけにはいかなかったからだ。

常太郎の新居は、帰国後最初に身を寄せた知人、真田某方(惣十郎町十七番地)のすぐそばだった。負傷した常太郎を心配した真田が、近所に常太郎夫婦の新居を手配してくれたのだろう。新居に移った常太郎は、妻かねの手厚い看病により、徐々に傷も癒えるかに見えた。ところが、常太郎の身にさらなる不運がふりかかった。以前、木下源蔵の看病に行った際に感染したものと思われる結核菌が、負傷して弱りきった常太郎の体内で増殖し始め、肺結核の症状が現れ出したのだろう。微熱や咳が出始めたころ、季節はやがて冬を向かえようとしていた。常太郎の衰弱した体には、東京の寒さは禁物だった。妻かねは心配のあまり、温暖な九州・熊本への帰郷を熱心に勧めたという。しかし常太郎にしてみれば、志半ばで故郷に帰るわけにはいかなかった。幸い、神戸に住むアメリカ時代からの盟友、平野永太郎が転地療養を勧めてくれたので、しばらくの間、神戸で静養することにした。彼は首都での労働運動の表舞台から身を引いて、神戸へひっそりと移転したのである。

城は健康な身体ではなかった。彼は恩師・西村の期待にそむいて労働運動に明け暮れした一年間で、すっかり身体を壊してしまった。軽い肺患であったが、神戸へ帰ってきた平野永太郎の好意にしたがって、労働運動から離れて、気候のいい同地でしばらく静養した。(『西村勝三の生涯』)

サナトリウムは神戸の貧民街

転地療養のために神戸に移った常太郎は、神戸市楠町三丁目百十八番屋敷にある十坪ほどの小さな平屋に住み着いた。そこは、結核療養に適した六甲山懐でも、須磨海岸を一望できる高台でもなかった。常太郎は何を思ったのか、あえて陰湿極まりない貧民の密集地帯に住み着いたのだ。彼の選んだ楠町は、当時最悪の貧民窟として有名だった「橘通り三丁目」のすぐ隣りなのである。

横山源之助は『下層社会探訪集』の中で、「橘通り三丁目」付近の労働者の居住状態を次のように伝えている。

その醜状において、東京の万年町や鮫河橋なる貧窟をはるかに上回る、日本最暗黒の貧民窟こそ、神戸・橋通り三丁目である。その家を見れば三畳を敷けるは稀にて、おおむね二畳敷、一畳は土間なり。その住民を見るに、最も多き仲仕人足なり。その妻はマッチの箱張りもしくは茶焙師に出づるは多し。屑拾いもあり、おおむね身体の不具なる跛者なるか、しからざれば婦女子多し。神戸にては仲仕人足は細民の代表とすべし。一月二月三月のごとき雨天という生活の魔敵に襲わるると、共に船舶の出入り少なきために青息吐息、なべて神戸貧窟に饑饉を与うること常なりとぞ。

ドヤ街に住み込んで貧しい者たちと生活をともにすることは、その土地で労働運動を始めるための第一歩であることは分かる。しかし当時の常太郎は、少しでも空気の澄んだ環境の下で病を静かに養っていかねばならない体であったはずだ。彼は病んでなお、労働運動への思いをいっそう募らせていたのかもしれない。

常太郎夫婦が住み始めた家の周辺に住む労働者たちは、その大半が神戸港で船の荷物の積み降ろしをする仲仕人足と呼ばれる人々だった。彼らは日の出から日没まで十二時間も働き詰めているのに、日給わずか平均三十三銭しかもらっていなかった。その中から日々に払う家賃七銭と、五、六人の家族が寝るふとん二枚四銭を引かれていたのだから、その日暮らしがやっとの有様だったという。

「転地療養」と称してわざわざ貧民街を選んで住み始めた常太郎だが、妻かねの献身的な看病が功を奏したのだろう、結核の症状は薄皮をはぐように快方へと向かっていった。常太郎は、だんだんと体力が回復するにつれて、散歩がてら町内を歩きまわれるようになった。そのうち、貧民街で生きる労働者たちの悲惨さを、ただ傍観するのみで何もせずにいる自分が堪えられなくなっていた。

静養のため都落ちして以来、心の片隅でくすぶり続けていた労働運動への思いが燃え上がるのにそう時間はかからなかった。

第十三章　孤軍奮闘、関西に種をまく

病をかかえて冬の旅

不当な労働を強いられている港湾労働者を目の前に、常太郎はどれほど怒り、嘆いたことだろう。快方には向かっているものの、結核に冒された体をひきずる様態では、具体的に運動の先頭に立つこともできない。彼はそんな自分に苛立ちを感じていた。

年は明けて明治三十一年冬、常太郎は苦しんでいる関西の労働者たちをこのまま見過ごすわけにはいかなくなり、妻が心配して止めるのも振り切って、「労働組合期成会」第七回月次会に出席のため上京した。病で自分が十分に活動できない分、東京の指導者のうちの誰かに関西オルグを援助してもらうよう、助けを求めに行ったのだ。厳冬の二月十三日、さっそく第七回月次会に出席した常太郎は、その席で関西労働者の悲惨な労働状況を切々と訴えた。

労働組合期成会を組織に向けては大に尽力されたる城常太郎氏は、其の仕事先なる神戸より数日前中なり前日の同会月次会には出席して有益なる小談ありたり。（『労働世界』第六号・明治三十一年二月十五日）

席上、期成会メンバーたちの強い要望に押された常太郎は、一週間後の二月二十日に開催される神田青年会館での大演説会にも、弁士として出演することを承諾した。『労働世界』（第六号・明治三十一年二月十五日）には、常太郎が出演することになった演説会の宣伝広告が、次のように掲載された。

「期成会労働問題演説会あり」
来る二十日午後六時青年会館にて開会す（労働者に限り傍聴無料）
「労働者の城郭」　片山潜
「関西における労働問題」　城常太郎
「労働は国民の要素なり」　留岡幸助
「職工の衛生」　鈴木万次郎

ところが、この演説会の様子を報じた『労働世界』（第七号・明治三十一年三月一日）雑報欄には常太郎の名前が記されていない。おそらく、出演をキャンセルせざる得ない何らかの事態が発生したのだろう。当夜はあいにく、寒風吹き荒れる天候だったというから、肺病持ちの常太郎は病状が悪化したのかもしれない。「関西の労働者を救わなければ……」ただその一念に突き動かされたのだろうが、厳寒の二月にただ一人上京するとは、常太郎は無理をしたものだ。

こうした常太郎の行動を見ていると、たとえ暴漢に襲われていなくても、軌道に乗った期成会の運営は高野や片山に任せて、自分は関西の開拓を計画していたのではないかという思いが脳裏をよぎる。

明治三十年から三十一年、常太郎が関西の労働運動に重きを置いた背景には、次のような事情があった。資料から、その関西の労働事情を見てみよう。

◎日本のマンチェスター——と題し英国新聞「ツレッペリーウオールド」は記して曰く。純粋なる日本の貿易市は唯だ一つあり。すなわち、大阪にして、日本人は実に日光よりも東京、京都よりも、実に大阪の紡績所、鉄工所を誇れり。大阪は実に進歩したる形式において、新日本を代表せり。されば、富と貨殖においては、実にその首位を占むと。(『国民新聞』明治三十年八月十五日付け)

◎燐寸業者休業——兵庫県燐寸業組合総会において、来る九月一日より当分製造を休止する事に決せり。燐寸業のために生活せる者は神戸市のみにても三万人以上に出でん。然るに今日の製造休業により、これ等の大半自ら業を失い、糊口の途を他に求めざるを得ざるの不幸に陥るものにして、職工社会に一大恐慌を来さんこと勿論なるべしと。(『日本』明治三十一年八月二十九日付け)

◎神戸市の如きは沖仲仕、燐寸稼業人を以て細民の大半を占むるより、近来の如く、燐寸製造を減じ、仲仕業の閑散を致すに及んでは、一市細民の生計に影響する事実に鮮少ならざるものあり。(『神戸又新日報』明治三十一年九月十九日付け)

自分がやらねば誰がやる

結局、期待したオルグ要員が派遣されたわけでもなく、東京から大した支援は受けられなかったようだ。「こうなったら自分がやるしかない」そう思った常太郎は翌三月、社会運動不毛の地関西に「労働組合運動」の種を植えつけようと、病をおしてただ一人立ち上がった。

当時関西では、日清戦争を契機として繊維工場やマッチ工場、鋳物工場など新しい工場が次々に建設され、それに呼応するように工場労働者の数も大幅に増加していた。にもかかわらず労働団体と名のつく機関はただ一つとして存在せず、労働者を啓蒙できる指導者も皆無だった。労働実態はきわめて過酷だったようで、悪らつな資本家の鞭の下で牛馬のように酷使され続けていた。そうした中、たまりかねた労働者たちが経営者側と突発的な争議を起こしてはいたものの、組織力にも計画性にも欠けた当時の争議は、いずれの場合も長続きせず、一過性のもので終わってしまっていた。

当時の新聞に、神戸市内で起こった労働争議のこんな記事が掲載されている。

◎罷工——兵庫運河株式会社の土方五十人ばかり、賃金値上げを主張して同盟罷業し、同市内タムソン鉄工所の職工等も給金渡し方の遅延より同じく罷業するにいたる。社会主義鼓吹者、一鼓して起たば、ついには、いうべからざるの形勢を呈せんか。(『東京朝日新聞』明治三十一年三月六日付け)

こうした状況の中で、常太郎が運動の糸口をつかもうと最初に取り組んだのは、自分も本職だった靴職人たちの組織化だった。またそれと同時に、鉄工所の労働組合設立のためにも動き回り、虐げられた港湾労働者の保護活動にもあたった。

病み上がりの体にむち打ちながらのこれらの活動は、文字通り「孤軍奮闘」といえるものだった。

トゲとイバラの日々

関西の労働者たちに新しい息吹を吹き込もうと、常太郎は十坪たらずの自宅を拠点にして、工場に出かけてはオルグ活動に精を出した。体は弱っていたが、情熱には火が点いていたのだろう。しかし神戸の労働者たちの置かれていた状況は、常太郎の想像以上に複雑で悲惨だった。彼らは当然受け取るべき賃金の多くを悪徳請負業者たちにピンハネされ、詐欺師まがいの投機業者にもひんぱんに騙されていた。だから彼らは、他所から来た常太郎の話をまともに聞こうとはしなかったようだ。また、東京に比べて労働者の自覚が低すぎるのも、反応を悪くした。神戸の労働者の中には「労働組合」という言葉すら知らなかった者もいたという。

常太郎が足を棒にしてまで通った鉄工所の職工にしても、階級意識という意味では、いまだに封建的な鋳物職人の域から脱していなかった。神戸市内には多くの工場労働者がいるにはいたが、その大半がマッチ工場や紡績工場で働く婦女子や子供たちだった。常太郎は毎日のように工場から工場を歩き回り、飛び込みで職工たちと接触を続けたが、なかなかオルグ活動の成果を挙げることができなかった。時間だけがむなしく過ぎていくなか、在米時代に十分に蓄えたはずの活動資金もそろそろ底をついてきた。これといった収入のない常太郎夫婦は、徐々に深刻な貧窮状態に追い詰められていった。妻かねは家計の足しにと、和服裁縫の内職に励んだものの、その収入は微々たるものだった(孫たちが祖母かねから聞いた証言)。

八方塞の日々が続く中、常太郎夫婦に「外国かぶれの扇動者」などと非難を浴びせかける心無い人たちもいたという。こうした気苦労と生活苦が妻かねの体に障ったのだろう、この時期、彼女は立て続けに三度も流産している。神戸では、ともに活動を分かちあう同志もいなかった。もちろん、工場にコネがあるわけでもなく、活動資金や生活費を援助してくれる者もいなかった。それはまさに闇の中を一人で手探りをしながらのスタートだったといえる。

飛び込みのオルグ活動で埒があかないのなら、運動方法を変えなければならなかった。彼は思案の末、そのころ頻繁に起こっていたストライキに着目した。神戸や大阪市内の各所でストライキがあると聞きつけてはいち早く駆けつけ、労働者の指導に全力を注いだのである。病身を推してまでストの指導に打ち込む常太郎の姿に、心を動かされる職工が徐々に現れ始めた。同志のいなかった常太郎にとって、彼ら職工たちはかけがえのない運動仲間となった。当時、常太郎の考えに同調して運動を始めた労働者のうち、牧野新一、渡辺某、武田元貞などの名前が記録に残っている。

名声よりも大事なもの

常太郎が病みあがりの体を鞭打ちながらオルグに奔走していたころ、東京では、「労働組合期成会」の一週年記念懇親会が、日本橋区呉服橋外の柳屋で開催された。わずか七十一名のメンバーで産声を上げた「労働組合期成会」も、一年を経た明治三十一年七月には、その会員数は二千五百人にも膨れ上がり、日本唯一の労働運動団体としてまさに飛ぶ鳥をも落とす勢いで躍進を続けていた。この記念すべき日に常太郎は、神戸から祝電を送っているが、その他に「神戸靴工協会」と名のる団体も、祝辞を寄せているのが興味深い。

労働組合期成会の一週年記念懇親会は、前項・月次会終わりたる後に、ただちに開会。会員の集まるもの無慮百余名。同会幹事、高野房太郎氏は開会の辞を述べたる後ち、同会創立者の一人たる城常太郎氏の祝電を披露し……又、神戸靴工協会は、はるかに祝辞を寄せて同会の発達を祝せりといふ。（『労働世界』第十七号・明治三十一年八月一日）

「神戸靴工協会」は、神戸に移り住んだ常太郎が、靴工たちに呼びかけて結成した団体だろう。明治二十五年に常太郎が指導した団体「日本靴工協会」と同様の名称がついていることからも、この推測に間違いはあるまい。

筆者は明治二十五年に結成された「日本靴工協会」の支部として「東京靴工協会」があったように、すでに、明治二十五年に「神戸靴工協会」も結成されていたのではと確信している。この協会は全国規模の組織団体だったことは『新東洋』の次の記事からも証明できる。

◎労働社会の惨状——既に然り、府下数百の靴工は、今や団体を組織して、大いに全国の同業者を糾合し、正に救済の方法を講ぜんと欲するも、また実に偶然にあらざるなり。（『新東洋』十二号・明治二十五年十二月十八日付け）

おそらく、靴工兵制度反対運動の失敗や、日清戦争のために、「神戸靴工協会」は解散したものの、常太郎の帰国、そして、神戸に移り住んだことなどで、組織が復活したと取るのが正しいように思える。

常太郎が明治三十年の八月一日に決定された「労働組合期成会」の一切の役員を拒否して神戸に移り、関西の労働運動に力を注ぐという情報は、経営者側の神戸の製靴業者にとっては、ありがたくないニュースに違いない。その対処として「神戸靴工組合」の設立に向けて、協議し合った記事があることでもわかる。この「神戸靴工組合」の組織化は、東京の製靴業者団体「東京靴工組合」からの、常太郎が神戸に向かうという情報を受けての対処策だったのであろう。

◎靴工業者の集会――兵神靴工業者は靴工組合組織に関し、来る二十七日午後二時より神戸商業会議所において集会を催ほし協議するはずなり。（『神戸又新日報』明治三十年九月二十六日付け）

さて、資料としてたびたび引用している『労働世界』だが、何度となく常太郎に関連した記事を報じていることから、常太郎を「労働組合期成会」創立者の一人として、それ相当の敬意を払っていることが伺える。その後、『労働世界』（二十七号）の紙上では、期成会の幹事会が、常太郎を「名誉会員」に推薦したことを報じている。

十二月十日労働組合期成会幹事会を開き在神戸なる城常太郎君を名誉会員に推薦したり。（『労働世界』第二十七号・明治三十二年一月一日）

こうした『労働世界』の常太郎への配慮ぶりを見ると、その担当記者は常太郎に論考の執筆を一度ならず依頼した可能性が考えられる。だが彼は「労働世界」紙上に、ただの一度も、自分の考えを文字として刻みはしなかった。その理由として、常太郎が執筆した唯一の著書『戦後の日本矯風論』の中にある次の言葉が思い浮かぶ。

余輩は、徒らに文字を弄するものにあらず。よろしくその誠意の存するところを諒せば可なり。（『戦後の日本矯風論』）

常太郎は、目前の労働者を救うことに精一杯で、自分の功績を後の世に残そうなど考えもしなかったようだ。

天下に向かってビジョンを発表

その後も常太郎は、工場から工場へと歩き回る日々を送り、賛同者を運動に引き入れながら、一歩一歩組織作りを進めていった。そうした地道な活動の中から「労働組合研究会」が生まれた。この研究会は、関西における近代労働運動のさきがけとなった。

常太郎は自ら描く研究会のビジョンを『労働組合研究会の趣意』（巻末資料二八五ページ）と題した論考にまとめ、『労働世界』紙上に初めて発表した。この趣意書の文中でもふれているが、「労働組合研究会」は単なる研究団体に留まってはいなかった。労働者の啓蒙を目的として、人々に団結を勧め、近い将来「天下に向かいて、労働組合設立を促さん」とする実践団体だったのだ。そのことは、「労働組合研究会」会則第四条にも明白に示されている。

第四条—本会は同主義の団体と互いに連絡し気脈を通し知識を交換し相互の利益を謀り又労働者の組合を組成せんとする者あらは之を補佐奨励すへし。（『労働世界』第二十七号・明治三十二年一月一日）

さらに注目すべきは、『趣意書』内に「保護」の言葉を四回も使用していることだ。関西の労働者が「保護」を必要とするほどひどい困窮状態におかれていることを、なんとしてでも全国の『労働世界』読者に訴えたかったのだろう。実は、常太郎の「労働組合研究会」結成に呼応するかのように、同じ明治三十一年十二月、同じ神戸において、海陸仲仕の保護を目的とした「神戸労働者保護会」が設立されているのである。
当時、労働団体が皆無の神戸にあって、時期と場所を同じくして二つの団体が同時発生したことからみると、この「神戸労働者保護会」と常太郎の間に何らかの関係があったと考えるのが妥当だろう。ちなみに「神戸労働者保護会」は、半年後には会員数が三万人にまで膨れ上がっている。（『日本労働運動史年表・第一巻』青木虹二）
城常太郎は翌明治三十一年十二月神戸に労働組合研究会を結成し、やがてこの研究会は神戸労働者保護会に結実する。（「企業別組合の生成・成熟そして崩壊」高木伸夫『兵庫県労働史研究会通信』第三十五号）
常太郎が起草した『労働組合研究会の趣意』は、明治三十年七月に東京で発表された『労働組合期成会設立旨趣』（起草者：不明）と、その内容が一字一句に至るまで酷似している。そのことから、『労働組合期成会設立旨趣』の起草者も城常太郎である可能性が極めて高いように思える。
神戸で発表された『労働組合研究会の趣意』（起草者：城常太郎）は労働者の保護を訴えているのに対して、東京で発表された『労働組合期成会設立旨趣』（起草者：不明）は労働者の自主独立を訴えている。
労働運動には、二種の途がある。その一つは、労働者その者によって自動的に起こる自治独立を目的とする労働運動であり、いま一つは、労働者以外の者の首唱によりて起こる、保護を目的とする労働運動である。前者の運動は壮年職工の間に勢力を得、後者の運動は幼年、婦女子又は、極貧の労働者に必要不可欠である。しかるに、この二種の労働運動の区別を知覚せず、無効なる労働運動をなしている労働運動家が何と多いことか。本来、熟練工からなる壮年職工の多い東京の労働運動は、労働者の自主独立に任せるべきであり、沖仲仕など極貧日雇い労働者の多い神戸の労働運動は、首唱者の指導により保護されるべきである。（『労働世界』第四十六号・明治三十二年十月十五日）

この記事を載せた記者は、神戸に移り労働者の保護を真っ先に訴えた常太郎の活動方針を理想とし、常太郎のいなくなった後の「労働組合期成会」が、高野や片山ら有識者たちによってリードされていることに対して、反発して書いたようにも受け取れる。

常太郎は、下層の人々をサポートする「神戸労働者保護会」を創設し、明治三十四年には幹事も副幹事も自立した壮年職工からなる「関西労働組合期成会」の創設にも陰ながら寄与している。「労働組合期成会設立旨趣」の起草者が、労働者の自主独立を真っ先に訴えていることは、常太郎の基本思想に逐一合致する。

当時の「労働問題」研究の最高権威者の一人であった法学博士・桑田熊蔵もまた、同様な意見だった。桑田博士は、次のような論考を書き残している。

◎我が国職工組合不振の原因（法学博士　桑田熊蔵）――我が国従来の職工組合の衰亡を来たした重なる原因は労働者以外の人、学者や政治家が統御した事に帰する。（『皮革世界』第三年第十四号）

参考までに、巻末資料に常太郎の起草した『労働組合研究会の趣意』と共に、『労働組合期成会設立旨趣』も並べて掲載しておく。

関東・関西、つながる

常太郎は自宅に「労働組合研究会」の看板をかかげ、『趣意書』を印刷して各方面に配布する一方、十数名の会員ながらも毎月二回、第一、第三土曜日を例会として定め（サンフランシスコ時代の労働義友会の例会と同じ日程）、『労働世界』や『毎日新聞』など、当時の労働問題を扱った新聞雑誌類を材料にして研究会活動を続けた。

在神戸なる会員、城常太郎氏は労働団結の首唱者にこれあり。すこぶる本会を盟起せられしか、今や神戸に有りて労働組合研究会を起こし、先に会則を寄送せられたりしか、その後、如何なる進行を為しつつあるか消息を得ざれども、この種の研究は全国いたるところにおいて発現せんことを望む。（『労働世界』第二十九号・明治三十二年二月一日）

わずか十数名で始まった研究会は日に日に仲間を増やし、翌明治三十二年早々には、木工や石工なども含めて百余名を糾合できるところまで成長した。自信を持った常太郎は、「労働組合期成会関西支部」新設の計画を立て、東京本部と打ち合わせするために、会員の一人を上京させている。

神戸市にては城常太郎氏赴きて以来、労働組合研究会というを組織し、同志者を集めて、該問題の研究に従事しおりしが、今度同志者の一人、東京に出で、期成会の諸氏と打ち合わせおるがごとき、関西地方労働界の暁鐘をもって期し、大いに労働運動に従事せんとするよしにて、近日、石工、木工百余名を糾合し労働

組合期成会支部設立の計画あり。(『横浜毎日新聞』明治三十二年三月三十一日付け)

石工のストライキについて、当時の新聞記事を見つけたので次に掲載しておく。

大阪石工のストライキ……は同市石商工業者が其の賃金七十銭より六十銭に切り下げんとせしに反対して罷工したるものなり。石工組合員は五百余もありて頗る堅固に反対せり。而して大阪築港日本銀行その他の工事は石商工者即ち石商組合の手を経ずして石工を直接に雇い居れりと云へは石工は勝利を得るに至るべし。(『労働世界』第三十一号・明治三十二年三月一日付け)

こうした常太郎らの活動ぶりを重視した「期成会東京本部」や「鉄工組合」は、急いで関西遊説の計画を立て、その資金を捻出するために寄付金を募った。

関西遊説……労働組合期成会にて先月関西遊説を決議せる事は、本紙に報じたるところなるが、目下各鉄工支部にては、先を争ふて遊説資金の募集に応じつつあり。(『横浜毎日新聞』明治三十二年五月十二日付け)

だが寄付金は思うようには集まらず、関西遊説は実現しないままに終わった。しかしこの募金運動が契機となり、関西と東京との労働者レベルでの交流が始まった。

この間、明治三十二年三月、常太郎は神戸市楠町から、元町通り五丁目五十三番地に移転し、本籍も移転先に移している。

サンフランシスコ時代からの盟友、平野永太郎の住所が、同じ元町通りの二丁目であることから、平野が常太郎の活動に様々な形で協力しただろうことは容易に想像がつく。

第十四章　明治三十二年は、エポックイヤー

非雑居という名のムーブメント

初期の労働運動がその勢いにおいてピークを迎えた年をあげるとするなら、それは明治三十二年であろう。神戸時代の常太郎にとってもまた、その活動のピーク時期は、明治三十二年の夏だったといえる。この年、七月から八月にかけて、清国人労働者非雑居運動が勃発し、常太郎は重要な役回りを演じたのだ。

明治三十二年七月十七日は、幕末以来の諸外国と結んだ不平等条約が撤廃される、歴史のターニングポイントともなる日だった。それを機に、国内にあった外国人居留地も撤廃される方向に時代は向かっていた。しかし居留地を取り除けば、多数の外国人が内地で日本人と肩を並べて雑居することになり、そこから必然的に生じるだろう問題を憂う人々も少なからずいた。とりわけ清国人労働者が港湾地区に大量流入した場合のシナリオが、問題の焦点となった。

神戸は開港以来、港を中心に発展してきた都市だ。それだけにすでに早くから、清国商人と日本人業者の間で対立抗争がしばしば起きていた。もし内地雑居が始まり、すでに貧しい日本人仲仕よりもさらに安い賃金で働く清国人労働者が無制限に港湾に移り住めば、日本人仲仕たちは駆逐されてしまう。だから「内地雑居」は神戸の

港湾労働者にとっては死活がかかる大問題だった。

一方、常太郎にとってもこの問題は見過ごす訳にはいかない関心事だった。彼はアメリカ滞在中、白人靴工たちから執拗な迫害を受けたことを思い出さずにはいられなかった。米国での迫害の原因は、白人靴工たちが、低賃金でも喜んで働く日本人靴工のせいで、自分たちの収入が減るのを阻止しようとしたためだったことを、常太郎は熟知していた。しかし、今回は主客が転倒して、日本人労働者が清国人労働者の低賃金から身を守らなければならない立場においやられていた。その対抗策としては、清国人労働者の在日をはばむことが先決だと常太郎は判断した。

常太郎は、当時すでに神戸の顔役となっていた盟友・平野永太郎の協力を得て、港湾地区内にあった「岡仲仕組合」と「荷揚仲仕組合」に話を持ちかけ、反対運動を繰り広げるための「清国労働者非雑居期成同盟会」を結成することに成功した。以下に当時の様子を記録した資料を二つ掲載したい。

明治三十一年に城が神戸に労働運動を起こそうとして移り住み、十二月に労働組合研究会を設立し、また翌年には清国労働者非雑居期成同盟会を結成、労働者保護政談演説会を開くなどしたが、それには平野の協力があったものと思われる。(「平野永太郎略歴」小野寺逸也『兵庫県大百科事典』)

労働組合期成会の発起人の一人、城常太郎らは内地雑居問題を契機に中国人労働者の入国を排し、わが国労働者の風紀を保全せんとして三万人を超える海陸仲仕を非雑居期成同盟に組織した。(「企業別労働組合史論、現状と課題」高木伸夫『兵庫県労働史研究会通信』第十八号)

「同盟会」をリードする常太郎は、さっそく清国人労働者の国内雑居を許すべきでないという意見書をとりまとめて、内務、外務両大臣に陳情した。貧しい港湾労働者たちの生の声を代弁した意見書が、中央政府の役人たちの心を打ったのだろうか、その結果、政府は清国人等の内地雑居制限を勅令として公布し、すぐさま八月四日から施行されることとなった。これは常太郎の機転による「同盟会」のすばやい勝利といえよう。

この速攻による成功は、同盟会リーダーたちの手柄ではあるが、事の流れをうまく理解していない現場の仲仕たちの戸惑いも呼び込んだ。以下にあげる末端会員による新聞投書記事に彼らの不安が読みとれる。

ちかごろ、一致協同としょうし清国人労働者排斥運動を始めたものがあるが、これらは我々にかつて一応の相談もとげざりしものである。そして、こんな大問題は、わからぬ者ほどよけいに理解せしめたる上のことにして下さればよいに。運動費の七百円かとて、我々の頭にかかるとですから。—沖組合一員—(『神戸又新日報』明治三十二年七月十九日付け)

運動の趣旨を多くの会員に分かってもらうため、さらには関西に労働運動を根付かせるために、常太郎は大規模な演説会の準備も同時進行で始めていた。彼はこの時期、東京の「労働組合期成会本部」にも、繰り返し遊説隊の援護を要請している。

労働組合期成会は、六月二十五日の月次会において、関西労働運動も直に決行することに定まり、七月の期成会幹事会をもって、その派出員を選定し、八月初旬関西運動に着手せんとす。(『労働世界』第四十号・明治三十二年七月十五日)

常太郎の強い要請が功を奏したのか、東京の労働運動リーダーたちは関西遊説に着手することに決めた。しかし、彼らはまたもや資金不足を理由に、遊説隊派遣を見送ってしまったのだ。

ここでふれておきたいのは、関西のために財布の紐をなかなかゆるめない東京の幹部の中でただ一人、沢田半之助のみが二円もの大金を一度に寄付しているのが目立つことだ。かつてサンフランシスコ時代、部屋に同居させてくれた常太郎に対する恩を忘れていなかったのだろう。人間・沢田の優しさの一端がかいま見えて、ほっとする。

友、夜汽車に揺られて来る

「東京本部」からの応援が得られなかったからといって、演説会を中止するわけにはいかなかった。一つの手段が行き詰まったなら別の方法に打って出るのが上質の活動家の条件だといわれるが、常太郎は地元関西のグループに活路を求めた。大阪に新設されたばかりの「大日本労働協会」の会長・大井憲太郎を説得し、全面的な協力を取り付けると、自ら主宰する「労働組合研究会」と、会員三万人に膨れあがった「清国労働者非雑居期成同盟会」を中心に動かして、前後続けて三回の「労働者保護政談演説会」を開催することに成功した。

我が国工業の中心たる関西地方は、実際より言えばむしろ東京地方よりも先に労働運動あるべきはずなるにも関わらず、今日まで、寂として何らの運動だも見る事なきは、世人の惜しむ所なりしに、今、忽然として、神戸市に会員三万人を糾合せる労働団体起こりたり。名義は清国人非雑居を目的として組織せられたるようなれど、これ一時の目的にして、実は、永久に労働運動に従事する由にて、一昨日三十一日の夜、盛大

なる演説会を開けりといふ。（『横浜毎日新聞』明治三十二年八月二日付け）

上記の『横浜毎日新聞』にふれられているように、第一回目の演説会は、七月三十一日の夜、神戸市内・湊川神社前の劇場「大黒座」で開かれた。常太郎はこの演説会に東京の高野房太郎を弁士として招請するために、直前の七月三十日午後、以下のような電報を打っている。

「サンジュウイチニチ　ヨルニヒラク　エンゼツカイニ　シュッセキセヨ」

高野は急遽、同夜十時の夜汽車で神戸に向かった。その二十一時間にも及ぶ汽車の旅について、高野はこう記している。

七月三十日、午後、神戸の城常太郎氏より、飛電あり。いわく。三十一日夜をもって開くべき演説会に出席せよと。余は、ただちに旅装を調へ、当夜十時発の汽車に搭ず。

時、盛夏の候、夜行列車に便乗する人、はなはだ多かりければ、余の短身〔身長一五一センチ〕さへ、展ばすと由なく、終日終夜、群客、喧騒の裡に、一睡をも貪るを得ずして、神戸に着せるは、三十一日午後七時。（『労働世界』第四十二号・明治三十二年八月十五日）

夕闇迫る神戸の駅頭で、高野を迎えたのは常太郎だった。演説会は、既に開幕寸前だった。常太郎は再会の挨拶もそこそこに、手配していた人力車で高野を「大黒座」へと導いた。場内は、すでに二千五百人を越す聴衆ではちきれんばかりだった。「同盟会」幹部八名、来賓弁士二名に混じって高野も演壇に立ち熱弁を振るった。

常太郎は何か思うところがあったのだろう、演説会の指令塔だったにも関わらず、表のステージには立たず、裏方に徹っしている。演説会の翌日、八月一日には、常太郎ら「労働組合研究会」会員と、「清国労働者非雑居期成同盟会」幹部、それに高野をまじえて、関西における今後の運動方針についてブレインストームする場が持たれた。

翌八月一日、仲仕組合の有志諸君及び城氏等と会晤、大いに神戸における労働運動について協議する所あり。(『労働世界』第四十二号・明治三十二年八月十五日)

この協議会が終わり帰京の途につこうとする高野を、常太郎は引き留め、滞在を勧めた。これをチャンスとして、東京、神戸、大阪の運動家たちの交流を広げる突破口にしたかったのだろう。

城氏は、切に余の滞在を希望せられ、余また、その有益なるを了解せりといえども、いかんせん八月二日、東京青年会館において開かれるべき洋服裁縫業組合の演説会に出演せざるべからざるが故に、やむなく午後六時の列車に搭して帰京の途につけり。(『労働世界』第四十二号・明治三十二年八月十五日)

高野の神戸滞在は、結局わずか二十四時間だけだった。しかし、前後丸二日間は汽車に揺られての旅だったことからも、「運命の盟友」二人の友情の深さが察せられる。

こうして非雑居運動の経緯を辿ってみると、その運動手段や段取りが、これまで常太郎が実践してきた労働運動に似ていることがわかる。いずれの場合も、まず政府に嘆願書を提出して法律の改正を迫り、次に檄文を多くの関係者に発して賛同者を募り、さらには演説会を開いて運動のモメンタムをつけるという方法を採っている。「第二の開国」とまで言われた条約改正の時期が迫ると、「清国人雑居問題」は新聞を通じて世間を賑わし、賛否入り乱れて世論を二分した。しかしこの問題を紙上で論ずるだけでなく、大衆運動にまで発展させたのは、常太郎とその協力者たちだった。

また常太郎は、この運動でも、関西に限らず、全国展開させようと活動していたようだ。以下に関連した記事を紹介したい。

◎清国労働者非雑居期成同盟会——神戸市海陸仲仕業者は此の程来集会を重ね、目下世上の　問題なる清国労働者の雑居を不可とし、その意見を内外務両大臣へ陳情し、なおその目的達せんため題号の団体を設け、神戸市内のマッチ、紡績、その他の工場はもとより全国に檄して運動をなすはずにて、不日市内に大演説会を開き異論を喚起する計画あり。その主旨とする処はすでに世の論ずる所のごとくなるが、同地において去る二十五年日の丸事件とて内外労働者使役の上に一大活劇ありたるをもって清国労働者入国の暁、内外の衝突のため如何なる悲劇を演ずるやを憂慮するにあり。目下加盟者三万人以上にして、その規約は左のごとし。

（『国民新聞』明治三十二年七月十八日付け）

ちなみに、神戸とまったく同じ事情下にあった港湾都市・横浜では、なぜか、清国人労働者非雑居運動は起こっていない。横浜は「労働組合期成会」の主たる活動区域であり、高野房太郎の地元でもあったにもかかわらずである。

『檄して四方憂国の士に訴ふ』の作者は誰？

当時、神戸港湾地区は警察官すら寄り付かないような無法地帯だったという。危険区域に病み上がりの体で体当たりするとは、常太郎には負担が大きかったのではなかろうか。後に神戸は「労働運動のメッカ」と呼ばれるまでになるが、その礎を築いたのは、城常太郎と、共に闘った三万人の港湾労働者だといえる。清国人労働者非雑居運動の際に、配布された檄文『檄して四方憂国の士に訴ふ』（作者不明）があるが、筆者はその作者は、城常太郎だったと推論する。以下にその理由を九項目ほどあげてみたい。

①『檄して四方憂国の士に訴ふ』の終りの部分

「是れ……する所以なり。……憂国の……士……願くば……の……讃し……共に……んことを」が城常太郎が起草した『労働組合研究会の趣意』の最後の部分、

「是れ……する所以なり。希〔ねがわ〕くば……憂国の……士……の……讃し……共に……んことを」とほぼ同じである

是れ余輩の最も憂惧する所以なり。……熱誠なる憂国の諸士、願くば余輩の説を賛し……共にその目的を達すべき方法を講究されんことを。（『檄して四方憂国の士に訴ふ』）

是れ吾人が……天下に向かい其設立を促さんと欲する所以なり。希〔ねがわ〕くば天下憂国愛民の士よ、本会の趣意を賛し共に尽力あらんことを。（『労働組合研究会の趣意』）

筆者は、明治・大正時代の檄文を相当数調査してみた。しかし、文章の終りの部分が上記二つの檄文と同じものは見つからなかった。

②短い文章中に「米」（アメリカ）の文字が四回もでてくる。

③渡米体験者でないと書けない箇所がいくつかある。

④『檄して／四方／憂国の士に／訴ふ』と、城常太郎が起草した『遥かに／公明なる／衆議院議員諸君に／白す』の題号のつけ方に共通性が伺える。

⑤当時、指導者不在の神戸の労働界にあって、労働運動の檄文を書ける人物としては、城常太郎以外には見当たらない。

⑥文章中で著者は港湾労働者の保護を二度にわたって熱心に訴えているが、「鉄工には自主独立を、港湾労働者には保護を」と訴えた常太郎の方針と合致している。

⑦アメリカ時代、城常太郎は清国人靴工VS日本人靴工の実体験をしていたため、人一倍、清国人労働者雑居に対する警戒心があった。常太郎は内地雑居問題を契機として、全国の労働者に団結を訴えようとしたといえる。

⑧常太郎の依頼で神戸の演説会に駆けつけた高野房太郎が、この檄文を東京に持ち帰り『労働世界』で紹介していることから、おそらく、城が自作の檄文を帰京する高野に直接手渡したものと思われる。

⑨故工藤英一明治学院大学教授も、この檄文の作者は城常太郎であるかもと理由を挙げて指摘している。

『労働世界』四十二号（明治三十二年八月十五日）の高野房太郎の文章の中には、清国労働者非雑居期成同盟会の檄文「檄して四方憂国の士に訴ふ」が掲載されている。この檄文執筆者を直ちに城常太郎とすることはもちろんできないが、仮りに万一それが城の執筆したものであるとすれば、彼の文章や学識はかなり高く評価されるべきであろう。職工義友会再組織当初の高野と城、沢田との関係が不明確であるにもかかわらず、「職工諸君に告ぐ」という文章を高野の執筆したものとする意見が、H・カブリン氏によって述べられたが、もし神戸における右檄文を草するだけの文才が城にあったとするならば、「職工諸君に告ぐ」の執筆の栄誉を高野だけに帰することは多少疑わしくなるのではなかろうか（カブリン著『明治労働運動史の一齣』三十五頁以下参照）。

清国人労働者の問題は、日本人出稼ぎ労働者にとって切実な問題であった。日本人最初の渡米靴工・田中新三について『靴の発達と東京靴同業組合史』は次のように記している。すなわち「丹波の人、田中新三氏は築地土州藩邸の西村勝三の工場で、関根忠吉等十余人と注文靴の製作に従事していたが、期業研究の目的で米国に渡った。が不幸にして米人の支那人排斥に禍されて目的は達せられなかった。これが実に明治十四年の事である。」（四十八頁）と。おそらく城常太郎も、米国において清国人労働者の問題を実際に目撃したであろうが、清国労働者非雑居期成同盟会の檄文の中には、次のような文章がある。「低廉なる賃金に甘じ、牛馬的苦労に耐ふるの故を以て、彼清国労働者の入国を奨励したる濠州、米国、加奈陀、布哇等は利益を亨けずして却て其弊に勝へず、相踵て拒絶排斥せしに当り、独り我国が其入国を許さんとするは、抑亦奇怪の感なす」と。（「城泉太郎と城常太郎」工藤英一『明治学院論叢』第六十六号・一九六一年）

三度の演説会を成功させた常太郎の次の作戦は、三万人もの港湾労働者を傘下に持つにいたった「清国労働者非雑居期成同盟会」を、そっくりそのまま東京の中央組織に同調させ、「労働組合期成会・関西支部」を設立することだった。これはあまりにもスケールの大きな、野望ともいえるものだった。

神戸の清国労働者非雑居期成同盟会は、このほど、東京の労働組合期成会へ、支部設立の事を交渉し来れり。（『横浜毎日新聞』明治三十二年八月二十四日付け）

そのころ、東京の「労働組合期成会」は、新しい「工場法」を国へ請願する運動を行っていたが、神戸の常太郎はその署名運動に数万人の港湾労働者を協力させようともした。

労働組合期成会は、議会の開会を待ち、工場法の制定を請願する由なるが、これには神戸の清国労働者非雑居期成同盟会も賛成すべければ、少なくとも四万人以上の調印を取れるならんといふ。（『横浜毎日新聞』明治三十二年十月六日付け）

非雑居運動の暑い夏が過ぎ、秋が来ても常太郎は、期成会・関西支部の結成を目指して奔走した。その結果、「大阪砲兵工廠」の武田元貞などの協力を得て、自らが主宰する「労働組合研究会」会員と「大阪砲兵工廠」の職工たちとを合流させて「関西労働組合期成会」結成へあと一歩のところまでこぎつけた。

城常太郎氏は、昨今、神戸において、おおいに労働運動のために尽力しつつあり。（『横浜毎日新聞』明治

三十二年九月十三日付け）

城常太郎、武田元貞氏等は、大阪に関西労働組合期成会を起こさんと、目下、おおいに奔走しつつあり。（『横浜毎日新聞』明治三十二年九月二十日付け）

しかし残念なことに、「労働組合期成会」の東京本部自体も、明治三十二年の夏をピークとして急に衰え始めていた。問題を多く抱え込んだ東京の幹部たちは、関西での常太郎の奮闘ぶりを知りつつも、ついに組織的な助け船を出せないまま、ますます下り坂を転がり落ちたのである。

東京本部の突然の衰退は、常太郎が熱心に取り組んでいた非雑居運動にまで暗い影を投げかけた。明治三十二年の暮れになると、清国人労働者非雑居運動もまた「何事をもなさずして何時の間にか消え失せ」（『日本の労働運動』）てしまったのだ。

腰をかがめ、頭をたれる関西人

組織が新たなレベルアップを迎えないまま勢いを失い、常太郎の夢はつい失せてしまった。あれほどの英断と努力にもかかわらず、関西での労働運動がうまくいかなかった理由は何だったのだろうか?その答えのヒントになりそうな当時の記事がここにある。

工場の規模は小さいけれども、煙突の数の多いのは、まー大阪が第一位を占めておるであろう。したがって、これに従事する労働者もたくさんある道理であるが、一般に労働者の生活程度の低いのには実に驚いたもので、なかなか予想以外である。

……官尊民卑の風の最もはなはだしい大阪市民は、区役所の受付へ出ても、腰をかがめ、頭をたれて、どうしても面と接して対談することはできぬこと一斑で、労働者が上任者を恐れる事はなかなかのもので、また、上任者がごう慢、横柄の風といったら、一見、嘔吐をもよおすばかりで、到底常人には、一刻も辛抱ができぬ。

けれども彼らの多くは、たとえ不法の命令に接するも、いかなる暴圧を受くるも従い、一人としてその不道理を攻める者はあるまい。そのくせ、人なき小蔭では、随分、大気炎を吐き散らす。

それでは、ちょうど、飼い犬が、盗を認めて吠えつつ逆に逃げ行くも、もし一片の肉を与えんとすれば、たちまち、尾を振り頭をたれて、泥棒の面前に食餌を乞うのと、はなはだ似たる有り様である。(『労働世界』第七十一号・明治三十四年二月一日)

記念すべき明治三十二年

明治三十二年はさまざまな運動がピークを迎えた年だが、東京の靴業界にも、新たな労働運動の旋風が巻き起こっていた。その原動力となったのは、かつて常太郎がサンフランシスコで設立した「加州日本人靴工同盟会」の若手会員たちだ。アメリカ帰りの血気に燃えた若い靴工たちは、若年労働者を引き込み、「東京靴工倶楽部」という団体を発足させた。この靴工倶楽部の中心は、米国鍛えあげの靴工・運動家たちだったので、自分達の権利を声高々に主張する、「アメリカ労働総同盟」方式の活動を開始した。彼らは、労働運動の先鋭分子として世間に知れるようになり、また「労働組合期成会」にも接近した。

靴工倶楽部の図書出版……同倶楽部は会員八十名もあり、すこぶる盛大の由なるが、去る二十日、外神田福田屋に集会して、造靴図書出版の事を可決せりと。　なお、労働組合期成会と連絡することを計画しおれりと。（『横浜毎日新聞』明治三十二年四月二十三日付け）

こうしてみると、明治三十二年という年が、まさに特筆すべき年だったことが分かる。あの片山潜も、常太郎の活躍に触れながら、明治三十二年を「最も実り多い年」として、こう記している。

明治三十二年は、日本の労働運動にとって最も実り多い年であった。運動に参加しているすべての人が、労働者階級の偉大なる未来に確固たる信念を持ち、勇気と熱情とをもって活動した。我々指導者の中の二人が神戸に住み、そこで同じような運動をはじめた。この中の一人は、靴屋を職業とし、しばらくアメリカにいたことがある。彼は、すぐれた労働宣伝家で、それがいまや神戸で運動したのである。（『日本の労働運動』）

また、横山源之助の手による明治三十二年の総括を見ても、その中で常太郎が大なり小なり関わった活動の多いことに驚かされる。（文中、かっこ内は筆者による注）

明治三十二年は、これいかなる年ぞ。労働運動の初幕を開きたる年なるの故をもって、長く明治三十二年を伝えんとす。

けだし、昨年までは、労働運動として、わずかに、前章記したる労働組合期成会（常太郎・関係す）を有せるのみ。しかるに、明治三十二年に入り、遽然として幾多の労働団体起これり。

日く、活版工同志懇和会、
日く、洋服職工組合、（母体の芝区洋服職工組合・常太郎・関係す）
日く、東京靴工倶楽部（常太郎・関係す）
日く、関西労働組合期成会（常太郎・関係す）
日く、清国労働者非雑居期成同盟会（常太郎・関係す）
日く、野州労働団体、
即ちこれなり。
（「労働運動の序幕」横山源之助）

常太郎は関西においても、労働運動を軌道に乗せると、その後は一切労働者たちに任せ、自分は背後から手助けする側に廻った。ここに、その一例としてあげられる資料がある。東京から大阪へと馳せ参じた間見江金太郎（鉄工組合東京本部員）、「労働組合期成会」東京本部に宛て葉書を飛ばして曰く。

……先般神戸の城君（城常太郎氏は期成会の創立者にして名誉会員なり）の紹介を以って牧野氏（労働組合研究会会員／鉄工）に面会致し候。氏もなかなかの熱心家にて種々の高説を伺い申候……。（『労働世界』第五十号・明治三十二年十二月一日）

間見江金太郎は来阪前は「小石川砲兵工廠」の鉄工だった。彼が「城君」と君付けで書いているところをみると、常太郎とは親しい間柄にあったものと思われる。かつての同志・常太郎が関西で孤軍奮闘している様子を聞いて、応援に駆けつけたのであろう。常太郎は、これまで築き上げた基盤を全て間見江に引継いでもらっている。

◎労働界彙報――間見江金太郎氏等尽力の結果、来る十日頃大阪に鉄工組合支部組織せらるる由。（『横浜毎日新聞』明治三十二年十二月四日付け）

◎労働界彙報――神戸牧野、間見江氏等、本月中旬該地にて演説会を開くはず。弁士来阪を依頼しこれり。（『横浜毎日新聞』明治三十三年一月十日付け）

第十五章　天津で春が来た

理想工場のこころみ

激動の明治三十二年も終わり、年は明けて翌年一月、高野房太郎が「労働組合期成会」の有給常任を辞めたとのニュースが東京から飛び込んだ。期成会の財政破綻や片山との路線を巡る意見の対立が原因だという。さらには、労働運動に致命的な打撃を与えた弾圧法「治安警察法」の施行を二ヵ月後に控えて、東京だけでなく常太郎の周辺にも、警官の監視の目が一段と厳しくなってきた。そこへ追い討ちをかけるように、血気盛んな若手の活動家たちが、次第に政治色を強めて過激になっていくのも気掛かりだった。穏健な社会改良を目指していた常太郎は、世の中を混乱に巻き込む恐れのあるこうした労働運動の社会主義化の動きに対して、少なからず案じていた。

妻かねとの毎日に目を向ければ、四年間も実収入のないまま労働運動に明け暮れていたので、赤貧の生活はもう限界に来ていた。肺の病も、運動による無理が災いして、完全には治りきってはいない。

常太郎は、自らの生活基盤を立て直す必要に駆られて、盟友・平野永太郎と共に「神戸製靴合資会社」を設立した。靴工としての原点に戻ったのである。『靴産業百年史』によると、常太郎と平野はこの合資会社で「アメリカで見てきた合理的な労使の人間関係の下で、小さな理想工場を実験しようと試みた」という。
常太郎の資料はないが、相方の平野がどれほど従業員の保護育成に務めたのかを示す資料があるので紹介したい。この記事は、後に平野が経営する「神戸屋製靴店」の店員への好待遇ぶりが記されている。

店員、徒弟には、夜学の奨励、英学の修得、自ら閑を得て漢籍の教授、貯蓄励行、或は、大倉組出身者で神戸在住者の会合、「古窓会」と称して緩急相助くる方法、亦、旧友を工場に雇い入れ、その息をして好める高等学科を学ばしめたるなど、一々申しあぐるに苦しみそうろう位にて、その人格の高きと、事業に熱心、後進者の啓発、実に神戸同業者の恩人たるのみならず、我が国製靴界の恩人にござるそうろう。（『東洋皮革新誌』百七号）

こうしてスタートした常太郎と平野の工場だが、労使共存によるあまりの理想経営がたたってか、わずか数ヵ月で倒産してしまった。

崩れゆく運動母体

常太郎は平野と開いた靴工場で働くかたわら、「労働組合研究会」のリーダーとして二十五名の会員と研究会活動を続けていた。二月の末、研究会会員を代表して、牧野新一と渡辺某はこれを最後とする悲壮な決意のもとに「労働組合期成会・東京本部」へ支部設立の援助を訴える手紙を送り付けた。

関西地方労働界の悪弊は、雇主と被雇者のへだたり最もはなはだしく、これを使うあたかも牛馬の観あり。生等、これが形勢をみるに忍びず、二十五名の有志、相集まり、神戸労働組合研究会の下に、新聞に、雑誌に、普通平易なるものを講読して、鋭意研究いたしおり申そうろう。関西における労働運動応援の義務は、一度願いたくそうろう。

昨年夏、高野幹事君の神戸へ出張、大黒座における高説拝聴以来、今もって、之としてその声を聞かず。本部諸彦の貴意いかに。生等、はなはだ怪訝のいたりにたえず。関西地方においては、ささの日、間見江君の在阪中運動の結果二十名になんなんとする組合員を出たし、今や支部設立の必要と、演説会の必要に迫られおりそうろう……。（『労働世界』第五十六号・明治三十三年三月一日）

こうした会員たちの悲痛な訴えにも関わらず、東京本部からの答えは、「資金難により正式に関西遊説を断念する」との冷やかなものだった。そのそっけない返事も無理もないといえる。というのはこの時期、東京本部はすでに危機的状況にあり、事実上崩壊期に入っていたからだ。

ピンチをチャンスに

期成会本部の援護を完全に絶たれ、あげくの果てに製靴会社の共同経営にも失敗してしまった常太郎だが、意気消沈して落ち込んでいたかというと、そうでもなかった。人生のピンチを何度も乗りきると、人間はますますへこたれなくなるという。常太郎の場合、これはもうアブナイという時にピンとアイデアがひらめき、何か大きな力に導かれるように道が開けることが度々あった。

この八方塞がりの時期に挑んだ次の事業は、靴業とはまったく畑違いの貿易業だった。彼は貿易会社「ソームヨーコー」を、元町通り五丁目の自宅に興したのである。『靴産業百年史』によると、当時、神戸における製靴店の上客は、そのほとんどが貿易関係の外国人だったという。在米時代の長い常太郎は、その流ちょうな英会話力を生かして、靴を買いに来た外国人貿易業者からすばやくビジネスのノウハウを学んだのだろう。常太郎の興した「ソームヨーコー」は、すぐさま評判を呼び、順調に顧客も広がり、成功へのステップを着実に登り始めた（筆者の母が祖母かねから聞いた話によると、大阪の心斎橋にも「ソームヨーコー」の支店が設けられたという）。

大陸が呼んでいる

こうして貿易会社が軌道に乗り始めていた矢先、常太郎は東京の高野から、期成会を辞任したとの手紙を受け取った。この一月に期成会の有給常任を辞めて以来、三月に制定された「治安警察法」の脅威、「工場法」運動の挫折、組織内における片山の台頭など、さまざまな事情に失望したのだろう、期成会から完全に身を引いたというのだ。数年ぶりに自由の身になった高野は、また海外へ夢を馳せるようになった。手紙の中で、中国へ渡る決心をしたと伝えるとともに、常太郎に一緒に移住しないかと強く誘ってきた。この唐突なともいえる高野の申し出に、常太郎は迷い動揺した。急に中国移住を誘われても、せっかく成功の波に乗り始めた貿易会社を置き去るのはもったいないし、結核の持病を持つ体が大陸の厳しい天候に耐えられるかどうかの不安もあった。なにより、貧しい労働者たちを見捨てたくはなかったし、やりかけの労働運動も続けたかった。

しかし、中国へそう易々とは行けない理由がいくらあっても、常太郎はむげに誘いを断りはしなかった。彼の心の奥底には、盟友・高野への恩と友情、そして罪悪感にも似た複雑な思いが渦巻いていた。かつて自分が初めて渡米したとき、サンフランシスコの波止場で最初に声をかけてくれた男こそ高野なのである。その運命ともいえる出会いから、どれほど密度の濃い時間を高野と分かちあって来たことだろう……。日本に帰国して、高野に労働運動に加わるよう説得した時も、彼は天職とも思える新聞記者の職を辞めてまで応じてくれた。神戸で開いた演説会の際は、わざわざ夜汽車に乗ってまで駆けつけてくれた。自分が暴徒に襲われ、肺を病んだがために、結果的には高野一人に期成会の運営の重責を背負わせる形になったことも気にかかる。そして何よりも、高野家再建の夢を抱いてアメリカへ渡った彼を、そのままでいけば事業に成功して大金持ちになっていたかもしれない彼を、労働運動へ巻き込んでしまったのは自分なのだ。あげくのはてに今回は、たいして報われることもなく組織を脱会し、中国への逃避行まで思い込ませてしまったのである。

常太郎は、そんな高野のことが不憫でならず、ただ一人中国に渡らせるのに忍びなかった。迷いに迷った末に、常太郎は高野の誘いを受け入れることにした。そして近い将来、彼とともに天津で店を開く約束までした。

高野氏は、最近天津に渡航した。そこで、彼の古い仲間の城常太郎と店を開くはずである。彼らの大成功を祈る。（『労働世界』第六十五号・明治三十三年九月一日・英文欄）

職工による、職工のための団体創り

明治三十三年八月、高野は一足早く天津へ渡った。そして常太郎が中国へ渡ったのはそれからおよそ一年後の明治三十四年七月だった。

一年近くも出発がずれたのには、それなりのわけがあった。一つは、貿易会社「ソームヨーコー」の残務処理や、妻かねの弟、徳太郎への会社引き継ぎなどに時間が掛かってしまったからだ。

渡航が遅れたもっと大きな理由もあった。実は、高野から中国移住の誘いを受けた時、常太郎の妻かねの体には、新たな命が宿っていたのだ。彼女はそれまで、三回も流産を繰り返していたので、慣れない中国で出産するよりも、今度ばかりは健康な子を日本で生みたかったのだろう。妻かねは、翌三十四年二月一日に無事、長女静子を出産した。ちなみに静子は筆者の母方の祖母にあたる。この時妻かねが四度目の流産をしていたら、筆者はこの世界に生まれていなかったことを想像すると、人間の営みの綾が感じられて感慨深い。

さらに、渡清がおくれた理由として、「関西労働組合期成会」結成のための、影のリーダーとして組織作りに奔走したことがあげられる。常太郎の最終目標は関西の地に労働者による労働者のための自主独立した労働団体を誕生させることだった。有識者の支援を頼めば、どうしても、その有識者が組織の最高の地位に就くことになる。常太郎にとっては、それだけは譲れないところだった。幹事も副幹事もすべて労働者に一任した団体を創ることが、常太郎の最終目標だったのだろう。常太郎は、高野が一人天津に渡った後も、黙々と「関西労働組合期成会」結成のために奔走した。そうした中、強力な支援者として、朝日新聞記者の三宅磐を参加させることにも成功した。三宅の参加は「関西労働組合期成会」誕生に拍車をかけ、結成へとつながった。

『労働世界』は「関西労働組合期成会」の結成に成功した経緯について次のように説明している。

◎大阪およびその周辺における労働運動――従来大阪とその周辺で労働者の組織をつくろうとする試みはしばしば行われたが、失敗に帰した。大井憲太郎も過去数年大阪で運動したが、大阪にいる鉄工組合員の話ではほとんど成功しなかったとのことである。大阪で運動がうまくいかなかったということは驚くべきことである。鉄工組合の数人の人が時々大阪に来て過去二年熱心に運動した結果、ようやく大阪朝日新聞の一、二の人の助力で労働者の間に組織をつくることに成功した。鉄工組合の人々は組織の経験があり、大阪朝日の三宅磐氏が有力援助をしてくれたから、このように成功したのである。片山氏は十七日以来大阪にあり、この運動の面倒を見ている。大阪の工場の労働者状態は非常に悪いので、これを改善するため労働者の組織をつくることが絶対に必要である。（『労働世界』第八十八号・英文記事・明治三十四年八月二十一日）

『労働世界』は、東京から馳せ参じた「鉄工組合」メンバーの関西での活躍を強調しているが、東京の間見江金太郎らが関西に滞在した期間はせいぜい数ヵ月にすぎなかった。「関西労働組合期成会」の結成に最も貢献した常太郎、そして神戸の「労働組合研究会」の鉄工や「大阪砲兵工廠」の鉄工たちのことには一言も触れてないのは残念だ。

「関西労働組合期成会」は、明治三十四年八月に誕生した。常太郎は組織作りのめどがついたその前月の七月、妻と生まれて六ヵ月になる長女を残して、あわただしく高野のいる満州へと旅立った。妻と長女を残したのは、大陸の厳しい環境の地に、いきなり家族を同伴するより、まずは単身で現地に行って、住む場所と生活の諸事情を調査してから呼び寄せようと思ったからだろう。

城常太郎の一人娘、静子（城家所蔵）

◎北清航路開始並びに拡張——神戸・天津線には従来玄海丸を使用の処長門丸を以て之に代ゆ。明治三十二年十月・日本郵船株式会社（『日刊人民』明治三十二年十月十四日付

け）

とあるので、常太郎は、ただ一人「長門丸」に乗船して天津へ向けて旅立ったことになる。妻カネの海外旅券下附が外務省の外交資料館に残されていたのを発見した。氏名は「城かね・長女一人」となっており、下附け月日は「明治三十四年七月三十日」となっている。旅行地名は「天津」、旅行目的は「夫の呼び寄せ」、本籍地は「神戸市元町通五丁目五十三番地」となっていた。

しかし、常太郎の旅券下附はなかった。おそらく、「労働組合の死刑法」とまで言われた「治安警察法」の影響下、要注意人物だとされている常太郎は、正式なパスポートを取得することなく、闇のルートで中国に渡ったものと思われる。

当時、神戸から天津行の船は、直接中国に行ける「長門丸」という船が主流だった。『日刊人民』（明治三十四年七月三十一日付け）の広告欄に、天津行き「長門丸」が八月一日正午に神戸を出港と記されている。おそらく、妻カネと長女静子は、常太郎が闇のルートで中国に渡ったことが察知されないように、七月三十日にパスポートを取った後、間を置くことなく八月一日の便で出港したのだろう。

常太郎が天津に渡った時期は一つ前の便の7月前半ではなかろうか。このころには、悲願だった「関西労働組合期成会」結成に向けての道筋はつけていたはずで、後は労働者に任せられると判断したのであろう。

ここで「関西労働組合期成会」の主要メンバーを記しておきたい。

幹事　武田九平（大阪の鉄工・常太郎と関係す）

副幹事兼庶務　牧野新一（神戸の鉄工・常太郎と関係す）
会計主任　森力松
書記　石田義一
常置員　伊藤憲治
常置員　大角宇吉
常置員　荒木重吉
常置員　町田勝登
常置員　経済博士　三宅磐（朝日新聞記者・常太郎と関係す）
特別賛助会員　安倍磯雄　本田精一　幸徳伝次郎　三宅磐　木下尚江　片山潜（常太郎と関係す）
会員総数　百余名
（『労働世界』第八十九号・明治三十四年九月一日）

ここで、興味深いのは、トップである幹事も副幹事も城常太郎と運動を共にした労働者が占めていること。さらに興味をそそるのは、「関西労働組合期成会」の役員構成と人数である。幹事を一名、会計を一名、書記を一名、常置員を五名としてある。実は、城常太郎が明治三十一年に神戸で結成した「労働組合研究会」の役員構成と人数もまったく同じだったのである。

「労働組合研究会会則」
第三章　役員

第十二条　本会は当分幹事一名、会計、書記一名、常議員五名とす。
（『労働世界』第二十七号・明治三十二年一月一日）

このことからも、「関西労働組合期成会」は城常太郎が創設した「労働組合研究会」を母体とし、常太郎を影の主導者として生まれたことが伺い知れる。城常太郎は、東京で結成した「労働組合期成会」に続いて、関西においても、「関西労働組合期成会」を結成した影の立役者だったのだ。

従来あまり言及されなかった、城常太郎が明治三十一年十二月神戸で設立した「労働組合研究会」が、よく知られている「関西労働組合期成会」と一つのながれとして結びつく、と考えてよいことがわかった。……大阪での「関西労働組合期成会」の成立は、たとえこの「期成会」が一時的な存在に終わったものであったにしても、大阪、神戸での明治三十一年からの運動があったからこそ、実現したのだといってよいと思う。（『大阪地方社会労働運動史編集ニュース』第四号・第五号・立川健治）

「関西労働組合期成会」の主要メンバーは武田九平ら「大阪砲兵工廠」の鉄工たちや、牧野新一ら「労働組合研究会」の鉄工たち、さらには「神戸靴工協会」の会員たちから成り立っていたものと思われる。

幹事の武田九平は後に幸徳秋水と共に大逆事件で逮捕されている。また、副幹事の牧野新一は後に神戸で初めての労働者出身の社会党員となっている。

天津ラムネ、オランダ水

天津港に辿り着いた常太郎家族を、高野が出迎えに来ることはなかった。明治三十四年一月十五日付けの『労働世界』が伝えるところによると、高野はそのころ、北京に落ち着いてドイツ軍の駐屯地内で働いていた。結局、二人による商店経営は果たせぬままになってしまった。

明治三十四年七月、義和団鎮圧の主力として派遣された日本軍千四百名が天津に駐屯すると、これに続けとばかりに、華北在住の日本人や、日本本土からの商人が次々に天津に移住した。一挙に増加した人口にともない、靴の需要も増すにちがいないとにらんだ常太郎は、これぞチャンスとばかりに明治三十四年十一月、「天津製靴会社」を興した。そして、日本人租界地内の一角に赤レンガ三階建ての居を構えた。

明治三十四年八月末当時、天津には本国の居留民が、男性八八九人、女性一六九人、合計一〇五八人在留していたと新聞記事には掲載されている（『東京朝日新聞』明治三十四年九月十七日付け）。

常太郎は寸暇も惜しんで働きながら靴業を軌道に乗せていく一方、副業としてラムネの製造販売を始めた。商売はみるみる内に繁盛し、売り上げも鰻登りに上がっていった。特に副業で始めたラムネの製造販売の方が当たりに当たった。

常太郎が死んだ後、天津にあるラムネ会社の繁盛ぶりが新聞に載っていたので、ここに記載しておく。

◎天津だより（四月三日発）――この程までの暖炉の恋しかりし北清の天地はただちに一変して昨今暖気とみに加わり、昨日のごとき日中は七十余度に上り、我が租界にては早くもラムネを売りだせり。支那人は之

天津日本租界北旭街『天津民団十周年記念誌』（天津居留民団、一九一七年）

をオランダ水と称し頗る需要多し。（『東京朝日新聞』明治三十九年四月十九日付け）

天津租界地内においてラムネ製造販売会社を営んでいたのはかね婆ちゃん一人だけだったことから、この新聞記事は彼女の店の繁盛ぶりを伝えているのであろう。

昭和五十五年四月、当時、七十九歳の娘静子の思い出話がカセットテープに残っていた。五歳の時に父と死別、小学校は日本租界地内の天津尋常小学校に通っていた。ラムネ製造の話になると、脳裏に蘇えったように思い出を語っている。

サンフランシスコとも取引があったというから、想像以上に大きな工場であったのだろう。色は赤、黄、透明があり、ラムネ瓶を網のケースに立てると、グルーっと廻って、炭酸水が入り、ちゃんと栓もして出てきたそうだ。その時、すでにオートメーションだった事が分かる。階段も自動で降りていくので、最後の一段で飛び降りたとの

加州日本人靴工同盟会十周年記念銀杯（城家所蔵）

こと。どうやら、当時のエスカレーターらしい。

事業に自信を深めた常太郎は、工場を拡張し、地元の中国人を好条件で雇い入れる一方、アメリカから弟辰蔵、さらには長崎時代からの靴工仲間・依田六造まで呼び寄せた。

逆風続きだった常太郎の運命に明るい兆しが見え始めた明治三十五年一月ごろ、門出を祝うかのように、うれしい贈り物がアメリカから届いた。はるばるサンフランシスコの「加州日本人靴工同盟会」から、創立十周年を記念して銀盃と感謝状が贈られて来たのだ。遅ればせながら、常太郎・三十八歳にしてようやく春が訪れた。

第十六章　捧げつくす、命つきるまで

根っからの「労働運動家」

天津で常太郎が起業した二つのビジネスは、二年目を迎えますます発展していった。神戸での爪に火を灯すような貧困生活に比べると、それは夢のような豊かな暮らしの到来だった。四度目の正直で幼子を授かった妻かねにしても、それまでの内助の功がやっと実ったと喜んだに違いない。

経営者としての才能を自分の中に発見した常太郎は、妻かねの期待通りに、このままサクセス街道を歩み続けるかに見えた。しかし彼は、事業欲に目がくらんで大実業家を目指すでもなく、親子三人水入らずの小市民的幸せに耽溺するわけでもなかった。根っからの「労働運動家」の常太郎は、自分が裕福になればなるほど、いまだに重労働で搾取されている神戸の運動仲間のことを思い出すようになった。親子三人が天津に移り住んでから一年数ヵ月がたった明治三十五年秋、常太郎は突然、事業を妻かねと弟辰蔵に任せて、ただ一人日本に帰国してしまったのである。

実のところ、常太郎はこのころすでに、労働運動に耐えうる健康を持ち合わせていなかった。残り少ない寿命なら、命のある限り貧しい労働者のために自分を捧げたい……そんな一念のみが彼の身心を支えていた。帰国した常太郎は大阪に居を構え、懐かしい同志たちと再会し、ばらばらになった組織の再編のために動き始めた。

そうした折、明治三十六年早々、清国人労働者非雑居運動時代からの同志・小笠原誉至夫と「関西労働組合期成会」結成に向けて共に奔走した三宅磐がひょっこり尋ねてきた。訪問の目的は、東京の「社会主義協会」の幹事だった片山潜と西川光二郎が大阪で演説会を開くので、その聴衆確保のために一肌脱いでもらえないかということだった。常太郎は、二つ返事で協力を約束した。神戸時代には、資金難のために何度も断念せざるをえなかった演説会が現実のものとなるのだから期待に胸が膨らんだ。今回は天津の事業で稼いだ十分な活動資金もある。彼は弱った体に鞭打ちながら、仲間の労働者たちに呼びかけて廻った。

大阪社会主義運動の夜明けを告げる演説会は、一月十三日夜七時、土佐堀青年会館で開会された。会場をうずめた聴衆は六百人余り、その多くは勤労青年だったという。

—弁士—
西川光二郎（社会主義は何人にも必要なり）
片山潜（都市社会主義）
矢野文雄（社会主義の経済説）
—協力者—
三宅磐（大阪朝日記者・社会主義協会員）
小笠原誉至夫（評論の評論社長・社会主義協会員）
城常太郎（職工義友会の発起人）
（『初期社会主義史の研究』太田雅夫）

その夜は特に寒さが厳しかった。だが会場内には、その寒さにもめげずに集まった熱心な労働者たちの熱気が溢れていた。聴衆の中には、常太郎が数年前にストを指導した時の若者たちや、以前ともにスクラムを組んだことのある靴工、鉄工、仲仕たちの懐かしい顔も少なからずいた。そんな聴衆を目の前にして常太郎は、自分が労働運動家として「復活」したことを感慨深く噛みしめたに違いない。

七時開会。弁士は……各一時間づつ演説したり。十時閉会……この夜、余は初めて城常太郎氏に面会す。
（「社会主義遊説日記」西川光二郎）

この西川光二郎は、明治三十二年六月から半年間、『横浜毎日新聞』で（労働界彙報欄）の担当記者をしていた。実は、「労働組合期成会」幹部の地位を辞退して神戸に赴いた常太郎の消息を追跡し、彼の活動ぶりを『横浜毎日新聞』（明治三十二年九月十三日、二十日）に掲載した記者がこの西川だった。そうした二人の縁を知った上で、上記の文「この夜、余は初めて城常太郎氏に面会す」を読み返してみると、敬愛していた常太郎に面会した時の西川の感動が伝わってくる。

西川は、常太郎の労働運動への取り組み方の中に、自らが理想とした「名を求めず、唯黙々として見えざる所に徳を積み人を化するの人物」『東京評論』（創刊号）像を見出していたのかもしれない。また、常太郎の姿にイギリス労働運動の産みの親・ジョン・バーンズをダブらせて、期待をかけていたのであろう。

何といったって、労働問題は、ある点からいえば労働者の問題であって、労働者の中から人傑の出るまでは、どおしたって解釈されぬから、吾人は日本の労働者からジョン・バーンズの様な人物の出でんことを熱望して止まざるものである。嗚呼、日本のジョン・バーンズは今、ドコの工場に隠れているだろう。早く、太鼓鏡で探したいものである。(『ジョン・バーンズ英国労働界の偉人』西川光次郎)

労働組合主義がモットーの常太郎は、片山、西川らに手を貸しながらも、「社会主義協会」へ入会することはなかった。常太郎は、お互いが思想の違いを乗り越えて団結し、国家権力による弾圧を防がなければと考え、こうして社会主義の演説会にも協力したのだ。

職工、病にたおれたり

労働者の数においては日本一の大工業都市、東洋のマンチェスターとまで言われた大阪を舞台に、思い切り労働運動に打ち込める環境は整った。フルタイムで活動しても、自分の生活費は天津の妻や弟から送ってくるので、その心配もなかった。

「さあこれからもう一踏ん張り」と思った矢先、またも不運が襲った。一時小康状態を保っていた肺結核が再発し、病床に伏してしまったのだ。運動にすべてを捧げつくしてぼろぼろになった体は、すでに回復不能なほど悪化していた。一人大阪の借家に伏していても、運動の仲間たちのことが気になるばかりで療養にもならない。悩んだあげく、病にむしばまれた体をかかえたまま、家族のいる天津行きの船に乗った。

妻かねは、青白く痩せさらばえた夫を家に迎え入れ、地元の名医に診せ、できるかぎりの治療を試みた。しかし妻かねのそんな手厚い看護にもかかわらず、常太郎の病状はさらに悪化の一途をたどった。

病に倒れたことを聞いたサンフランシスコの「加州日本人靴工同盟会」は、拠金六百円を送金して常太郎の闘病を励ました。常太郎はその見舞金の額の多さに驚き、感極まって涙を流した。

当時、病床に呻吟せる城常太郎氏は、起きて左右を顧みて曰く。「職工として受くべき見舞金の多額なること、前古その例を聞かず。これすなわち、靴工同盟会の鞏固なる例證なり。不幸にして、病魔の犯すところとなり瞑するも、なお何らの恨みなし。」とて、轉た感涙にむせびたる事ありと言う。(『加州日本人靴工同盟会沿革の概要』)

この記事の中でも常太郎は、自分のことをただの「職工」と呼び、病に倒れても後悔はしていないと結んでいる。一生を「職工諸君の友」として貫き通した彼は、それまでの人生で数多くの歴史的団体を立ち上げたにもかかわらず、組織の頂点である「会長」の席に付くことは一度としてなかった。

天津での常太郎の病状が、一向に快復のきざしを見ないので、妻かねは決心をした。このままでは体が衰弱するばかりなので、医学の進んだ日本内地で入院療養をさせるため、常太郎を看護婦付き添いで大阪の病院へ送り返したのである。異国の地で、幼い娘をかかえて暮らしていくだけでも大変なのに、彼女は二つの事業を切りまわしながら、毎月、常太郎に手厚い療養費を送り続けた。妻かねは、なかなか気丈な女だった。

悲しき電報「ツネタロウユク」

帰国した常太郎は、ただちに入院した。

浜寺石神療養所全景『幸福の帰来』（石神享著、矢野政雄編、一九〇九年）

筆者の母や伯母、そして常太郎の一人娘である祖母（静子）は、常太郎が入院した病院を「神戸の浜寺病院」と記憶していた。しかし当時の神戸にはそんな名前の病院も地名もなかった。

城常太郎の功績を調査した数少ない研究家の一人、佐和慶太郎氏は、「遺族の伝聞では入院した病院は神戸のハマデラ病院となっている。しかし、筆者の調査では、当時も現在も神戸にハマデラという名の病院を発見することはできなかった。……おそらく神戸の須磨浦病院を誤り伝えたのではという結論になった」（「靴工・城常太郎の生涯」）と記している。

常太郎の臨終の地となる病院が実在せず、「浜寺病院」と「須磨浦病院」では、いくら記憶違いにしても推測に無理があると感じた筆者は、そのナゾを解くために何度か神戸に通った。しかし、当地の図書館や市役所を調べ尽くしても、何の成果も得られなかった。ところが十数年前、米国に住む弟から朗報が届いた。前にも少し触れたが、弟がサンフランシスコのジャパンタウンにある「日米史料館」に行き、常太郎に関するさまざまな資料を持ち帰ってきた。そして『加州日本人靴工同盟会会報』の中に、以下のような記述を見つけたのである。

城常太郎大阪において、森六郎伊勢においていずれも死し、平野永太郎神戸に、依田六造満州にいずれも健在であります。（「靴工同盟会創立苦心談」大嶋謙

司）

これでナゾが解けた。「神戸」ではなく、「大阪」の浜寺病院だったのである。ひとつ鍵が手に入れば、後の調査は面白いようにスムーズに流れた。大阪府堺市に足を運んだら、「浜寺病院」の概要をいとも簡単に知ることができたのである。

大阪府堺市の浜寺海岸にある浜寺石神療養所は、熊本県出身の医者・石神亨が、明治三十五年に結核専門の療養所として開院した私設サナトリウムだ。遠浅の白い砂浜と青い松林からなる自然豊かな場所に位置し、いわゆる大気療法を治療に取り入れた草分け的な病院だった。入院患者には、一人につき寝室と食事室の二室からなる独立家屋が与えられたというから、常太郎にも、設備の整った広い病室が用意されていたのだろう。妻かねが手配してくれた付き添いの看護婦がいたとはいえ、大阪に身内のいない常太郎はこの先、老松に囲まれた別荘のような病室でただ一人病魔と戦うことになる。

明けて明治三十七年三月、神戸の旧友・平野永太郎が見舞いに来た時、彼から思いもよらない悲報を知らされた。高野房太郎が中国青島のドイツ病院で肝臓膿腫により急折したというのだ。わずか三十六年と二ヵ月の短い生涯だった。心のよりどころだった盟友を失った常太郎の動揺と悲しみは尋常ではなかったろう。それからは、淡々とした療養生活が過ぎていった。当時としては最新の設備を備えたサナトリウムで、常太郎は、体調のいいときは海辺を散歩したり、ベッドで本を読んだりという静かな日々を送った。石神医師の施術も癒しの効果があったのだろうか、病状は平行線ながらも、あとわずかと思われていた命も、いくつかの季節を乗り越えられた。

しかし、入院して二度目の年が明け、春が過ぎ、梅雨の季節が始まろうとするころ、病状は急速に進み、常太郎の容体は魂の糸が切れたように悪化の一途を辿り始めた。七月の半ばを過ぎると深刻さは増し、ついに危篤状態にまで陥った。

常太郎危篤の報はただちに天津にいる妻かねに知らされた。かねは急遽、娘静子を抱いて日本へ向かったが、帰国途上の長門丸船中で「ツネタロウ　ユク」の電報を受け取った。

時に明治三十八年七月二十六日、常太郎四十二歳の夏の日であった。

大阪の街々は、日露戦争の勝利にわきたっていた。常太郎の死後十日遅れで神戸港へ着いた妻と娘は、直ちに大阪に向かった。しかし二人を待っていたのは、すでに火葬を済ませて寺に安置された小さな常太郎の遺骨だけだった。

日蓮宗本妙寺末寺の仙乗院内にあった城家の墓と、妻かねの実家大川家の墓（城家所蔵）

常太郎の墓は、熊本市の日連宗本妙寺末寺の仙乗院に造られ、昭和五十二年、孫娘の手により大分県大分市にある吉祥院に移された。

哀悼のモニュメント

常太郎が没したころ、東京では西村勝三の造靴界における功績を記念して、銅像を建設する話が門下生の間に交わされていた。西村は辞退したものの、再三にわたって要請されたため、彼はこう答えた。

それほどに言うなら自分の事業に力を添えて今日あらしめたレマルシャン、綾部平輔、海老名竜四、山崎亀太郎をはじめ、靴工にして海外出稼ぎの率先者たる城常太郎、関根忠吉らがすでに世を去ったのは気の毒である。自分の像を建てるなら、同時にこの人たちの碑を建て、その功績を記してほしい。（『西村勝三の生涯』）

門下生たちは西村のこの要望を快諾し、旧伊勢勝工場であった日本製靴向島工場内に、西村の銅像とともに六人の功労者の顕彰碑が建てられた。

ここに、常太郎の石碑に刻まれていた顕彰文を掲げておきたい。

――靴工故城常太郎君の碑――


城常太郎君、熊本の人。

父は太平次。　文久三年正月其竹屋町の家に生る。

幼くして父を喪い、又西南の変に遭い、一家流離、具に艱苦を嘗む。

年少にして依田西村組熊本支店の給仕となる。

余一年支店を巡視し、一少年の挙止凡ならざるを見、携へて帰って、神戸伊勢勝造靴所の生徒たらしむ。

是れ即ち君なり。


君資性沈毅にして明敏、我国靴工の状態に慨あり、大いに改善する所あらんとし、刻苦励精其の貯蓄する所の資を携へて米国桑港に航し、先ず旅館の労役に服し後ち一窟室を賃してわずかに造靴店を開く。既にして関根忠吉等と力をあわせて日本人靴工同盟会を創立す。

其の初め、白人労働者の激烈なる抵排ありしに拘らず能く其の目的を達し、現今において会員の数二百を越え、年々本国に寄送する金額二万円を下らず、日清及び日露戦役には率先して恤兵献金をなしたり。

三十三年一月神戸製靴合資会社を起し、三十四年十一月清国に天津製靴会社を起つ。

三十五年一月在米国日本人靴工同盟会は其の十周年記念として、銀盃及び感謝状を寄せ君の功労を表彰せり。

三十六年肺患に罹り、翌年七月二十六日遂に逝く。

享年四十三。

嗚呼惜しむべきなり。

城常太郎の石碑『靴産業百年史』（日本靴連盟、一九七一年）

一女静子家を継ぎ、今猶天津に在り。

頃者知友相議り、碑を建て君を不朽に伝へむと欲し、余が文を求む。

余其の挙を美とし、喜んで之を撰す。

―明治三十九年六月―

―西村勝三撰文―

―香渓山内昇書―


西村勝三は、正義を貫き通した常太郎の短い生涯を深く哀れんだのであろう、「嗚呼惜しむべきなり」と、常太郎の碑面にだけ感嘆の言葉を入れ、「碑を建て君を不朽に伝へむと欲し、余が文を求む」と、愛情に満ちた文章を自ら綴った。

城常太郎略年譜

一八六三年（文久三年）四月二十一日　熊本県飽田郡川尻田町三百九番地に、肥後の戦国大名、菊地氏の後裔だった鍛治職人の父、城太平次の長男として生まれる。

一八七五年（明治八年）一月八日　満十一歳　一月初旬、父、太平次、軍人に斬殺されたことにより、城家の戸主となる。

一八七七年（明治十年）二月九日　満十三歳　西南戦争に遭遇し、家屋を全焼。兄弟四人離散。

一八七八年（明治十一年）満十五歳「伊勢勝造靴所」熊本支店の給仕として働く。同年、戦災にあった熊本支店の視察に訪れた伊勢勝造靴所の社長、西村勝三に見込まれ、「伊勢勝造靴所」神戸支店の靴工徒弟となる。

一八八三年（明治十六年）満二十歳　徒弟修業を終え、一人前の靴職人として「伊勢勝造靴所」神戸支店で働く。

一八八六年（明治十九年）満二十三歳　長崎で靴製造販売店を開業。

一八八七年（明治二十年）一月　満二十三歳「靴工同盟会」結成のため上京するも、失敗に終わる。

一八八八年（明治二十一年）九月　満二十五歳　靴工仲間たちの期待を背負って、アメリカ靴業界の実情視察のため渡米。

一八八八年（明治二十一年）秋　満二十五歳　コスモポリタンホテルで、皿洗いとして働く。

一八八九年（明治二十二年）三月　満二十五歳　ミッションン街九百四十番地に、日本人として初めて靴製造販売店を始める。

一八八九年（明治二十二年）四月　満二十六歳　日本の靴工仲間に、アメリカ靴業界の実情視察、調査報告の手紙をだす。

一八八九年（明治二十二年）七月二日　満二十六歳　靴工、関根忠吉渡米。

一八八九年（明治二十二年）十月二十二日　満二十六歳日本人靴工十四名、一時帰国した関根に伴われ、集団渡米。

一八八九年（明治二十二年）十一月　満二十六歳　城常太郎ら日本人靴工総勢十六名、製靴会社社長、チースが

用意してくれた秘密工場にて、靴の製造に携わる。

一八九十年（明治二十三年）五月　満二十七歳　城常太郎ら十六名の日本人靴工、ミッション街一一〇八番地で、独立工場を開設。

一八九十年（明治二十三年）仲夏の頃　満二十七歳　関根忠吉、平野永太郎らと「日本職工同盟会」を城常太郎の自宅に創設。

一八九一年（明治二十四年）仲夏　満二十八歳　平野永太郎、高野房太郎、沢田半之助らと「労働義友会」を城常太郎の自宅に創設。

一八九一年（明治二十四年）十月　満二十八歳　日本の労働者に向けて、労働組合結成を促す檄文を送り付ける。

一八九二年（明治二十五年）春　満二十九歳　一時帰国して、東京市京橋区銀座三丁目十九番地に「労働義友会」東京支部を新設。その後熊本に帰郷し、明治五年生まれの大川かねと見合いの末、結婚。

一八九二年（明治二十五年）九月初旬　満二十九歳　銀座三丁目十九番地の自宅事務所に、「日本靴工協会」を創設。

一八九二年（明治二十五年）十一月　満二十九歳　新妻かねを連れて再渡米
一八九二年（明治二十五年）十二月　満二十九歳　『遥かに公明なる衆議院議員諸君に白す』という檄文を、日本内地に送り付ける。

一八九三年（明治二十六年）一月　満二十九歳　「加州日本人靴工同盟会」を設立。

一八九五年（明治二十八年）四月　満三十二歳　自費出版した小冊子『戦後の日本矯風論』を日本のさまざまな関係部署に送付。

一八九六年（明治二十九年）二月十八日　満三十二歳　妻かねとともに帰国し、故郷熊本に帰る。

一八九六年（明治二十九年）三月　満三十二歳　妻かねとともに上京。

一八九六年（明治二十九年）四月　満三十三歳　木下源蔵とともに麹町区内幸町一丁目一番地の自宅に「職工義友会」を再建。

一八九六年（明治二十九年）秋から暮れにかけて　満三十三歳　内地雑居にそなえて、企業間を超えた「靴職工同盟」と欧米人との経済戦争に打ち勝つための「理想工場」建設に向けて奔走する。

一八九六年（明治二十九年）十一月から十二月にかけて満三十三歳　「桜組」築地工場のストライキを指導。

一八九六年（明治二十九年）十二月十四日　満三十三歳「桜組」築地工場の靴工たちに重傷を負わされ「靴職工同盟」と「理想工場」建設の運動、「桜組」築地工場のストライキ、失敗に終わる。

一八九七年（明治三十年）四月六日　満三十三歳　神田、錦輝館で開催された「工業協会・貸資協会総会」の席上、聴衆に『職工諸君に寄す』を配布。

一八九七年（明治三十年）六月　満三十四歳　横浜船大工のストライキを泊り込みで指導する。

一八九七年（明治三十年）六月二十四日　満三十四歳　『職工諸君に寄す』を一人で各工場に持っていき、職工たちに配布する。

一八九七年（明治三十年）六月二十五日　満三十四歳　神田青年会館での、「職工義友会」主催による我が国最初の労働問題演説会で「職工義友会」を代表して、開会の辞述べる。

一八九七年（明治三十年）七月五日　満三十四歳　東京市京橋区北槇町池の尾で、「労働組合期成会」発起会開催。城常太郎は、高野房太郎、沢田半之助とともに、仮幹事に就任。

一八九七年（明治三十年）七月十八日　満三十四歳　神田青年会館での、「労働組合期成会」主催による第一回労働問題演説会で、「労働組合期成会」を代表して開会の辞を述べる。演説会が終わった直後に、暴徒に襲撃され重傷を負う。

一八九七年（明治三十年）秋　満三十四歳　肺結核をわずらい、平野永太郎の好意で、神戸市楠町三丁目百十八番屋敷に転地療養のため移転。

一八九八年（明治三十一年）二月十三日　満三十四歳　関西労働者の救済を訴えるため、病をおして上京し、「労働組合期成会」第七回月次会に出席。

一八九八年（明治三十一年）春　満三十五歳　「神戸靴工協会」を設立。

一八九八年（明治三十一年）十一月　満三十五歳　「労働組合研究会」創設。

一八九八年（明治三十一年）十二月十日　満三十五歳　「労働組合期成会」幹事会にて城常太郎、名誉会員に推薦さる。

一八九九年（明治三十二年）七月　満三十六歳　「清国労働者非雑居期成同盟会」を結成。

一八九八年（明治三十一年）七月三十一日　満三十六歳　第一回「労働者保護政談演説会」を神戸市内「大黒座」で開催。

一八九九年（明治三十二年）九月　満三十六歳　「関西労働組合期成会」結成を目指して奔走する。

一九〇〇年（明治三十三年）一月　満三十六歳　平野永太郎とともに「神戸製靴合資会社」を設立するも、あまりの理想経営がたたって倒産。

一九〇〇年（明治三十三年）春　満三十七歳　貿易会社「ソーム洋行」を神戸の自宅に起こす。

一九〇一年（明治三十四年）七月　満三十八歳　「関西労働組合期成会」結成に向けての準備を整えた後、中国の天津に移住。

一九〇一年（明治三十四年）八月　満三十八歳　妻かねと

一人娘静子を天津に呼び寄せる。

一九〇一年（明治三十四年）八月　満三十八歳　「関西労働組合期成会」設立なる。

一九〇一年（明治三十四年）十一月　満三十八歳　「天津製靴会社」と、ラムネ製造販売会社を立ち上げる。

一九〇二年（明治三十五年）一月　満三十八歳　サンフランシスコの「加州日本人靴工同盟会」から、創立十周年を記念して銀杯と感謝状が贈られて来る。

一九〇二年（明治三十五年）秋　満三十九歳　軌道にのった仕事は妻と弟にまかせ、帰国して大阪に居を構え、再び労働運動に奔走する。

一九〇三年（明治三十六年）一月　満三十九歳　大阪土佐堀青年会館で開催された、社会主義演説会に協力。

一九〇三年（明治三十六年）　満四十歳　労働運動に奔走するも、肺結核再発し、天津の家族のもとに戻る。その後、一向に回復の兆しを見ないため、看護婦付き添いで日本に帰国し、大阪の浜寺石神療養所に入院。

一九〇五年（明治三十八年）七月二十六日　満四十二歳　肺結核のため逝去。常太郎の墓は、熊本市の日蓮宗本妙寺末寺の仙乗院に造られ、昭和五十二年、孫娘の手により大分県大分市にある吉祥院に移す。

『戦後の日本矯風論』

新に矯風の必要を論じ、併て戦後の日本に實施せられんことを望む

在米国　城常太郎

図らざりき、我日本帝国は、今や空前絶後の一大奇機に会せり、余輩は不幸にして、千里の異境にあり、親しく其細情を視察する能はずと雖も、甫め朝鮮の事起るに際し、俄然清国と衝突を生ぜしより、以来、今日に至る迄、豊島に敵艦を奪い、牙山に大兵を走らし、天険難抜の平壌を陥落し、海洋島付近の危厄を脱貫し、而して又堅要鎖鑰の旅順口と威海衛とを乗取るに至れり、其他小戦小闘枚挙に暇なしと雖も、愈戦て愈勇気を増し、愈進んで愈勝利を高め、日本刀の閃く所草木も自ら斃れ、日章旗の輝く所風波も亦静まるの勢にして、倒麻破竹も之に比すべからざるの状を呈せり、余輩は其電報を得、其新聞を読む毎に、驚愕の餘り、或は假説偽傳にあらざるなきやを疑ひし程にして、日頃我が国人を軽視蔑遇したる白人輩すら、唯捲舌寒膽するの外なきに至れり、噫余輩は、一時東洋の平和を破りしを悲むと雖も、之が為めに今後如何なる改進革歩を来すかを思えば、実に又蝶舞雀躍せざるを得ず、若し夫れ今回の戦争により、我国人の気骨瞭乎として萬国に表知せられたるが如きは、愈以て慶賀の至りと謂ふべきなり。

斯くの如く、我国兵は連戦連勝の功を奏し、今猶凍天に冒して進軍しつつあるなり、世間或は説を伝て曰く、日清の講和近きにありと、余輩は信ず、必ずや我日軍は駸々北京に闖入し、遂に彼等清国人をして、放干擲戈以て我が軍門に降り肯て城下の誓を為す日を見るに非れば決して止む

ことなからんことを。

然り我日軍は其期するが如く、日ならずして満清諸邦を蹂躙し、十八省四百余州は言ふも更なり、終に東洋の主権を掌握するに至るも敢て難きに非ざるべし、然れども今後愈捷戦落着の日、如何にして東洋の体面を保持すべき乎、又欧米諸国に対して如何なる方針を示すべき乎、是等の重要なる問題に付いて論究討議するが如きは、世の具眼者に任ずるも遅しとせず、故に余輩は眼を日本の内地に転じ、茲に新に矯風の策を論じ、普く大方の志士に訴へ、速に之が実施を見んとするに至れり、余輩の所謂矯風策とは何ぞや、曰く遊郭内に一種の制裁を施かんこと是なり。

回顧すれば、今より三四年以前に當り、我が国に於て廃娼の議を主張するもの四方に起り、或は府県会の議案となり、或は基督教徒の説話となり、或は又有志者の団体となり、一時社会の耳目を聳動したりしと雖も、今にして其結果を観れば、ばく乎として其跡を存するもの稀なるは実に遺憾と謂ふべし、余輩は固より廃娼を熱望するの一人なりと雖も、彼等廃娼論者の如く、一瀉千里的の廃娼を企望するものにあらず、否企望せざるに非ずと雖も、言ふべくして行うべからずことを知りしなり、故に余輩は豫め遊郭内に一種の制裁を加へ、随って醜業者自ら其非を覚り遂に其業を放擲するに至らんこと是なり、之を括言すれば従来の廃娼論者は重もに抑圧的廃娼を唱道したるものにして、余輩は寧ろ自覚的廃娼を主張せんと欲するにあるなり、抑も廃娼は一種の商法にして、即ち社会の需要に従って生じたものなれば、若し余輩をして道義と生理の範囲外に立たしめば、廃娼も亦社会に缺くべからざる一の必要物なりと謂ふの餘義なきに至らん、凡そ時の古今を問わず、洋の東西を論ぜず、幾多の仁人君子ありて、各其脳漿を絞り、其筆舌を極めて之を抑止撲滅せんと謀りしや知るべからず、甚だしきは笞杖きじ殺戮の苛法を設けたるものありしにも拘らず、遂に其根を断つ能わざりしのみならず、今猶其の容を変じ、其風を化して、存在し、増殖し、蔓延して止まる処なきが如し、加之此の悪弊は文明を追て流れ、開化に従て行はるるの傾向あり、到底之を排斥駆追するは頗る至難の業と謂ふの不幸に至れり。

苟も人類にして姦淫私通の念絶へざる限りは、如何に焦心苦慮するも決して、此惨毒を社会外に洗滌し去ると能はざるなるべし、人は謂ふ、遊郭あり妓楼あるが故に此弊害を存すと、余輩は理決して之に限らざるを知る、人にして若し獣情を楽しむの念なからんか、幾千の遊郭あり幾万の妓楼あるも、得て其害を及ぼすの余地なきにあらずや、況や一人だも斯る区域に投足するものなかりせば、如何にして斯る営業の存在し、増殖し、蔓延するの所以なきにあらざるをや、故に余輩は廃娼の難事を説くと同時に、買娼者の滅亡を謀ることの彌困難なるを感ずるものなり、果たして買娼者の滅亡は期すべからざるものとせば、寧ろ遊郭内に一種の制裁を加へて可成的其弊害を減ずるの策を講ずるの優れるに如かざるに非ずや、然れば一種の制裁とは何ぞや。

曰く、先ず妓楼内に於いて酒食を禁ずること是なり、余輩は他に尚望むべきこと少なからずと雖も、所謂言ふべくして行ふべからざることは最も余輩の嫌忌する所なるを以て、実際為し得らるべき一事を擇で、之が実行を望むに至れり、元来売娼の社会人類に及ぼす害毒の結果を挙ぐれば、其数頗る夥多にして、道義的及び社会的の観念よりすれば、勿論絶対的廃娼の策を講ずるの外あるを見ずと雖も、余輩の取る処は、殊更に存娼論に一歩譲りたるものにして所謂道義的と社会的の制裁外に於いてするも、其害毒の決して少なからざる所以を論究せんと欲するにあり、請ふ試みに其害毒の如何を列挙せしめよ。

第一、経済上の結果

古往今来、売娼が社会の体面を汚し、道義の秩序を乱らしむるは、固より論を俟たずと雖も、著く余輩の瞳孔に映ずるものは、有為の男子又は良家の子弟をして、金銭の価値を忘れしめ、家系伝来の財貨又は多年苦積し得たる資産を挙て、悉く軽薄卑猥なる婦女子の顰笑に向て蕩尽し去らしむること是なり、然るに又密かに其費途を訊せば、実に亦一驚を喫すべきものあり、則ち其蕩尽したる財貨は、売娼の価格に充てたるよりは、酒食の代価に注ぎたるの却て多量なるを見出すに至るべし、豈奇事ならずや。

想ふに、彼等は最初より斯く多額の金銭を擲たんと期したるに非ずして始めは唯一片の情念を充たしめんが為め、足を遊里に枉げたるものならん、然るに所謂「御極り」と称する臺酒のみにては十分相娼の意を迎ふる能はざる場合ありて、勢ひ止むを得ず美酒佳肴を集めて大宴を張るに至るものたるなり、故に有耶無耶の間に於いて無慮の散財を為すに至るもの比々皆然らざるはなし、然れども彼等の中には往々娼愛に惑溺するが為め或いは衣服を齎らし、或いは大金を貢ぐものなきに非ずと雖も、概するに多くは酒食及び酒食より起こる種々の誘導に従って浪費せしに外ならず、殊に斯かる醜業を営むの輩は、遊客をして過酔せしむるに非れば、大利を収むる能はざるが故に、恰も外科医が大治療を施さんとするに先だって、顚劇なる麻酔剤を用ゆると均しく、酒量全身に満ち時熟したるを見ば、互いに敏腕と快舌を振ひ以て種々の手段を行はんとするに於いてをや、噫神ならぬ身の如何でか其の計略を免るるを得んや、由是観是買娼者の堕落倒産する所以多くは妓楼に於いて酒食するより起こるものと謂ふべし。

第二、生理上の結果

酒は百薬の長と謂へることは、我が国未開時代の通諺にして、今や学芸進み、医術改まりたるの時に於ては、全く正反対の感覚を抱かしむるに至れり、看よや摂生を守るもの、一人だも飲酒の利を謂ふものなく、薬剤を調ふるもの、十中の八九は、皆服薬中の禁酒を説かざるものなきにあらずや、余輩は固より医道に明かならざるを以て、酒質の人身に及ぼす害毒如何を細述する能はずと雖も、眼前世間に表はるる賢明なる事実は、余輩をして愈々以て酒害の甚だしきを確信せしむるに至れり、知らずや病者若し一朝酒を用ふる事ありとせんか、為めに頓に病勢を励まし、苦痛を倍増し、遂には危篤悲惨の劇症を醸すに至るにあらずや、蓋し余輩が酒害の左まで甚だしからざるを信ぜんと欲するも決して得べからざる所以なり、然るに飲酒の最も盛んに行はるる所は那邉にありと謂へば、先づ指を遊郭妓楼に屈せざるを得ず、左なきだに売淫其物は言ふ可からざる惨毒を流傳するものなるを、況して酒害の甚しきを加ふ何んぞ思はざるの極ならずや、詮じて此に至れば接娼より起る病毒の基因も亦多くは飲酒より起るものたるなり、然るに毫も之れに頓着せず妓楼に於て盛に之れを飲用するを見れば、恰も薪を負ふて火の中を行くものたるの感なきに能はざるなり。

第三、品行上の結果

　人として情性を具ふる以上は、悲離哀別の感なきものあらんや、鳥啼き、夜明け寺僧鐘を鳴らし、旭日枕屏に映じ早朝の別正に近かんとするに際し、愛娼情を装ふて袖を扣ふるのとき、誰れか逡巡躊躇せざるものあらんや、時に酒あり、肴あり、又一盃を酌む、誰れか時の過ぐるを覚るものあらんや、朝過ぎ、昼過ぎ、又夕を過ぐ、今日去り、明日去り、又明後日去る、流連の萌すは蓋し此時にあり、実に亦身を過るの基と謂ふべし、縦し、又幾分か其分を守るものありとするも、夜来の酒気未だ醒めず、日は三竿に登り、雀は屋上に囀づると雖も猶未だ高臥熟睡するものなきにあらず、其人若し学生ならんか、既に就学の時を失せり、其人若し官吏ならんか、既に出勤の時を過てり、其人若し労働者ならんか既に始業の時に後れたるなり、凡そ一事を失ふものは一日を失ひ易く、一日を失ふものは遂に幾多歳月を失ふに至る、則ち時期を失するは、一身を過るの基にして、其結果は落第となり、免職となり、又放逐となり、甚だしきは唯一枚の尻切袢天を以て暑寒を凌がざるを得ざるに至る、猶最も甚だしきは、妻は病床に臥し子は餓に泣くも毫も顧慮する所なきものあり、而して其末遂に賭博を為し、窃盗を為し、詐欺を為し、又殺傷をなすものなきにあらず、噫又懼るべき事ならずや。

　記して爰に至れば、余輩の所説一日も苟且に俯す可からざる事たるを知るに至らん、然るに人或は謂はん日本の現時は最も繁雑多端の時なるが故に、到底斯の如き事に着手するに暇なしと然り余輩と雖も当時我国が盤根錯節の間に立つあるを熟知するものなり、然るに其時に乗じて斯る問題を提出する所以、特に今回の戦事落着に先って是れを社会に訴ふる所以は又大に其必用を感ずるが為めなり、請ふ一歩を進めて論述する所あらしめよ、蓋し此問題たるや戦後の日本に於て最も大なる関係を有するものたればなり。

第一、箇人的関係

遣回の戦争にして、愈其局を結び最後の大勝利我帝国に帰したる暁に於ては、雲霧開け、風波静まり、瑞気四海に溢るるの時、我艦隊は無上の光栄と無数の勇士を載せ、軍楽洋々舳艫相啣で、門司海峡に入るの時、宇品港頭に泊する時、品川湾内に着するの時、日本国民たるの如何にして彼等戦捷者を迎へんとするか、彼等国民は祝砲を放ち、煙火を挙げ、凱歌を奏し、萬歳を唱へ、拍手し、喝采し、舞踏するも以て足れりと為さざるべし、然り余輩は如何なる形容動作を以てするも満腔の祝意は得て表す可からざるを覚ふ。

斯の如く我が国人は上　聖天子より下庶民に至るまで悉く全身全力を挙げて、彼等戦勝者を迎へんと欲す、殊に戦捷者の父母妻子兄弟姉妹は更なり、親戚古舊朋友知己の如きは各々宴席を設け、各々祝会を開いて、切に彼等の労を慰せんとす、蓋し適当の礼と謂ふべきなり、而して又戦捷者其人は大は司令官より小は人夫に至るまで各々又任意の愉快を尽さんとするなるべし、然り彼等は積日、累月、櫛風し、沐雨し、氷枕し、雪辱して、各々血戦を遂げたるが故に所謂生命の洗濯なるものを為さんとするは又已むべからざる事と言ふ可きなり、然れども彼等は何を以て生命の洗濯を為さんか之れを従来の例證に照すも其多くは遊廓妓楼に入らざるはなし、蓋し彼等が得たる凡ての歓迎は幾分か気兼し遠慮せざるを得ざるが故に、随意適気の愉快を取らんには唯に遊廓妓楼の外なればなり。

諺にすら景清程の勇士でも恋は思案の外と謂ふ平時の勇士尚且斯の如きを免れず況んや多日肋骨を風霜に晒し、骨山血河の間に於て命を賭し、身を呈して血戦を遂げたるに於てをや、余輩は素より之れを称賛するものにあらず、寧ろ彼等が萬軍を挫くの勇気を保ちながら未だ一情を制するの断意なきに歎ずるものなり、特に之れが為め彼等をして往々堕落せしめ、腐敗せしめ、終に救ふべからざる醜体に陥るものあるを悲むなり、看よ西南役後に於て如何なる事ありしか余輩の細言を竢たずして既に世の熟知する所にして、始めは唯一片の慰労に過ぎざるも終には身を過るの悲境に沈みたるもの尠からざるにあらずや、今や人夫の身となりて戦地に向ひたるもの多くは非常の失敗者にあらざれば日々の生計に窮するの無業徒なるが故に一時日本の内地に於て著しく犯罪者の減少せしは実に喜ぶべき事たりと雖も、彼等にして又先轍を踏むに至らんか其害の及ぶ所却て前日の比にあらざるべし、余輩は記憶す、嘗て魯国太子来遊の時大津の変事起るに際し車夫の身を以て奇功を奏したるに當てや期せざりし栄誉と思はざりし賞興を得たり、然るに其後彼れ等は如何なる行状を以て世を渡りしや既に又世の公知する所なるが故に此に喋々せざるなり、要するに彼等は皆一時の栄誉を得たるが為めに却て己れの本分を過るに至れり、又以て淫弊に伴ふ酒害の然らしむる所たるものと謂ふべし、是れ則ち余輩の所説大に関係を有すると言ふ所以なり。

上来の述ぶる所に於て余輩は廃娼の必要と共に妓楼に於て酒食せしむるの大害を論ぜり、而して今又戦捷者の欲望する愉快の極遂に又斯る魔境に陥るの外なきを記するに至れり、豈痛歎すべきの事ならずや。

第二、国家的関係

余輩は多年異境に生活するが故に、従来外人の我国人に関する感情の如何を熟知するものなり、而して又今回の戦争により彼等の待遇の頓に異なりしも亦実視する所なり、然れども今日の如く外人が凡ての我国人を賞賛するに至りたる所以抑も亦何に基因すべきか、固より今回の戦争は之が一の原素なりと雖ども、我国人が斯くも文明の器械を利用し、活動するに至りたる進歩の度合を知りたると同時に我国人の清意潔情を知るに至りたるもの之が最大原素たるなり、然るに斯る神聖なる国家と斯る有為の国民を有しながら今尚前陳するが如き惨境魔窟の公然社会に露はるるは実に遺憾とする所なり、殊に戦後の日本に於て斯の如き弊害の彌々増長するに至らば余輩日本国民たるもの何の面目ありて江湖に見へんとするか、昔しハンニバルはナポレオンに先てアルプスの険を冒し欧州全土に気焔を吐きたりと雖も彼れが羅馬に於ける一時の失行は遂に最後の名を成す能はざらしむるに至りたるにあらずや、実に戒むべき亀鑑と謂ふべし、凡そ国民の不名誉は国家の不名誉なるが故に害を未然の今日に防ぐは実に至要中の要事に属す、嗚呼天にまで挙げられし日本国よ、日本国民よ、汝若し今日に於て厳警思戒する所なくんば更に又陰府に堕されざるを得ざるなり、是又余輩が大なる関係を有すと謂ふ所以なり。

願くは世の潔士よ義人よ、余輩の所説にして果して其當を得たりとせば奮て此れが実行に着手し有形の戦捷と共に無形の大勝利我日本帝国に帰するを得せしめよ、余輩は徒らに文字を弄するものに非ず、宜しく其誠意の存する所を諒せば可なり。因に記す以上論ずる所の主意に就き、或は既に社会に表白せし人ありしも知るべからず、余輩は異境にあるものたるが故に、十分之を穿鑿するの時なしと雖も、之を唱ふるものの有無に関せず、余輩は此説を主唱して、速に之が実行を見んことを望で止まざるなり。

明治廿八年四月十二日印刷
明治廿八年四月十九日発行　　非売品

発行者　長野県平民
　　　　吉澤　喜一郎
　　　　東京市芝区愛宕町二丁目十四番地寄留
印刷社　芝辻　誠太郎
　　　　東京市京橋区八官町十九番地
印刷所　忠愛社
　　　　東京市京橋区八官町十九番地

『遥かに公明なる衆議院議員諸君に白す』

聞く吾政府において陸軍部内に工長学舎なる者を創設し職工長を養成してこれを軍隊に分附し兵卒をして兵靴を製造せしめんとし業に既にこれに着手し而して更に議案を発して議院の協賛を得んとすと其手続の前後するありて議院を蔑如すると否とは不肖等の知る所にあらざるもこの議案にして果して議院を通過し実行の秋に至らんか府下幾千の職工為めに糊口の道を失い六親流離の不幸に陥らんとす然れども国事は大にして貴而して亦重事若し国家を益するの大なる者に至ては不肖等至愚と謂えども少しく軽重を解す一身の故を以て決してこれを饑せざるなり然れば今政府の理由とする所を聞くに一に曰く精品を得二に曰く廉価なり三に曰く非常の時に当て罷工同盟の愁なしとこれ皆皮想の見解にして深くこれを討究すれば盡く誤謬の算当に属す請ふこれを詳述せん。

靴工の成熟は短くも三年の修練を経ざるべからず然るにその工長として教授の地位に立つべきの人は僅かに一年の修業に過ぎず未だ以て成熟の職工と言ふべからずこの未熟の人を以て教師となし新募の兵士に習はしめて以って良好の製品を得んとすその謬見たる固より論なしこれを不肖等歴世の革工に比して孰れか果して優孰れか果して劣嬰児と雖も解するに苦まざるの問題たり。

靴工の工場に労作する者霜を踏んで出て星を載て帰り終日刻苦傭賃尚未だ一家を糊するに足らず資本主も亦製造に依て益する所少なく却て原料を売るの利あるを言い民間の職工勉むる事斯の如く利益を得ざる斯の如し知るべし兵靴の廉価の極度に在ることを然るに彼の未熟の兵士原料を濫費し時間を空過し高給の監督を要する者を用いて而して一層の減価を得んと欲す所謂木に縁て魚を求むるの類国家の不経済これより甚しきはなし。

日本国民は忠節の民なり一朝若し国難に際会すれば身を錦旗の下に晒すを以って無上の栄誉とす不肖等素より智な

く勇なし然れども帝国の国体と大義名分とを知らざるに非ず寧んそ国の大難を奇貨とし乗して以て一身の計をなさんや政府の不肖等を見る眞に斯の如しとせば不肖等は唯血涙を飲て自己の不徳を歎ぜずんばあらず然れども試に思え彼の兵士も亦国民の子弟国民既に信を置くに足らずとせんか寧んそ独り信を兵士に置かん同盟罷工を愁うるが如きは眞に杞憂と謂はざるを得ず。

以上論ずるが如く其の基礎とする所の理由は一として誤了の見にあらざるはなし而して吾政府は断じてこれを行わんとすその間無限の密事なしとせんやこれ不肖等の解せざる所なり。

或曰く彼の紳商は荼毒を国内に流す者これを大塚、桜組、團北岡組、丙外用達会社等に奪ふて而して陸軍に於いてす寧ろこれを賛ぜざるを得ずと亦たこれ浅見者流の見のみ今若し彼の紳商等にして眞正にその利益を失うに於いては彼等は不肖等に先ち政府の所為に反対すべきは彼等の歴史に於いて見るも当然の理数なり然るに彼れ紳商等は毫も反対の運動をなさざるのみならず不肖の運動を妨害し却て断行を政府に慫慂するを見るこの一事を以てするも陰暗の間にその利を博するの確證とするを得ん彼の利益僅少なる製造を放棄して原料を政府に鬻ぐは彼紳商等が殖利の道にして寧ろ大に喜ぶ所あり知るべし彼らのこれを慫慂して却て反対の運動を悪むや然るにこれを以て苦痛を紳商に興ふる者なりとするは未だ真相を解せざるの謬論而巳矣。

凡そ吾政府の事業をなせし者今日に至るまで未だ一も当初の目的を遂げたる者あらず制靴の事に至りて亦然りとす嘗て政府は大阪府においてこれを試みたる事あり而して其職工なる者は当時の囚徒半錢の傭賃を要せし者にあらず然れどもその買値廉なる能わず物品亦固より麁なりとす創業以来年餘にして廃業の悲運に際会せり而して其授受の間に在りて財産を肥したる者は独り紳商に止まるのみ今回の事豈これと同轍に出でずとせんや不肖等職工として其業を失うが為めに争うのみならず国民の本分としてこれが不可を謂わざるを得ず況や政府の手を下さるるも他に廉にして良品を得るの方法あるをや。

今若し経済上の真理に基き政府は兵靴の雛形と必要の条件とを示し人を撰ますして廉旦良なる者を取らば民間の靴工ここに競争を生じ各其全力を注いで大に業を励まん茲において全国幾千の革工其職を失うなく政府の利する所勝げて算ふべあらざるなり。

公明なる代議士諸君この工長舎を置くと否とは国家の事業としては固より一小部分たり然れども靴工等の身としては一家の運命ここに懸り若し一朝これを実行せらるるに至ては父子相分かれ兄弟妻子離散する者実に千を以て算する

に至らん願くばこれが利害を審査詳察　萬一にも議場を通過するなるらんことを文辞不敬野人禮を解せざるの罪なり寛恕あらんことを請う誠惶頓首。

―在米国靴職工―
岩佐喜三郎　今村積五郎　今村トキ　花井直次郎　巴田英太郎　鳥山徳蔵　渡邊伊喜松
片岡富蔵　山本富蔵　徳嶋安兵衛　相原練之助　清田元三郎　城常太郎　城辰造
平野永太郎　岡本貞助　関根忠吉　鈴木金十郎　森六郎〔いろは順　筆者注〕

『新東洋』（明治二十五年十二月二十五日付け、十三号）

木下源蔵について

従来の歴史書の大半が、この二人の靴工の名前を、城常太郎と平野永太郎としている。これまで職工義友会の中心メンバーで、職業が靴工であると確認できていたのは城常太郎と平野永太郎だけだったので、こうした間違いが生じたのだろう。木下に関する資料はこれまで発見されることなく、彼の経歴は「不詳」として扱われてきたのである。

高野が記した二人の靴工の一人が、平野ではなく木下であることを立証する新たな資料を以下に掲載したので、参考にしていただきたい。まずは、それが平野ではなかったことを証明する資料から……

永らく米国にありて斯業の研鑽をなし帰来後神戸に開店したる神戸屋靴店店主、平野永太郎氏は、本月、開業二十五周年に相当するをもって大阪心斎橋支店において十月十二日より十六日まで記念割引売り出しを行なう由。（『日本皮革時報』大正九年十月八日付け）

―和田―
熊印底革（カルマン）が初めて日本へ輸入されたのは明治三十年頃でしょう。米国から帰朝せられた神戸の神戸屋で、平野が私の方に話があって、直輸したのが初めてであると思います。（『業界懐旧録』東京皮革青年会）

平野は明治二十八年にアメリカから帰国し、同年十月に神戸で靴の店を開業している。高野日記の（明治三十年・巻末住所録）にも、平野永太郎の住所として、「神戸市元町五丁目　製靴会社」と記されている。

錦輝館で工業協会総会が開催された明治三十年四月ごろは、平野はアメリカから熊印底革（カルマン）を輸入するなど、開店当初の忙しさから、とても店を休んでまで労働運動のために上京するような状況にはなかったのである。

　次に、錦輝館の集会を賛助した義友会メンバー四人のうちの一人が木下源蔵であり、彼が靴職人だったことを証明する資料をいくつか紹介したい。

　明治二十三年にサンフランシスコにおいて労働に従事してをった、城常太郎、高野房太郎、沢田半之助、木下源蔵などというような人達が、職工義友会というものを作ったのですが、この人々が日本に帰ってきて明治三十年四月にこの職工義友会の名前で労働組合を作ることの必要を天下に訴えたのであります。（『日本労働運動小史』河野密）

　明治二十八年十月ごろ、帰朝した沢田半之助は・・・東京、京橋に沢田洋服店を開業。一方においては、帰朝同志と図り、懸案の日本労働運動の黎明を告げる「職工義友会」の創設に、高野、城、木下、片山等と日夜奔走した。（「沢田半之助略伝」沢田智夫）

「職工義友会」の再建者として、木下源蔵の名を挙げた文献は、どの図書館にも現存していない。しかし、沢田半之助の御子息、沢田智夫氏は、木下の名を「職工義友会」の再建者の一人として列挙している。

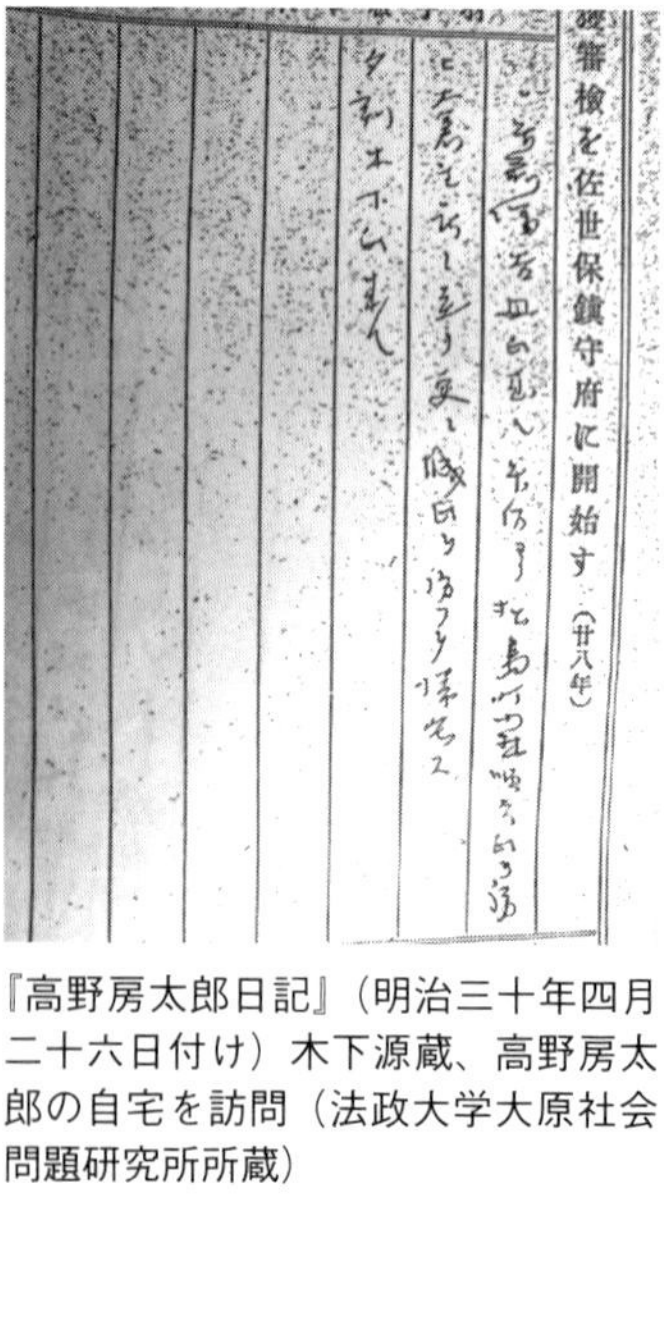

『高野房太郎日記』（明治三十年四月二十六日付け）木下源蔵、高野房太郎の自宅を訪問（法政大学大原社会問題研究所所蔵）

『福島民友新聞』（二〇〇七年二月二十二日付け「沢田半之助（上）」）の記事の中に、「沢田の四男智夫のもとに残る米山梅吉の回顧文に、沢田は片山潜とともに、日本初の労働組合「職工儀友会（後の職工期成会）」を設立した。」という文がある。おそらく、沢田家に現存する上記「米山梅吉の回顧文」の中に「職工義友会」の再建者の一人として木下の名も載っていたのでは、と推測される。

　外にも、「職工義友会」四人のうちの一人が木下源蔵であったことを裏付ける資料はある。四月二十六日の高野の日記には、「城氏を訪ねて帰宅す。夕刻、木下氏来る。」と記されているし、日記巻末の住所録にも木下玄三の名があり、住所は東京市小石川区上富坂町十五番地とある。さらに、木下が靴工であった決定的証拠として『東京商工名鑑皮革号』浅利新（大正元年十一月）の東京府造靴者一覧表には、「―木下源造―東京府北多摩郡府中町八〇六六」とある。

参考までに木下源蔵が渡米した際の旅券番号を下に掲載しておく。

「木下源蔵―旅券番号二四九九三―（明治二十三年春渡米）」『明治二十三年本省渡海外旅券下附表』外務省外交資料館所蔵

『労働組合研究会の趣意』

近時漸く我邦に於て労働問題を講ずる者の起こり来れるは、独り労働者の幸福なるのみならず、邦家のため誠に慶賀すべきことなり。つらつら我維新以後の経済事情を観ずるに、維新の大変革は封建の制度を打破して四民同等の主義を普及せしめ、経済上の自由を来らしめたり。是に於てか産業の趨勢はしんしんとして進歩し、生産額の増加せる未だ曽て見ざる盛況を現ぜり。而して欧州文物の侵入と共に、其状態も亦一新して昔日の如くならず、夫の工業の如き資本の合同を以て機械製造の大企業行われ、日に新に月に盛にして将さに立国の大業たらむとするを見る。我が産業の前途実に多望なりと言うべし。然り而して此に注意せざるべからざる一事の存するあり。資本と労働の関係即ち是なり。そもそも産業に欠くべからざる要素は資本と労働にして、其発達は両者の能く調和して進歩するに由ることを忘るべからず。其一方に於て進歩するも、他方に於て退却するあらば、単に其発達を見る能はざるのみならず、資本と労働の衝突を生ずるの不幸に陥るや疑うべからざるなり。今や我が産業界に於て資本の合同盛んに行われ、資本家いよいよ其勢いを逞うせんとす。見よ大地主は小地主を併呑し、大工業家は小工業家を圧倒しつつあるにあらずや。而して又明年新条約の実施を期し、外国の資本家は来って巨万の資本を投ずるに至らんか、蓋し資本の進歩驚くべきものありとす。此時に当たりて之に対する労働の進歩は果たして如何。資本は拡張と共に事業は日に進み生産は年に増すといえども、労働者の受くる利益の分配は之に伴はずして、子弟教育の資を得ず、家族の安全を保する能はざるの状態なり。殊に分業及び機械の利用は技術上の便利と賃金の低廉なるを機として、繊弱なる婦女小児を駆て工場に入らしめ、衛生上道徳上に及ぼす所の弊害実に言うに忍びざるものあり。

労働者の境遇憐むべくして保護を要するもの少からざるなり。而かも労働社会の真相を察すれば、知識なく道徳また甚だ低く、従って技術発達せず。労働の実効を奏する完からず。又労働の神聖にして自己の職業の貴重すべきを解せず。従って自重の念乏しく独立の精神弱し。其弊風の改良を要するものあるや大なり。今此の如き労働を以て日進の資本と相竝び、健全なる我が産業の発達を望まんとす。

亦難いかな。

蓋し労働問題は、今日我が邦における焦眉の急務なりといわざるべからず。豈に閑問題視して可ならんや。思うに団結は強大なる勢力なり。労働者の安全を保護し美風を養成せしむるの策、労働団結を作るに若くはなし。是れ欧州各国の労働者が既に組合を組織して、其好結果を得たる所なり。労働者此に鞏固なる団結をなし、同業相親しみ緩急相助け、苦楽相励まし長短相補うの道を取らんか、其技術を進め道徳を高め自由独立の気概を奮い、労働者の地位を高むるに至るべく、資本家に対して正当なる要求をなし、自ら保護するの道を完うするを得べし。而して我が邦未だ此機関備はらず、是れ吾人が茲に労働組合研究会を組織して労働組合に関する諸般の研究をなし、尚ほ進んで天下に向かい其設立を促さんと欲する所以なり。希くば天下憂国愛民の士よ、本会の趣意を賛し共に尽力あらんことを。

（『労働世界』第二十六号・明治三十一年十二月十五日）

『労働組合期成会設立旨趣』

凡そ事の発するや発するべき因ありて起こるなり。労働組合期成会は何がために起これるや、時勢の必要これを然らしめたるなり。今や我が国の産業は漸く旧式の姿を脱して新式の状態に移り、夫の工業は資本の合同をもって大仕掛けになすこと行われ、その法いよいよ出てその式ますます革まり、前途大に好望なる勢いを有せり。これ乃ち資本の方面において先ず新面目を啓けるものなり。しからばこれに従事する労働者の状態は如何ぞや。その旧弊いまだ存して美風なお養成せられず、製産日々に新たに事業月々に革まるにかかわらず、その技術発達せられず、その賃金はいまだその子弟教育の料に達せず、しかも彼らはいまだ自己が産業上における地位を暁らざるがため、いまだ我が身の貴重なることも発揮せず、したがって自重の念自信の心いまだ盛んに行われず、これ天下滔々たる労働者の状態なり。嗚呼奮わざるべけんや。けだし、産業の発達は資本と労働の並進に求むべく、その調和によりて振興するを得べし。その一方において進歩するあるも、他方において停止する所あらば、単にその発達を望むべからざるのみならず、かえって不調和をきたし、資本と労働との衝突を生ぜんことなきを保すべからざるなり。思うに、今や諸般の産業はその規模を一新して文明的に則り、ますますその業務を振興して、立国の大業となさんと欲するにあれば、これに従う労働者その心をもってその旧弊を改め、進取の気象を鼓舞して大いにその責務に任ぜんことを期せざるべからず。これ独り資本家の一方のみに任じて敢えて顧みざるごときは抑々産業に不忠なるのみならず、自己の業務を無視する者といわざるべからざるなり。しからば則ち労働者をして産業に忠実ならしむる方法如何。曰く、彼等をして自主の気風を喚起せしめ、その地位の貴重なるを知らしむるにあるなり。自主の気象にして乏しければ労働の効験挙がらず、その地位の貴重なるを知らざれば、去りてその業務を離るるか将た自放に陥るべし。しかもその幣に陥ることなく自主の気象を喚起せしめ、その地位の貴重なるを知らしむる方法如何。曰く、彼らをして組合を設けしめ緩急相助け長短相補はしむるにありと信ずるなり。思うに、組合にあらずんば一挙して労働者の旧弊を除去しその美風を養成せしむること能はず、その労働の効験を高めて製産を盛ならしむること能はず、またその地位の堕落を防ぎて進歩の方向に向はしむること能はざるなり。これを歴史に徴するに組合の効験は労働者をして資本家の力を借らず、彼ら自身にその技術を高めその災厄疾病を救助せしめその品位を上めその道義心を高め、もって自主の心と自重の念を奮起せしめたる例あり。ゆえに労働組合期成会は今日円満なる労働組合を各労働者間に設立せしめんと欲して生まれたるなり。豈にまた他意あらんや。然り而して労働組合期成会は組合設立の要を訴ふるに他の理由あり。明治三十二年は我が国内地開放の年なり。この時にあたり外国の資本家は我が国労働者の個々散漫たる状態に乗じ巨大の資本を持ち来たりて我が労働者を使役することあらんか、彼らは常に労働者を苛遇するの風あるもの、況して異人種を傭使することなれば或いは常道外に待遇せらるることあるも料るべからざるなり。然れば我が国の労働者は今日よりその用意を講ずべきの要あらん。斯く労働者は産業の振興のため自己独立のため将た内地雑居後の事を慮りて之を講ずべき要あるに拘わらず、いまだそれを講ずべき機関の設置あらず。また同業相知り相親しみ相益し相助け相交わるの組合あらざるは実に遺憾千万の至りというべし。よって労働組合期成会はそれらの欠を補いて兼て将来の発達を欲して労働組合設立の急務を天下に号呼す。天下有意の士よ、期成会が抱負する所の趣意を賛し而して共にともにその成立に助力あれよ。

（起草者：不明、『内地雑居後の日本』横山源之助・明治三十二年）

『加州日本人靴工同盟会沿革の概要』

創立二十五年紀念祝典開催趣旨

　回顧すれば去る明治二十一年、我が会の開祖城常太郎氏並に関根忠吉氏等先進の士、山水明媚の故山を辞し万里の波濤を蹴て此土に来航し、奮闘努力遂に本会を創立せられ、爾来星霜を閲する茲に二十有五、此の問幾多の困難を排除して、基礎漸く堅く、靴工業界に貢献する処又尠からず、今や在米同胞実業団体中に嶄然として、頭角を顕はすに至りたり。熟々本会設立の起因を討ぬるに、我開祖城氏が渡米の動機たるや、去る明治二十年中徳富蘇峰氏の主管の、国民の友誌上当時在米支那人靴工の状態を報道せる記事ありたるに基く、愈々業に靴工に従ふに至るや、我が実業界の巨人故西村勝三翁は、大に其擧を壮とし熱誠なる後援を與へられ、同情深き在留有志諸君は、陰に陽に其目的の発達助長に努められ、幾多の障碍を□破して、遂に明治二十六年一月具体的に靴工同盟会創立発会式を挙行するに至れり。爾来吾人同業者の中央機関として、専心一意斯業界の発展に尽くす所あり。内には営業部を設立て皮革原料品供給の普及に勧めたれば、漸次其効果を収め以て今日あるを得たるなり。此れ蓋し会員の熱血と協力との致す処と雖も、而かも偉大なる開祖の遺業と、有志諸彦の保翼に頼らずんば能はざるなり。依て吾人は開祖者の美挙を追想し、有志者の誠意に報ひ、永遠に其美徳を紀念せん事を期す。惟ふに社会の生存競争は、変遷止む時なく、昨是今非は免かるべからざる所なり。改良進歩は凡百事業の生命なり。日進月歩の趨勢最も急速にして、機械動力の応用亦旺盛、加之排斥聲裡に処して益々事業の発展を期せんと欲す。吾人の前途尚遼遠なりと謂つべし。然り而して吾人が守るべきの道一にして止まらずと雖も、要するに進んで同業者の一致団結を鞏固ならしめ、常に緩急相応じて事業上の改良進歩を企画し、専ら優良なる後継者の養成に努め、且つ一身の保護、職務の研磨を奨励し、堅忍不抜の精神と勤倹貯蓄の美風を大綱とし、一般に徳義の涵養と品性の向上とを計り層一層善戦奮闘益々鞏固なる根底を植立して、当太平洋沿岸に於ける靴工業界の覇を握り、永遠に無尽蔵の富源を占有するを得ば、蓋し本会設立の目的を貫徹したるものと云ふを得べし。此れ即ち吾人会員が常に服膺すべき最善の道なり信ず。茲に創立二十五年紀念祝典を挙行し、謹で先輩諸氏の功績を慰謝し、聊か吾人の希望と抱負とを披瀝し、以て後日に期する処あらんと云う爾。

大正六年四月十五日

加州日本人靴工同盟会

加州日本人靴工同盟会沿革の概要

我靴工同盟会は、創立以来爰に二十五年の星霜を経て、其基礎彌々鞏固に、今や容易に動かすべからざる根底を構へ、将来の発展更に期待せらるる所多く、在留同胞実業団体中厳然たる頭角を認識せらるるに至れり。此れ実に本会の名誉にして聊か誇りとする所なり。然れども名誉の伴ふ所責任の重且つ大なるものあるを認む。茲に創立二十五年紀念祝賀会を擧ぐるに際し、過去を談し将来を慮り以て其責任のある所を明かにし、徐ろに其発展を図るは将さに本会の責務なりと信ず。此れ本書を刊行する所以なり。熟々本会の記録を繙き、先輩諸氏の談に稽ふるに、創立の初めに於ては、黄白人種を異にし、東西言文を同ふせず、四辺の事物悉く吾人に不利なるの時、暴戻無道の白人靴工業者より、頗る猛烈なる迫害を加へられ、剰へ在留同胞の軽誣誹謗を蒙り、甚だしきに至ては、或る堂々たる宗教団の如き、公開演説席上痛罵排斥を唱ふる等、擧げて数ふべからざる幾多の惨擔たる歴史に富む、遠く故山を辞し自ら進んで優勝劣敗の渦中に投ぜし、堅忍鐵腸の開祖者諸士は、能く其抑圧に反抗し、百折不撓千挫不屈の決心と、遠大なる抱負とを持し、斯る悲惨の境遇に遭遇して、一致団結一層豪健なる勇気を鼓舞し、益々奮闘努力凡ての障碍に克ち、以て健全に会の発達を遂げ、確固不抜の基礎を植立せり。嗚呼其功偉大なりと謂つべし。翻て諸氏が渡米の動機を討ぬるに、実に去る明治十九年中のことに属す。当時東京芝区松本町花月亭に於て、靴職工同盟会なる者組織せられ、大に同志を糾合して資本主の抑圧制度より脱し新運命を開拓せんと劃策せり。而して翌二十年、徳富蘇峰氏の主管せる雑誌「国民之友」誌上、当米国に於ける支那人靴工業者の営業状態に関する記事を掲載せられ、一読して其報道の頗る有望なるを認め、斯業者の新運命を開拓する将さに此一挙にありと衆議一決、本邦靴工業界の泰斗、故西村勝三翁の賛助を得、実状視察として靴職工同盟会の一員、故城常太郎氏（当時長崎在住）先発渡航することとなれり。然るに赤貧なる職工の常として、□中何等の貯蓄なく立ろに渡航費に窮したれば、爰に蓄財の為めあらゆる節約を行ひ、時には剃髪して理髪の料を省きたることさへありと。斯くして日夜拮据黽勉其効空しからず、翌二十一年十月故西村勝三翁及靴職工同盟会の援助を得て、漸く渡航費を調達したり。時恰も好し高木豊次郎氏の再渡航せらるるあり、直ちに同航を乞ひ、無事桑港に上陸、茲に宿志の端緒を啓き、一応探査せし結果、前途頗る有望にして靴工業者が新運命を開拓すべき、無限の富源地なることを確め欣喜雀躍措く所を知らず、時を移さず開業せんとの希望を有したり。然れども言語の不通と無資力なる同氏は、幸ひに製靴の技術に於て白人靴工業者に譲る所なしと雖も、軽々しく営業上の競争に着手するの尚早きを自覚し、徐ろに大勢に順行して根底を築き将来の飛躍を期するは、寧ろ有終の美果を収むる最善の策となし他日開業の準備として、専ら語学の練習資金調達の目的にて、暫時当市第五街コスモポリタン旅館に苦役をなしたり。明治二十二年四月中、故西村勝三翁及び東京靴職工同盟会へ宛て視察の結果を詳細に報告し、同時に職工の派遣を促せり。其報告に接し同年六月故関根忠吉氏単身渡航し、靴工業の趣旨を翼賛せる先輩者、高木豊次郎氏、森六郎氏等の熱誠なる幇助を得て、ミッション街に一小家屋を賃借し城氏と共同事業に従事したり。其後間もなく森六郎氏の斡旋にて、白人製靴工場主チース氏との間に製靴就業の契約を締結し、多数の職工を要するの盛運に向ひたれば関根氏は此吉報を携へ職工引率の任務を帯びて帰朝し、東京日本橋呉服町柳屋に於て相談会を催せり。而して席上同航者として、桜組特派員職工長伊藤金之助氏及び相済社特派員高梨幸助氏等、何れも技術に卓絶せる職工総数十五名渡航することに決定し、直に旅装を調へ意気軒昂万里遠征の途に着き、同年十月桑港に到着したり。此に於て更にエッカー街四十四番を賃借して工場に当て、引続きチース氏の製靴事業に従事したり。然るに好事魔多しの譬に漏れず、翌二十三年貳月に至り、対チース氏との間に締結したる秘密契約の存在せるを発見したる、白人靴工の忿怒激昂は更なり、製靴工場主同盟の激烈なる抗議等続出し、紛擾数閲月に亘り荏苒日を曠ふして解決せず、遂にチース氏も百方策尽きしものの如く、一時市外に隠遁し全権を挙げて或る弁護士に解決を一任したる結果、同氏が熱心なる仲裁の労に依り、辛ふじて解決を見るに至れり。然りと雖も其条件たるや吾人同業者に取りては、頗る不利益にして到底前日の比に非らず。加ふるに曩きに加工製作を終りし製靴の賃金も、紛擾勃発以来半仙の支払を得る能はず、職工一同飢□の難に遭遇したる苦心談の如き、今尚戦慄の感あらしむ。此の好機を逸したる同士の憤慨骨髄に徹したりと雖も、微力是れ亦如何ともすること能はず空しく恨を呑んで、一時調停せる条件に服従せりと云ふ其遺憾思ふべし。然れども是れ却って我が同盟会の創立を早からしむるの動機を促したるものの如し。即ち斯る不利益且つ不権衡なる条件の下に甘んじ、永くチース氏の職工たるを屑しとするものに非らず。鳩首熟議の結果、寧ろ百難を排して独立靴工場開設方針を取り、将来の地盤を確立するに如かずと決し、第一着手として同年五月第一工場を当市ミッション街（第七街近く）に開設し、続て第二工場をミッション街（第十四街近く）に、第三工場を亞市バーク街に、第四工場を当市グローブ街（ラーキン街近く）に増設するの盛運に達せり。茲に於て益々独立の基礎鞏固となり、一方渡米職工日に月に其数を増加し来れると同時に、各自其身を修め家を齋へ、居住の地盤を堅めて向上発展を計り、大勢に順行して優存の地位に立たんとするの機漸く熟したれば、明治二十五年十二月を以て靴工同盟会設立の宣言をなし、着々其歩調を進めたり。翌明治二十六年一月、具体的に規約綱領等を編制し、二十名の発起人に依り完全に発会の式を挙行したり。爾来諸氏は掬躬黽勉専ら本会保育の任に当り、且つ会外特志者より熱誠なる扶助応援の栄に浴するを得たり。然れども創立日尚浅く内憂外患交々至りて、殆んど寧日なく席暖まるの遑なき時、内部の秩序整然たらざるの隙に乗じ、同航者中の某氏密かに規約に背戻し、専ら私利的行動を恣にしたる証跡を認めたり。此時に当り本会の威厳を保全し、且つ存在を永遠に鞏固ならしめんが為め、諸士は涙を呑んで、刎頸の友たる会員某を放逐したるは勇壮なる一例なり。亦白人靴工同盟会よりは製靴材料供給遮断の第一歩として、皮革製造所コールマン、サーズ会社に交渉し、吾人同業者に対し原料皮革の販売を杜絶せんとして、種々苦肉の策を講じたり。然るに吾人同業者に同情厚きコールマン、サーズ会社は本会の誠実を認め、彼れ白人靴工同盟の無謀なる、而かも世道人情に戻れる要求を断然拒絶したるの快事あり。然れ共彼等は尚屈せず有ゆる奸手段を運らして、我が同盟会員に肉迫し吾人の利益を蹂躙して、本会を根底より破壊せんと企画し、日を衝て勢益々猖獗百難襲ひ来りて、吾人会員の頭上に懸り何時底止するとも知らず、事茲に至っては如何に堅忍不抜の会員と雖も、殆んど対抗防御の効果を擧ぐる能はず、権謀術数を運らすの余地乏しく、将さに本会の興敗存亡の岐るるの秋に当たり、諸士の行動は一糸乱れず、競ふて一致団結和親の美風を養ひ、諸種の改良進歩を図り堅忍自重各自其業務に勉励し、盛んに顧客吸収の策を講究し、遂に彼等蠻猛なる白人靴工の迫害を屏息せしめたる如き、即ち刃に血塗らずして我軍門に兜を脱せしむるに至りしは、最も至愉血至快の歴史なり。明治二十九年、吾人同業者の発達及び福利を計り、緩急相救ふの目的を達する手段として、営利的事業を起すの必要を認め遂に営業部を設立して皮革原料品の供給を便にし、本会の財源として熱心に同部の発展を画策せり。創業当時に於ける靴工場の設備は、概して工場以外に総て特別応接室を構へたるものなり。□は一般白人顧客が我が靴工店に出入するを嫌忌するの風ありたる結果、白人顧客にして吾人同業者の技術の巧妙なると、価格の低廉及び時間厳守等諸般の特点あるを認識し、吾人の靴工店へ来らんとするに際し、特に外観を避くるの手段として、出入の便宜を計る為め設備したるものなり。以て当時の窮を想ふに足るべし。此間本会の趣旨を翼賛し、陰に陽に庇補擁護せられたる朝野の名士枚挙するに遑あらずと雖も、就中本会記録に特筆大書し芳名を竹帛に垂るる大恩人は、母国実業界の巨人、故西村勝三翁となす。翁は夙に本会の発達進歩を誘導啓発し、常に本会との気脈を密接にして、緩急相応援するの途を講ぜられたり。而して我が同盟会の開祖者諸氏は嘗て同翁の配下に属し、直接に薫陶を受け其指導の下に活動して、鋭意斯業の進歩発展を企画したり。殊に感謝紀念すべき事としては、去る明治三十九年四月十八日、当地に於て前代未聞の大震火災の厄難に遭遇し人畜の死傷少からず、幾億の財實一朝にして灰燼と化し去れり。吾人会員は幸にして健全なるを得たれども、食するに糧を欠き寝ぬるに處を失ひ、何れも悲惨の境遇に沈める際時を移さず、金一千円並に多額の食料品を見舞として恵與せられたり。吾人は其恩澤に浴する鴻大にして其高徳に感ずる涯りなし。故に本会は聊か報恩の微衷を表彰せんが為め、同翁生前銅像建設に対し応分の寄金をなしたり。明治四十二年同翁長逝の訃音に接するや、会員は何れも業を廃して弔意を表し、砲金製燈籠一対（価格三百余円）を墓前に献立せり。徳富猪一郎氏（蘇峰）は我が苧創者諸士をして、渡米の動機を喚起せしめたる大恩人なり。往年同氏が欧米漫遊の途次当港通過の際は、満腔の誠意を以て氏の旅情を慰籍し、記念品を捧呈して微衷を表彰せり。故男爵船越衛閣下は去る明治二十三年中、欧米漫遊の途次当港滞在中当地駐在領事館書記生随へ、再三本会靴工場へ来臨せられ、懇篤なる訓戒と熱誠なる保護を賜はり、吾人会員は恰も百倍の応援せられたるが如く、大に勇気を振興し今日の盛況を見るに至れり。故に吾人会員は深く同男爵閣下の高徳を敬慕感謝して止まざるものなり。故森六郎氏は本会創立に先ち吾人同業者に対し、最も熱誠なる保護者の一人なり。恰も我が開祖者が特に同氏の援助と誘掖を仰ぐに至りしは、恰も盲亀の浮木を得たるが如く、氏も亦喜んで斯業の開拓発展上多大の同情と、豊富なる資料とを提供せられたり。本会は創立十年紀念祝会開催に当り、殊勲者として紀念の銀盃を贈呈し、永く之を記録に留めたり。平生元気旺盛なる同氏は其後紐育市に於て事業経営中、不幸にして病魔の犯す所となり、往年帰朝の途次本会を訪問せられたるの際、懇切鄭重に氏の病体を犒へ、過去に於ける多年の功労を感謝し、聊か微意を表せん為め見舞金二百五十円を贈りたり。其他小松緑氏、菅原傳氏、日向輝武氏、井上敬次郎氏、大和正夫氏等の諸名士、当地在留中絶へず本会に来訪せられ、多大の補助と便宜を輿へられたるる鴻徳を感謝し、永遠に諸氏の功労を紀念せん為め本会の記録に留めたり。前項□々縷陳せし如く、人種の僻見又は諸種の感情より、日白人の紛擾事件少からず此時に当り、当市警察署に勤続四十年専ら市民の生命財産保護の任に当り、最も廉潔の誉れ高き警部ゼー・ダブリュー・モヒット氏は明治三十五年以来、公私の問題に関し特に多大の同情を傾注して惜まず、極力援護せられたるを吾人は深く感謝して止まざる所なり。開祖城常太郎氏帰朝後病報に接したる際の如き、直ちに金六百円を贈呈したり。当時病床に呻吟せる同氏は、起て左右を顧みて曰く。職工として受くべき見舞金の多額なること前古其例を聞かず。是れ即ち靴工同盟会の鞏固なる例証なり。不幸にして病魔の犯す処となり、瞑するも尚ほ何等の恨みなしとて、轉た感涙に咽びたる事ありと謂ふ。悲哉天遂に氏に壽を仮さず溘然他界の人となれり。此区報に接せし会員の痛嘆限りなし。香華を供へて氏の英霊を吊慰せり。亦関根忠吉氏の病報に接したる時に於ては見舞金三百五十円を贈り、以て百方同氏の病体を慰籍するに勉めたれども、遂に其功空しく氏も亦相次で他界の人となれり。明治二十六年創立以来著名の事実を列挙すれば、其数少なからず、今茲に其煩を省略し、単に二三の例を示せば、嘗て日清日露の国難に際しては、何れも在留同胞に率先して、前者に六百三十円、後者に軍資金に恤兵献金として、七千二百九十円を献納し、以て聊か報告の赤誠を捧げ、其筋より銀盃下賜の栄に浴せり。大正元年八月、明治天皇崩御の悲報に接し、本会は在桑帝国総領事館宛、謹で吊詞を奉呈し、以て追悼の誠意を表せり。大正四年十一月、本会会員は何れも業を廃して、今上天皇陛下御即位の大典を祝し奉る。大正五年十一月二十九日、明治神宮奉賛会の趣旨を翼賛して金五百円献納し、謹で頌徳報恩の微哀を表せり。其他三陸海嘯義損金、足尾銅山鉱毒事件寄付金、奥羽飢饉義損金等、凡て応分の寄金に率先せざるはなし。或は風教徳義の点に就ては、各自修養を怠らず、品性の向上に勉め、聊か他の移民に比較して遜色なしと自信す。明治三十二年十月六日、即ち創立後七ケ年を経て、正式に加州政庁より五十年間有効なる、公認証の下附を得たり。明治三十五年（一月十九日）は本会創立十カ年に該当せるを以て、過去の功労者を表彰し、且つ後進者の奮起を奨励せんが為め。当地ユニオンスコヤ、ホールに於て十年紀念祝賀会を開催せり。明治三十七年、白人靴工同盟会より、営業区域、営業時間、及び修理価格等の三件に関し交渉あり。再三会見を重ねたるの結果、遂に彼等の要求主張を撤回せしめ、却て我が同盟会の提案条件に、服従同意せしめたる一大快事あり。明治三十九年四月は、当地に於て前古未曾有の、大震火災の厄に遭遇し、本会の全資産は総て烏有に帰し、多大の損害を蒙ると同時に、靴工店三十六軒も瞬時にして、悉皆灰燼と化し去れり。然れども多年の辛苦を嘗めて扶植したる、鞏固なる基礎と、本会の真髄たる遠大の目的は、未だ根底より転覆するを許さず、全員一致既定の目的に向って突進し、業務に精励せし功績歴然として現はれ、翌四十年に至り却て会員並に店数に、予想外の増加を来し、会の目的を達する手段として、設立せし営業部（共同購買部）の支店を、王府に増設し、前年比に比し一層多額の収益を見るの盛況に達したり。明治四十四年三月南加に散在せる、同盟会員は地勢上規約の適用、時としては権衡を欠き、而かも斯業界の発達を障碍するの恐れある等、種々の事情より協議の上、分離を断行し、南加州靴工同盟会独立に決定、今尚ほ気脈を通じ、相互に扶助応援して、斯業界の発達を遂行しつつあり。明治四十一年乃至四十二年は、往年に比し本会会員の営業状態最も隆盛の時期にして、何れも多額の利益を収めたり。然るに其後布哇転航及び渡航禁止の影響により、順次会員数減少の徴候を呈し聊か寂寞の感ありて、外見営業の不振に似たれども、其内容と事実とに至ては然らず、幹部は更なり各会員擧つて之れが原因を探求し、救済の方法を講じ遂に進運に順行して発明せる、斬新の機械と、営業上必要なる武器の設備を施し、爾来之れが練磨と操縦の途を奨励したる結果、現今は寧ろ斯業界に優者の地位を占め、名実共に白眉の実を擧ぐるに至りたるは、本会の痛快事にして、聊か開祖者諸士の英霊を慰籍するに足らん。是れ即ち本会中興の祖たる、幹部諸氏が奮励努力したるの賜なり。

明治四十四年十月在留同胞の招聘に応じ、実状視察の為め渡来せられたる、島田氏、並に新渡戸氏に対し、親しく遠来の労を犒ひ、且つ両氏の来航を千載一遇の好機とし、具さに本会の沿革を縷陳し、特に本会の消長に関する重要問題として、特殊の技能ある後継者の渡航に対し、一層寛大なる処置に出でられん事を、其筋の官憲に対し助言を希望したり。明治四十五年（四月十四日）は、本会創立以来既に二十年の久しきに亘り、年と共に盛況に達したるを以て、開祖者の美挙を追想し、併せて有志諸彦の誠意に報ひ、永へに其美徳を紀念し且つ本会将来の一大飛躍を企画せんが為め、当市メープル、ホールに於て創立二十年紀念祝会を開催し、東港駐在前総領事永井松二氏、其他有志諸彦の臨場を辱ふせり。本会創立以来最も誠実に指導応援せられたる、在留同胞医界の元勲黒澤格三郎氏の注意により、嘗て本会創立発会式に来臨、最も有益なる訓戒と多大の保護とを賜はりたる恩人、当時在華盛頓帝国大使珍田閣下宛、紀念祝賀会当日の概況を報告せり。大正四年十月当加州に散在せる、製靴原料品（白人卸商拾名）販売業者同盟組織の議起り、本会に加盟を勧誘し来りたるに対し、直ちに快諾、加州に於ける同業者十一名を以て、シュー、ファエンダース、ボード、オブ、トレードなる名称の下に、同盟を組織し其事務所を、当市モダノナック、ビルデング内に置き、白人書記をして一般事務を鞅掌せしめ、営業の方針を共通して相互の利益を保護し、此機を利用して経済上の関係を密接にし、専ら日白人の親善を企画せり。大正六年一月、定期総会の決議に基き、技術の進歩発達を奨励し、且つ衛生、風教等改良を要すべき点あるを認め特に巡視員を選定して各靴工店を訪問し、着々其功績を挙げつつあり。本会の所管する営業区域は、桑港同盟本部所在地を中心として、南加州（羅府）を除く外、殆んど加州一円に渉り、一カ年間に於ける会員の営業収入は、約五十万円超過し、此内原料品其他必要なる諸雑費を控除するも優に十七万円余の純利益を見るを得べし。故に海外移民として靴工業は、最も有望而かも安全にして、国家に貢献する所亦僅少に非るなり。現時の会員数は壹百五十有余名、内妻子同棲者は六十五名、児童数は日に月に増加して、九十八名の多数に達し、今や大小の学舎に通学せる、前途有為の青年男女、踵を次で輩出しつつあるは眞に慶賀すべきの徴候なり。

（桑港合同印刷会社印行：サンフランシスコ・日米史料館所蔵）

『加州日本人靴工同盟会の起源を議す』

靴工同盟会の生立

　明治二十五年の暮に加州日本人靴工同盟会が出来てサクラメント街大和屋萩原眞氏の内で二十六年の一月発会式を挙げ今日に至ったのでありますがこの同盟会なる者は元々日本で組織された事を忘れてはなりません。明治十九年十月東京の桜組といふ靴の大工場支店で職工が賃金値上げの為めストライキを起し解雇された時芝浜に会合を開き前後策を講ず其結果十五名の内七名の賛同を得て東京芝区松本町に家賃月四円五十銭で家を借り職工同盟造靴場と云ふ看板をかけて注文靴仕入靴を専門に開店したなれど七名の者に仕事尠々妻子ある者は糊口に窮し一人減り二人減りして最後関根忠吉、相原錬之助、岩佐喜三郎の三氏となった時痛切に従来我国の職工と云ふ者に意気地のないのを非常に憤慨し再び相談を重ね東京中の大小靴屋へ残らず檄を飛ばし日本橋区呉服町柳屋と云ふ待合で二十年の一月大会合を開き靴工同盟会の創立を建議したが毎月十銭の積立金問題で相談が纒まらなかった。会する者百名を超え翌二十一年になって徳富さんの国民の友と云ふ雑誌に記事が載せられたのを見て熊本の人で長崎に同業を営む城常太郎氏が無断上京し我々も大に力を得て渡米の上目的を貫徹しようと云ふことに衆議一決したのである。之がそもそもの初まり。以下は加州日本人靴工同盟会々報第一号の九ページを参照せられたし。

（執筆者：不明、サンフランシスコ・日米史料館所蔵）

巻末論稿

明治二十九年の城常太郎

わが国の労働運動・黎明期の研究において、現存する歴史資料の少なさや、様々な史料に見られる相反する記述などの理由から、壁に突き当たることが往々にしてある。特に史料に残された年代期日の中に、その歴史的人物による誤記が混入している場合は、実際に起きたであろう事柄の前後関係までが誤解され、それが後世の研究家により史実として常識化されることもありえる。

その一例として、日本の労働運動のさきがけとなった「職工義友会」が立ち上がった経緯について、新史料を参考にしながら解明を試みたいと思う。

戦前から戦後の一時期までは、「職工義友会」のメンバーたちがアメリカから帰国したのは「明治二十九年の末であった」とされ、それが一般的な説として通用してきた。この説の根拠となった史料は、歴史の当事者である高野房太郎自身の筆になる「労働組合期成会成立及び発達の歴史（一）」（『労働世界』第十五号　明治三十一年七月一日）だった。

その中の「職工義友会」時代の箇所に、

「明治二十九年の末会員の四、五相前後して帰朝……」

と書き記されていることが、この「明治二十九年末」説の基とされた。また、後に片山潜が著した『日本の労働運動』の中にも、同様のことが記述されていることが、この説の裏づけとされた。

ところが近年、高野房太郎研究が進み、新たな資料が相次いで発掘される中、高野がアメリカから帰国した時期は、明治二十九年の末ではなく「明治二十九年の六月」であることが解明された。そしてその帰国時期を基に、「職工義友会」再建に至る経緯を次のように解釈する研究家も増えた。

「まず、高野房太郎がトップを切って明治二十九年六月に帰国。早々に日本の労働界の実情を調査。その結果、労働運動の期はすでに熟せりと判断。ただちにアメリカにいた同志たちに帰国を促し、それに応じた城、沢田、平野らが明治二十九年の末に至って相次いで帰国」

こうした解釈をする研究家の中には、城常太郎の業績を専門に研究した佐和慶太郎氏もいた。佐和氏は自著「靴工・城常太郎の生涯」の中で、「職工義友会」のメンバーたちの帰国の経緯を次のように推測している。


高野房太郎は帰国後まもなく、七月には生活のために横浜の英字新聞『ジャパン・アドバタイザー』の記者となっている。そして、これは私の推定だが、生活の目処がつくとすぐ、サンフランシスコの同志城常太郎たちに帰国したことを知らせたと思う。

いや、たんに自分の帰国の通知だけでなく、同志たちの一刻も早い帰国をうながしたに違いないと思われる。

……高野房太郎は、サンフランシスコからの同志たちの帰国を待ちかまえるかのように、慎重で、ほとんど行動をおこさなかった。それには、彼の考え方が大きく影響していたと思われる。その考え方とは……彼は、日本に労働運動が存在しない原因を、日本の労働者があまりにも劣悪な条件下に酷使されているため、「無知以外の何者でもない」と見ていた。したがって、労働者の大多数を自発的に自己改善の仕事にとりかからせるためには、彼らを煽動、激励できる若干の人が必要だとし、その仕事ができるものは、「この国の思想家以外にない。」……と考えたのである。

……城常太郎と沢田半之助が帰国したのは明治二十九年暮としかわかっていない。

それは、高野の『アドバタイザー』退社の時期からみて、十一月の下旬か十二月の初めであったと思われる。おそらく彼らはいっしょに帰ってきたのだろう。平野永太郎は、その前年に一足早く帰国し、まっすぐ神戸へ行ったようである。

横浜に上陸した城と沢田が、とるものもとりあえずアドバタイザー社に高野を訪問し、五年ぶりの再会の手を握りあったであろうことは、目に見えるようである。そこで、すぐさま今後の運動の展開方法について、高野の宿舎か城、沢田たちの旅館かはともかく、胸襟をぶちまけた議論がおこなわれたろうことも想像できる。（「日本労働運動の創始者靴工・城常太郎の生涯・下の三」佐和慶太郎『労働運動研究』第百五十九号）

しかし、ここ数年の間に、二村一夫氏（法政大学名誉教授）、沢田智夫氏（沢田半之助のご子息）、及び筆者らの調査により、新たな事実が判明した。トップを切ってアメリカから帰国したと思われた高野房太郎が、実のところ「職工義友会」の初期メンバー四人の中でも最も遅く日本に帰国していたことが明らかになったのである。

・沢田半之助（洋服職人）と平野永太郎（靴職人）は明治二十八年秋に帰国。
・城常太郎（靴職人）は明治二十九年二月十八日に帰国。

この新事実により、従来の日本における「職工義友会」再建の経緯に関する歴史認識は、百八十度見直さなければならなくなったといえる。なぜなら、これまで全くなかったものとして扱われてきた城常太郎や沢田半之助らの明治二十九年の日本における活動の可能性が浮上してきたからである。実は、城、沢田らの明治二十九年における活動を記録にとどめていた人物がいる。それはあの片山潜である。片山は自著『日本の労働運動』に、明治二十九年における城、沢田らによる「職工義友会」再建の様子を書き記していた。その記述には、実名や固有名詞が挿入されていることにより、当時の状況を知らしめる具体的なエピソードが伝わってくる。

義友会は適当なる運動員を得るの必要を感ぜしを以って、元と桑港に於いて義友会の一人たりし人にして、当時横浜に於いて洋字新聞「アドバアタイザア」の記者たりし高野房太郎氏に嘱目し、沢田半之助氏を使はして高野氏を説かしめしに、高野氏は甘諾職を捨てて東京に出で来りぬ。(『日本の労働運動』片山潜・西川光二郎)

しかし残念ながら、現在この文面は、片山の勘違いによる「誤記」と解釈されているようだ。その理由は、片山が同じ『日本の労働運動』内に「三十年四月に東京麹町区内幸町に職工義友会を起こし」と書き記しているために、上記の文面と「時期的に相互性がない」と見なされているからである。つまり、「明治三十年四月」という「時期」を真実の尺度にして、それに合わない文面は片山による「勘違い」としている。しかしもし、その「明治三十年」という時期こそ片山の「勘違い」であったなら、歴史の真実は全く違った様相を呈してくるだろう。

前記したように、沢田半之助や城常太郎らの帰国の時期が明治二十八年秋から明治二十九年二月にかけてだったことが明らかになっている今、「職工義友会」再建の時期が明治三十年ではなく明治二十九年であった可能性を考慮すれば、「沢田半之助が高野房太郎を説得して労働運動に参加させた」という場面は矛盾することなく史実となりうる。

歴史の当事者による記述において、「具体的な場面」を書き記した箇所と「期日」を書き記した箇所と、いったいどちらが誤りやすいかを客観的に考えてみた場合、具体的場面は記憶に強く残るわけだから、誤記しやすいのは「期日」の方だろう。「沢田半之助が高野房太郎を説き伏せて労働運動に参加させた」という場面と、「職工義友会再建の時期は明治三十年だった」の時期とでは、どちらが誤りやすいかといえば、可能性として「時期」の記述の勘違いのほうがありうると筆者は理解している。

片山潜は「誰が最初に不毛の国土に労働運動の鍬を打ちいれたのか?」という重要な「幕開けの場面」を解明するために、使命感を感じながらこの文献を書いたことは、その筆致からも窺い知れる。その重大な場面を、単なる想像や憶測で「沢田半之助が高野房太郎を説得して労働運動に参加させた」などと書けるわけがないと思われる。事実、片山によるこの記述以外の具体的な状況描写は、全てが真実であったことが、後に発掘された高野房太郎関連資料により立証されている。その例をあげると……

・高野房太郎は帰国直後横浜に住んでいたこと。（注：明治二十九年六月）
・彼は横浜で洋字新聞の記者をしていたこと。（注：明治二十九年八月）
・その新聞社の名はアドバタイザー社であったこと。
・その後、高野房太郎は労働運動に専念することを決意し、職を捨てて横浜から上京してきたこと。（注：明治

二十九年十二月）

・高野房太郎が上京した当時、すでに城常太郎と沢田半之助は労働運動の拠点となった東京に移り住んでいたこと。

（追記：片山は、「職工義友会」のメンバー以外には知るはずもない武藤武全、木下源蔵の名も『日本の労働運動』に正確に明記している。）

これらの史実は、おそらく片山潜が、家族ぐるみの付き合いをしていた沢田半之助から直接聞き出したものであろう。

沢田半之助から聞いた情報と、高野房太郎の「労働組合期成会成立及び発達の歴史（一）」の記事と、片山潜本人が見聞きした事柄を判断材料にして、片山は、「職工義友会」再建の歴史経緯を次のように書き記している。

明治廿九年の末に至り、彼等の多くは帰朝し、先ず沢田半之助及び城常太郎の両氏は、日本における労働運動の時期已に熟せるを見たりしかば、翌三十年四月に東京麹町区内幸町に職工義友会を起こし、『職工諸君に寄す』てふ印刷物を普く各工場に配布しぬ。……義友会は適当なる運動員を得るの必要を感ぜしを以って、元と桑港に於いて義友会の一人たりし人にして、当時横浜に於いて洋字新聞『アドバアタイザア』の記者たりし高野房太郎氏に嘱目し、沢田半之助氏を使はして高野氏を説かしめしに、高野氏は甘諾職を捨てて東京に出で来りぬ。（『日本の労働運動』）

片山は、職工義友会のメンバーたちの帰国の時期については、当事者である高野房太郎が直接書いた記事「明治二十九年の末会員の四、五相前後して帰朝」を、最後まで信じ込んでいたようで、あえて、沢田半之助には直接そのことを聞きただささなかったようだ。明治二十九年の末に帰国したと信じ込んでいた片山であれば、「職工義友会」の再建の時期は当然明治三十年以外にはありえないと判断したのであろう。

実際には、明治三十年四月に「職工義友会」により『職工諸君に寄す』と題するパンフレットが作成され、職工たちに配布されている。片山もこの『職工諸君に寄す』を実際に読んでいる。

片山は、『職工諸君に寄す』の最後のページに

「明治三十年四月?日　職工義友会　事務所：東京市麹町区内幸町一丁目一番地」

と書き記されているのも知っていたものと思われる。そこで片山は、「職工義友会」の再建の時期は明治三十年四月にちがいないと推定し、再建直後に配られたのが『職工諸君に寄す』と題するパンフレットであったと判断したのであろう。そして、『日本の労働運動』を執筆するにあたって、沢田半之助から「職工義友会を再建したのは、私と城常太郎君です。後に私が高野房太郎君を説得して労働運動に参加させました」と聞かされていたので、明治三十年四月に沢田と城二人が「職工義友会」を再建して、その直後に同じく二人が『職工諸君に寄す』を労働者に配布し、その後、沢田が高野を説得して労働運動に参加させたと推定してしまったのであろう。

高野房太郎による、「明治二十九年の末に職工義友会のメンバーたちが帰国した」とする記述を信じこんでいた片山ゆえに、沢田半之助から聞いた「職工義友会」再建に至る経緯が、明治三十年四月の話ではなく、明治二十九年の話であったとは思わなかったに違いない。筆者は、城常太郎が明治二十九年にすでに労働運動を開始していたことをうかがわせる当時の新聞記事を見つけたので、その抜粋を以下に記したい。

◎米国の労働者組合——今や我が国の職工同盟の兆しようやく現る。彼ら同盟者は多く、範を米国の労働社

会に取るがごとし。(『都新聞』明治二十九年十二月十二日付け)
◎靴職工の同盟まさに起こらんとす――目下、東京市中にある靴職工は、その数、千をもって数ふべし。而してその種類を分てば三あり。即ち西村勝三氏が士族の子弟に授産のため養成せしものと、亀岡町派と称せらるるものと、他の一般の靴職工とあり。……今日のところ、この三派の合同は困難の点なきにあらずといえども、時勢の必要に促がされてや三派合同して一の組合を組織し従来の弊風を一洗せんとて目下それぞれ計画中なり。その組織は未だ知るを得ざれど、第一は職工の品位を高むるを旨とするものの如し。ゆえに先年、靴工協会を組織せし当時の二の舞をなさず、厳かにその加盟者を吟味し、資本家に対して靴工の品位を保たしむる方針なりという。(『都新聞』明治二十九年十二月十三日付け)

この二つの記事は、東京の新聞社十六社中、『都新聞』一社だけが報じたスクープ記事だった。『都新聞』本社と「職工義友会」の事務所はどちらも同じ麹町区内幸町一丁目にあり、いわば、「おとなりさん」同士だった。『都新聞』の記者が「職工義友会」の活動をいち早く嗅ぎ付けて、上記記事にした可能性は十分考えられる。

……記事中に「先年、靴工協会を組織せし」とあるが、その中心人物が城常太郎だったことは、既に史実として受け入れられている。城は明治二十五年の春に一時帰国して、同年、銀座三丁目十九番地に「職工義友会(東京支部)」と「日本靴工協会」を設立していたのである。そうした経緯を考えあわせると、四年後の明治二十九年の春にふたたび帰国した城が、同年、自宅である麹町区内幸町一丁目一番地において「職工義友会」を再建し、「先年、靴工協会を組織せし当時の二の舞」を繰り返さないよう上記の運動に着手したことは間違いないだろう。

つい最近だが、城の業績を知るうえで、貴重と思われる当時の新聞記事を発掘したので、ここに紹介したい。

戦後の経済市場は資金供給の方法変化せし結果として事業の勃興となり或は物価の騰貴となるが故に各国とも同盟罷工は多く戦後に起こるものなりと聞きしが、果たせるかな昨冬以来東京に桜組の同盟罷工〔ストライキ〕……（『東京日日新聞』明治三十年五月十六日付け）

上記記事によると明治二十九年の十一月から十二月にかけて「桜組」で労働争議が勃発し、団交の決裂からストライキが行われていたようだ。常太郎は明治二十九年十二月十四日に「桜組」関係者らに袋叩きにあっていることから、このストライキの先導者は常太郎と断定してもいいだろう。また、この時期、前述したように常太郎は「日本靴工協会」の再建にも取り組んでいることから、すでに、明治二十九年の十一月ごろまでには常太郎の主導のもと「職工義友会」が再建されていたことが、より一層確定的になったといえる。よって、わが国における労働運動の最初の組織「職工義友会」を立ち上げたパイオニアは、城常太郎であると言っても過言ではないと思われる。

片山潜、歴史の真実を求めて更なる追求

次の記事は初期労働運動史にとってハイライトとなる重要な部分なので重複する部分もあるが、さらに深く掘り下げて論じてみる。

義友会は適当なる運動員を得るの必要を感ぜしを以って、元と桑港に於いて義友会の一人たりし人にして、当時横浜に於いて洋字新聞『アドバアタイザア』の記者たりし高野房太郎氏に嘱目し、沢田半之助氏を使は

して高野氏を説かしめしに、高野氏は甘諾職を捨てて東京に出で来りぬ。(『日本の労働運動』)

誰が読んでも真実味に溢れた記事であることは一目瞭然である。片山潜の性格からして故意に歪曲したとは到底考えられない。

◎片山潜先生——先生は決して雄弁家ではない。寧ろ少々訥弁と云っても善い。然し其の訥弁と其の質朴なる風采とが頗る善く調和して、其の間に一種の趣味を生ずる、聴衆は其の真摯の気に打たれて、其の率直の言葉を喜んで居る。(『万朝報』明治三十四年十二月十日付け)

片山潜は、「職工義友会」のメンバー以外には知るはずもない同会の会員・武藤武全、木下源蔵の名も『日本の労働運動』に正確に明記している。高野房太郎ですら自作の著書に、武藤、木下の名は一度も記していないのに、である。ちなみに、高野は、自作の歴史書に「職工義友会」の再建発起者の名前すらも、まったく記載していない。片山がこの「誰が?」の真相の解明にこだわったのも無理もない。

『日本の労働運動』が出版された明治三十四年といえば、高野房太郎もまだ存命中だった。当然、片山は、高野がいつの日かこの本を手にとって読むであろうことを重々承知していたはずだ。実名入りの憶測記事ならば、一歩間違えば名誉毀損にもなりうるのである。片山ほどの聡明で理知的な人格者が百害あって一利もないそんな愚かな記事など書くわけがない。

高野は自作の歴史書の中で城や沢田らが明治二十九年の末に帰国したと、事実に反する著述をしている。その結果、城や沢田の明治二十九年における活動は日本の歴史に残ることはなかった。

片山も、高野の記述を参考にしたので、城や沢田は明治二十九年の末に帰国したと最後まで信じ込んでいた。あえて、沢田には直接そのことを聞きただささなかったようだ。片山は、この誤信によって「職工義友会」の再建の時期は明治三十年以外にはありえないと判断した。それは判断ミスといえるが、片山の頭の中を「明治三十年再建」で一杯にさせたのが、以下の二つの記事だといえよう。

一つ目の記事は、高野が自作の歴史書に「職工義友会」の再建日は明治三十年六月中旬だった、と記した記事。

「三十年六月中旬を以て職工義友会事務所を当市麹町区内幸町城常太郎氏方に設け」

「労働組合期成会成立及び発達の歴史（一）」

二つ目の記事は、片山が、かねてから手もとに置いておいた『職工諸君に寄す』（小冊子）。

この冊子の奥付には城常太郎の名入りで

「明治三十年四月某日発行（非売品）　発行者　職工義友会　右代表者　城常太郎　事務所　東京市麹町区内幸町一丁目一番地　印刷所　株式会社　秀英舎」

と書かれていた。

ある資本家〔城常太郎〕は職工義友会なる名を以って『職工諸君に寄す』と題し一篇の印刷物をば一昨日各所に配布したり。（『万朝報』明治三十年六月二十六日付け）

片山潜はこの奥付に記された「三十年四月某日　職工義友会」という文字を見つけたことにより、高野が記した「職工義友会を三十年六月中旬に再建」の嘘を見抜いた。それゆえ、一層この「三十年四月」という年月を重視し、義友会の再建の時期は明治三十年四月に違いないとの確信を抱くまでに至ったと思える。

片山は、沢田半之助から聞いた情報と、高野房太郎が記した記事と、片山本人が見聞きした事柄を判断材料にして、「職工義友会」再建の歴史経緯を次ぎのように書き記した。

明治廿九年の末に至り、彼等の多くは帰朝し、先ず沢田半之助及び城常太郎の両氏は、日本における労働運動の時期巳に熟せるを見たりしかば、翌三十年四月に東京麹町区内幸町に職工義友会を起こし、『職工諸君に寄す』てふ印刷物を普く各工場に配布しぬ。……

義友会は適当なる運動員を得るの必要を感ぜしを以って、元と桑港に於いて義友会の一人たりし人にして、当時横浜に於いて洋字新聞『アドバアタイザア』の記者たりし高野房太郎氏に嘱目し、沢田半之助氏を使はして高野氏を説かしめしに、高野氏は甘諾職を捨てて東京に出で来りぬ。(『日本の労働運動』)

片山は、「職工義友会」再建に至る「具体的な経緯やエピソード」に関しては、沢田から直接話を聞いたことにより、事実を正しく記載できたものの、義友会再建の「時期」に関しては、高野による二つの「年月」の誤りと『職工諸君に寄す』の奥付に記されていた「三十年四月某日　職工義友会」という文字に翻弄されて、誤記をしてしまったのである。

実際のところ、『日本の労働運動』が出版された明治三十四年当時、片山と沢田半之助は頻繁に会っている。何も、憶測であらぬ想像を膨らませなくても、当事者である沢田から直接事実を聞ける機会はふんだんにあった。沢田から聞いた話を事実として受け止め、原稿に書き移しさえすればそれでよかったのである。

武藤武全、木下源蔵の名を正確に明記できたのも、沢田から直接聞き出したからであろう。なぜなら、明治三十四年当時、義友会のメンバー三人のうち高野は既に中国に渡っていたし、城も神戸にいたので、沢田だけが、片山の傍にいたことになるからだ。

◎広告――澤田洋服店〔京橋区尾張町二丁目十二番地〕（『時事新報』明治三十三年十一月二十四日付け）

◎労働者大懇親会――府下の労働者有志の相談により、片山潜、沢田半之助の二氏発起人となり四月三日に労働者大懇親会を催すについてはその内容左のごとしとて、去る二十四日、警視庁に対して左の届け出でをなせり。（『二六新報』明治三十五年三月二十六日付け）

「労働組合期成会成立及び発達の歴史（一）」（高野房太郎）の検証

明治二十三年仲夏（一）の頃、米国桑港在留の城常太郎、沢田半之助、平野永太郎、高野房太郎及び他二、三の人（二）相集まりて職工義友会（三）を起こす。その期する所は欧米諸国における労働問題の実相を研究して（四）、他日わが日本における労働問題の解釈に備えんとするにあり。爾来六星霜の間会員の離合は常なかりしといえども、その研究は日々その範囲を広めたり。明治二十九年の末（五）会員の四、五相前後して帰朝するや、日本における労働運動の時期すでに熟せる者ありしといえども、軽挙事を挙ぐるは失敗の基いなりと信じ、専ら実情の考査に勉め、漸く明治三十年六月に至りて、ほぼその計画を全うし、同月中旬を以って（六）職工義友会を当市麹町区内幸町城常太郎氏方に設け、さらに同月二十五日を以って美土代町青年会館においてわが国最始の労働問題演説会をひらきて、ここに労働運動の首途に上れり。（『労働世界』第十五号・明治三十一年七月一日付け「労働組合期成会成立及び発達の歴史（一）」執筆者：高野房太郎）

括弧の中の数字は、勘違いによる誤記と思われる。正しくは、
（一）明治二十三年仲夏ではなく明治二十四年仲夏。
（二）計六名〜七名ではなく十二名。
（三）職工義友会ではなく労働義友会。
（四）研究団体ではなく極めて先進的かつ実際的な実践団体。
（五）明治二十九年の末ではなく明治二十八年秋〜明治二十九年六月。
（六）明治三十年六月ではなく明治三十年四月以前。

……『労働世界』の読者が知りたかったのは、「職工義友会」再建から「労働組合期成会」結成に至るまでの経緯についてだっただろう。しかし上記文献には、『日本の労働運動』には記されている「職工義友会」再建発起人の氏名も、『職工諸君に寄す』のことについても一言も触れられていない。明治二十九年末のメンバーたちの帰国シーン（誤記）から、いきなり明治三十年六月二十五日の演説会開催のシーンに筆を走らせている。しかも、演説会開催に合わせるように、「同月（六月）中旬を以って職工義友会を城常太郎氏方に設け……」（誤記）と述べている。

同じ「労働組合期成会成立及び発達の歴史」の記述でも、「労働組合期成会」時代の箇所は、詳細かつ正確なのに、「職工義友会」時代がこのように簡略化され誤記が多いのは残念でならない。

「労働組合期成会」の幹事長となった高野房太郎は同会発足後、一年間に渡って活動の経過を詳細にメモし続けていたのであろう、「労働組合期成会」時代の箇所では、文章の各所で会員名を一人も漏らさず克明に列挙している。ところが、「職工義友会」時代の箇所では再建発起者の氏名すら記載していないのだから違和感を覚える。

片山潜もこのことを疑問に思って、①「職工義友会の再建発起者は誰か?」、さらには②「サンフランシスコ時代の職工義友会の発足時の会員名と人数は本当に高野が書いた通り、これで正しいのか?」を沢田半之助に問うたのであろう。

その結果として明らかになった事実が以下の二点であったのであろう。

一つ「先ず沢田半之助及び城常太郎の両氏は、日本における労働運動の時期巳に熟せるを見たりしかば……職工義友会を起こし……義友会は適当なる運動員を得るの必要を感ぜしを以って、元と桑港に於いて義友会の一人たりし人にして、当時横浜に於いて洋字新聞『アドバアタイザア』の記者たりし高野房太郎氏に嘱目し、沢田半之助氏を使はして高野氏を説かしめしに、高野氏は甘諾職を捨てて東京に出で来りぬ」(『日本の労働運動』)

二つ「この会は……米国桑港において当時同地に労働しつつありし、城常太郎、高野房太郎、沢田半之助、平野栄太郎、武藤武全、木下源蔵、外四、五名の労働者により組織せられし者にして……」(『日本の労働運動』)

片山潜は『日本の労働運動』を著した後も、生涯にわたって複数の著書の中で、「城と沢田が職工義友会を再建し、一歩遅れて高野が参加した」と明言し続けていた。ブレはない。片山は、心底からそう確信していたのである。

歴史記事においては「誰が」「いつ」「何をした」を押さえる必要があるが、その中でも重要なのは「誰が」であろう。その「誰が」を当事者である高野本人が曖昧にしているのは、研究者にとって残念なことだ。「労働組合期成会」が誕生してまだ年月が浅い時期に、高野は不十分な歴史書を書き残したといえる。そして、その三、四ヵ月後には、期成会の要職を辞して商売の道に転じてしまった。

関連文献一覧

青木虹二『日本労働運動史年表　第一巻』（新生社、一九六八年）
阿蘇品保夫『菊池一族』（新人物往来社、二〇〇七年）
石光真清『城下の人』（竜星閣、一九五八年）
伊藤一男『桑港日本人列伝』（ＰＭＣ出版、一九九〇年）
井野辺茂雄、佐藤栄孝編『西村勝三の生涯』（西村翁伝記編纂会、一九六八年）
岩佐作太郎「在米日本人の社会運動史の片影（二）」（『黒旗』第三巻第一号、一九三一年一月一日発行）
梅田又次郎『在米の苦学生及び労働』（実業之日本社、一九〇七年）
浦川生「我同盟会の将来に就いて」（『加州日本人靴工同盟会会報』第一号、一九〇九年一月、サンフランシスコ・日米史料館所蔵）
蛯原八郎『海外邦字新聞雑誌史』（学而書院、一九三六年）
大嶋謙司「靴工同盟会創立苦心談」（『加州日本人靴工同盟会会報』第一号、一九〇九年一月、サンフランシスコ・日米史料館所蔵）
大谷正「忘れられたジャーナリスト川崎三郎」（『専修史学』二十九号、専修大学歴史学会、一九九八年）
太田雅夫『初期社会主義史の研究』（新泉社、一九九一年）
河野密『日本労働運動小史』（日本鐵鋼業經營者聯盟、一九四七年）
柏村桂谷『北米踏査大観』（竜文堂、一九一一年）
片山潜「労働運動と社会主義」（『社会新聞』第五十六号、一九〇九年六月十五日）
片山潜・西川光次郎『日本の労働運動』（岩波書店、一九五二年）
片山潜『我が回想（下）』（徳間書店、一九六七年）

片山潜「日本に於ける労働」（『社会』第一巻第四号、一八九九年）
河村鉄太郎『最近活動北米事業案内』（博文館、一九〇六年）
菊池秀之『因縁の菊池氏』（一九八四年）
工藤英一「城泉太郎と城常太郎」（『明治学院論叢』第六十六号、一九六一年）
佐藤栄孝『靴産業百年史』（日本靴連盟、一九七一年）
佐和慶太郎「靴工・城常太郎の生涯」（『労働運動研究』一九八二年五月～一九八三年七月、労働運動研究所）
佐和慶太郎「神戸と城常太郎」（『歴史と神戸』第二十三巻第一号、一九八三年）
沢田半之助編『米友協会会史』（沢田智夫「沢田半之助略伝」、一九八五年）
城常太郎『戦後の日本矯風論』（一八九五年、国立国会図書館所蔵）
千種宣夫『菊池の伝統』（菊池神社社務所、一九七〇年）
高野岩三郎「社会政策学会創立のころ」（『かっぱの屁』鈴木鴻一郎編、法政大学出版局、一九六一年）
高野房太郎「労働組合期成会成立及び発達の歴史（一）」（『労働世界』第十五号・一八九八年七月一日）
高野房太郎「清国労働者非雑居期成同盟会の演説会に臨む」（『労働世界』第四二号・一八九九年八月十五日）
立川健治「労働組合期成会・鉄工組合の大阪支部結成をめぐる動向（上）」（『大阪地方社会労働運動史編集ニュース』第四号、大阪社会運動協会、一九八二年）
立川健治「労働組合期成会・鉄工組合の大阪支部結成をめぐる動向（下）」（『大阪地方社会労働運動史編集ニュース』第五号、大阪社会運動協会、一九八二年）
田中惣五郎「社会運動空白時代」（『歴史科学』第二巻第四号、一九三三年）
田中惣五郎「東洋靴工協会の示威運動」（『日本社会運動史・資料第一巻』東西出版社、一九四八年）
田村紀雄『アメリカの日本語新聞』（新潮社、一九九一年）
田村紀雄・白水繁彦編集『米国初期の日本語新聞』（「中島半三郎と在米体験」藤野雅己・勁草書房発行、一九八六年）
田村紀雄・白水繁彦編集『米国初期の日本語新聞』（「雑誌『遠征』の言論活動」有山輝雄・勁草書房発行、一九八六年）
田村紀雄責任編集「福田友作ノート」『田中正造とその時代』（第四号・青山館発行、一九八三年）
東京府勧業課『東京名工鑑』（有隣堂、一八七九年、国立国会図書館所蔵）

堂面秋芳「明治中期の労働市場の形成一」（『労働研究』一五一号、一九六〇年）
堂面秋芳「明治中期の労働市場の形成二」（『社会問題研究』第十二巻第二・三号、一九六二年）
永原丞「城常太郎と労働運動─在米期の足跡─」（『教養論集』第五巻第三号、近畿大学九州工学部教養課程、一九九一年）
永原丞「城常太郎と労働運動─帰国後の足跡─」（『教養論集』第六巻第三号、近畿大学九州工学部教養課程、一九九六年）
西川光二郎『東京評論』（東京評論社、「創刊号」明治三十三年十月～三十四年四月）
西川光二郎『社会主義遊説日（関西遊説の記）』荒畑寒村監修（『明治社会主義資料叢書三』太田雅夫編集、新泉社、一九七四年）
二村一夫「職工義友会と加州日本人靴工同盟会」（『労働運動史研究』第六十二号、労働旬報社、一九七九年）
二村一夫・大島清『明治日本労働通信』（岩波書店、一九九七年）
二村一夫『労働は神聖なり、結合は勢力なり　高野房太郎とその時代』（岩波書店、二〇〇八年）
ハイマン・カブリン『明治労働運動史の一齣』（有斐閣、一九五九年）
ハイマン・カブリン『アジアの革命家片山潜』（合同出版、一九七三年）
三宅雪嶺『同時代史』（岩波書店、一九六七年）
村田静子『福田英子・婦人解放運動の先駆者』（岩波書店、一九五九年）
矢野勝司「桑港靴工同盟」（『最近渡米案内』山根吾一、渡米雑誌社、一九〇六年）
山川暁『ニッポン靴物語』（新潮社、一九八六年）
山本四郎「明治二十年代の労働運動」（『日本史研究』第三十四号、日本史研究会、一九五七年）
ユウジ・イチオカ『一世』（刀水書房、一九九二年）
横浜市『横浜市史』（第四巻 下、一九六八年）
横山源之助『日本の下層社会』（岩波書店、一九四九年）
横山源之助「労働運動の序幕」『歴史科学大系・第25巻』（歴史科学協議会、一九八一年）
横山源之助［他］『下層社会探訪集』（社会思想社、一九九〇年）
吉村大二郎『渡米成業の手引き』（岡島書店、一九〇三年）
鷲津尺魔「歴史湮滅の嘆」（『日米新聞』一九二二年四月より連載）

『国民之友』（民友社、明治二十一年一月〜明治三十一年八月）東京大学法学部附属・明治新聞雑誌文庫所蔵）
『新東洋』（東洋自由党、明治二十五年〜明治二十六年、東京大学法学部附属・明治新聞雑誌文庫所蔵）
「靴屋の繁殖」（『遠征』第三十一号、実業社、明治二十六年、東京大学法学部附属・明治新聞雑誌文庫所蔵）
『金門日報』（金門日報社、サンフランシスコ、明治二十六年〜明治二十八年、東京大学法学部附属・明治新聞雑誌文庫所蔵）
『太陽』（博文館、明治二十八年〜昭和三年）
「昨今の同盟罷工」（『社会雑誌』第四号、明治三十年七月）
「労働余感・鉄工組合員」（『労働世界』第十号・明治三十一年四月十五日）
「米国太平洋岸に於ける日本人　製靴業」『日刊人民』（明治三十四年十二月二十九日付け）
『日本人靴工同盟会規約及細則』（加州日本人靴工同盟会、明治三十七年七月、サンフランシスコ・日米史料館所蔵）
『日米年鑑』（第一巻、日本図書センター、明治三十八年）
「靴工の沿革」（『日米年鑑』第二巻、日本図書センター、明治三十九年）
『日刊新世界』（サンフランシスコ・新世界新聞社、明治三十九年〜大正四年、東京経済大学図書館所蔵）
『皮革世界』（皮革世界社　明治四十一年八月〜大正九年八月、国立国会図書館所蔵）
『日本皮革時報』（皮革時報発行所、明治四十一年〜大正十三年）
「加州日本人靴工同盟会会員名簿」（『加州日本人靴工同盟会会報』第一号、明治四十二年一月、サンフランシスコ・日米史料館所蔵）
『東洋皮革新誌』（東洋皮革新誌社、六十四号、明治四十三六月〜二五五号、大正十四年十二月、国立国会図書館所蔵）
『新世界』（サンフランシスコ・新世界新聞社　大正四年〜昭和七年、東京経済大学図書館所蔵）
『加州日本人靴工同盟会沿革の概要』（加州日本人靴工同盟会、大正六年、サンフランシスコ・日米史料館所蔵）
『日米』（サンフランシスコ・日米新聞社　大正八年〜昭和七年、東京経済大学図書館所蔵）
『加州日本人靴工同盟会の起源を識す』（サンフランシスコ・日米史料館所蔵）
『靴の発達と東京靴同業組合史』（東京靴同業組合、一九三三年）
『業界懐旧録』（東京皮革青年会編輯部、一九三五年、国立国会図書館所蔵）
『在米日本人史』（在米日本人会事跡保存部編纂、一九四〇年）
『兵庫県労働運動史』（兵庫県労働運動史編さん委員会、一九六一年）

「福田友作」『栃木県人物伝』（下野新聞発行、一九七一年）
『大塚製靴百年史』（大塚製靴百年史編纂委員会、一九七六年）
「日本皮革産業の史的発展1」『歴史科学大系第二十一巻』（歴史科学協議会、校倉書房、一九七六年）
「開明思想家・福田友作」『月刊おおるり』（第二巻第九号、一九七八年）
『兵庫県大百科事典』（神戸新聞出版センター、一九八三年）
『大阪社会労働運動史（第一巻）戦前篇・上』（大阪社会労働運動史編集委員会、一九八六年）
『収録港湾労働神戸港』（神戸港湾福利厚生協会、一九八八年）
『皮革産業沿革史上下巻』（東京皮革青年会、一九八九年）
「福田友作」『小山・近代を生きた人々』（小山市教育委員会発行、一九九三年）
『内幸町物語―旧東京新聞の記録』（内幸町物語刊行会、二〇〇〇年）
『兵庫県労働史研究会通信』（兵庫県労働史研究会、二〇〇一年～二〇〇六年、高木伸夫氏の論文）

『高野房太郎日記』（大原社会問題研究所所蔵）
『高野房太郎よりゴンパース宛て書簡』（大原社会問題研究所所蔵）
『ゴンパースより高野房太郎宛て書簡』（大原社会問題研究所所蔵）
『高野房太郎より高野岩三郎宛て書簡』（大原社会問題研究所所蔵）
『城常太郎の除籍原本』（神戸市中央区役所所蔵）
『労働世界』（労働運動史料委員会）

靴工兵制度反対運動の新聞、雑誌記事・全コレクション

「ロックアウト」『国民新聞』（明治二十五年十月二十八日付け）
「軍隊経済の一進歩（被服工長学舎）」『朝野新聞』（明治二十五年十一月五日付け）
「東洋自由党の結党式」『読売新聞』（明治二十五年十一月七日付け）
「白梅組と東洋自由党」『読売新聞』（明治二十五年十一月七日付け）
「東洋自由党の大演説会」『国会』（明治二十五年十一月八日付け）
「白梅組」『神戸又新日報』（明治二十五年十一月九日付け）
「独欠文覚」『東京日日新聞』（明治二十五年十一月九日付け）
「東洋自由党幹事」『東京日日新聞』（明治二十五年十一月九日付け）
「白梅組」『新東洋』（明治二十五年十一月十三日付け）
「靴工職の同盟」『横浜毎日新聞』（明治二十五年十一月十六日付け・欄外記事）
「衆議院予算委員会（明治二十五年十二月七日午後四時二十九分開議）」（『帝国議会衆議院委員会議録　明治篇三』東京大学出版会、昭和六十年）
「衆議院予算委員会（明治二十五年十二月十二日「総会陸軍省ノ部」）」（『帝国議会衆議院委員会議録　明治篇三』東京大学出版会、昭和六十年）
「同盟罷工の計画」『万朝報』（明治二十五年十二月十四日付け）
「労働社会の惨状」『新東洋』（十二号・明治二十五年十二月十八日付け）
「日本労働協会」『新東洋』（十二号・明治二十五年十二月十八日付け）

「在桑港の日本靴職工」『読売新聞』（明治二十五年十二月十九日付け）
「靴工協会労働者の大運動」『大日本教育新聞』（明治二十五年十二月二十日付け）
「洋服業者の無気力」『大日本教育新聞』（明治二十五年十二月二十日付け）
「工長学舎に対する各派の意向」『大日本教育新聞』（明治二十五年十二月二十日付け）
「靴工協会労働者の運動。」『横浜毎日新聞』（明治二十五年十二月二十二日付け）
「三百人の職工議会へ押掛く」『中央新聞』（明治二十五年十二月二十二日付け）
「靴工数百人下院に迫る」『日本』（明治二十五年十二月二十二日付け）
「靴職工衆議院に迫る」『時事新報』（明治二十五年十二月二十二日付け）
「靴工協会委員の拘引」『時事新報』（明治二十五年十二月二十二日付け）
「憲兵隊の警戒」『時事新報』（明治二十五年十二月二十二日付け）
「靴工衆議院に迫る」『朝野新聞』（明治二十五年十二月二十二日付け）
「在米国の日本靴職工」『横浜毎日新聞』（明治二十五年十二月二十三日付け）
「靴工騒動と工業協会」『都新聞』（明治二十五年十二月二十三日付け）
「集会政社法違反」『都新聞』（明治二十五年十二月二十三日付け）
「靴工十五名の検事局送り」『時事新報』（明治二十五年十二月二十三日付け）
「靴工の政社法違反」『東京朝日新聞』（明治二十五年十二月二十三日付け）
「靴屋の一隊議院に押寄す」『神戸又新日報』（明治二十五年十二月二十三日付け）
「靴工の実情」『都新聞』（明治二十五年十二月二十三日付け）
「陸軍省の考え」『都新聞』（明治二十五年十二月二十三日付け）
「千住製絨所と靴工所」『都新聞』（明治二十五年十二月二十三日付け）
「府下靴工の運動」『読売新聞』（明治二十五年十二月二十三日付け）
「日本靴工の激動（繋獄者十五名）」『朝野新聞』（明治二十五年十二月二十三日付け）
「評林・靴三百」『日本』（明治二十五年十二月二十三日付け）
「靴職工運動の次第」『万朝報』（明治二十五年十二月二十三日付け）

「在米日本靴工の意見書」『朝野新聞』（明治二十五年十二月二十三日付け）
「靴職工衆議院へ出頭の理由」『国会』（明治二十五年十二月二十三日付け）
「職工三百人」『日出新聞』（明治二十五年十二月二十三日付け）
「第四回帝国議会二四日午後一時十四分開議（第一、予算案）」『第四回帝国議会議事録』
「靴工拘引せらる」『日本』（明治二十五年十二月二十四日付け）
「靴工協会総代申立の二三」『朝野新聞』（明治二十五年十二月二十四日付け）
「社会党たらざる可らず」『朝野新聞』（明治二十五年十二月二十四日付け）
「議長靴工を議院に召す」『朝野新聞』（明治二十五年十二月二十四日付け）
「靴工の請願に対する説諭」『万新聞』（明治二十五年十二月二十四日付け）
「靴工一件」『万朝報』（明治二十五年十二月二十四日付け「欄外記事」）
「散録／活計難靴工請願（食うにこまる靴屋のおねがい）」『日出新聞』（明治二十五年十二月二十四日付け）
「議会に靴工がデモ」『ザ・ジャパン・ウィークリー・メイル』（明治二十五年十二月二十四日付け）
「是豈小事ならんや」『下野新聞』（明治二十五年十二月二十四日付け）
「靴職工衆議院へ出頭の理由」『下野新聞』（明治二十五年十二月二十四日付け）
「示威請願」『自由党党報』（第二十七号・明治二十五年十二月二十五日付け）
「風刺漫談」『団団珍聞』（第八九一号）
「靴問題遂に出でず」『新東洋』（第十三号　明治二十五年十二月二十五日付け）
「靴問題出でず（政府委員の失望）」『東京日日新聞』（明治二十五年十二月二十五日付け）
「第四議会実録―衆議院（十二月二十四日午後一時開議）」『国民新聞』（明治二十五年十二月二十五日付け）
「予算案陸軍省所管」『東京日日新聞』（明治二十五年十二月二十五日付け）
「在米国靴工の檄文」『新東洋』（第十三号　明治二十五年十二月二十五日）
「予算委員会決議の報告」『立憲改進党党報』（第二号）
「議長靴工を下院に喚ぶ」『立憲改進党党報』（第二号）
「衆議院議事録」『経世』（明治二十五年十二月二十五日付け）

「帝国議会　衆議院（二十四日）」『伊勢新聞』（明治二十五年十二月二十六日付け）
「靴工の処刑」『万朝報』（明治二十五年十二月二十八日付け）
「靴工集会条例違反」『時事新報』（明治二十五年十二月二十八日付け）
「靴工罰金」『朝野新報』（明治二十五年十二月二十八日付け）
「軍隊に靴工を置くの趣意」（当局者の談）（続）」『東京日日新聞』（明治二十五年十二月二十八日付け）
「衆議院」『岩手公報』（明治二十五年十二月二十八日付け）
「軍隊に靴工を置くの趣意（当局者の談）（完）」『東京日日新聞』（明治二十五年十二月二十九日付け）
「東洋自由党の救護政略」『朝野新聞』（明治二十五年十二月二十九日付け）
「靴工罰金に処せらる（十二月二十七日午後五時発）」『日出新聞』（明治二十五年十二月二十九日付け）
「靴工たちのデモがもたらしたもの」『ザ・ジャパン・ウィークリー・メイル』（明治二十五年十二月三十一日付け）
「二十五年重要時事・第十二月」『日本』（明治二十五年十二月三十一日付け）
「ああ之れ実に善兆にはあらず」（『経国』第二十号、一八九三年）
「或は然らん」『庚寅新誌』（第六巻第六十九号・明治二十六年一月一日）
「東洋自由党」『庚寅新誌』（第六巻第六十九号・明治二十六年一月一日）
「明治二十五年中記事摘要―十二月二十一日」『やまと新聞』（明治二十六年一月二日）
「靴工迫る」『国民之友』（明治二十六年一月三日　第一七七号）
「軍隊と靴工」『国民之友』（明治二十六年一月三日　第一七七号）
「時事日記―二十一日」『国民之友』（明治二十六年一月三日　第一七七号）
「謹賀新禧―福田友作」『新東洋』（明治二十六年一月九日付け）
「恭賀新年房―中島半三郎」『新東洋』（明治二十六年一月九日付け）
「普く労働者に告げて―大連合を促す（山崎忠和）」『新東洋』（明治二十六年一月九日付け）
「日本労働協会」『新東洋』（明治二十六年一月九日　第十四号）
「時事摘要―十二月二十一日」『精神』（明治二十六年一月十日　第十九号）
「靴職工陸軍大臣に迫らんとす」『東京日日新聞』（明治二十六年一月十一日付け）

「靴工協会脱会広告―桜組一同」『万朝報』（明治二十六年一月十五日付け）
「桜組靴工の分離」『新東洋』（明治二十六年一月十六日　第十五号）
「靴工の騒ぎ静穏に帰す」『中外商業新報』（明治二十六年一月十八日付け「欄外記事」）
「靴工協会退会及謝罪広告―内外用達会社製靴工場内」『東京朝日新聞』（明治二十六年一月十八日付け）
「脱会広告靴店―大塚岩次郎方」『時事新報』（明治二十六年二月六日付け）
「請願委員会議録一、被服工長学舎の件　第二三六〇号」『衆議院委員会会議録』（第三冊・第四回）
「集会政社法控訴公判」『朝野新聞』（明治二十六年二月二十六日付け）
「裁判宣告」『万朝報』（明治二十六年二月二十八日付け）
「集会政社法違反（伊藤貞次郎外三名）」『中外商業新報』（明治二十六年三月一日付け）
「集会及び政社法違反事件の控訴」『万朝報』（明治二十六年三月七日付け）
「靴工隊と糧餉部設置の事」『東京日日新聞』（明治二十六年三月十八日付け）
「靴工隊」『絵入自由新聞』（明治二十六年三月二十二日付け）
「陸軍省の改革」『中外商業新報』（明治二十六年三月二十五日付け）
「靴工隊」『万朝報』（明治二十六年四月一日付け）

自分の人生の約半分を費やして打ち込んだ素人研究だが、分かったことを一つあげるとすれば、城常太郎こそが、東京、横浜、神戸、大阪の四大都市に、誰よりも先に駆けつけて、近代労働運動の聖火を灯して廻った人物であったということだ。

歴史上の偉人たちの多くが、自らの功績を文字の記念碑として残してきたのに比べて、常太郎は、「余輩はいたづらに文字を弄するものに非ず」（『戦後の日本矯風論』）との信念を生涯かたくなに守り、実践活動を生き抜いた。それでも、図書館の奥に埋もれた当時の新聞などから、常太郎の真の姿をうかがわせる記述を数多発掘できたことは、筆者にとって幸運だったと天に感謝している。

最後に、新資料の中で最も筆者の心を打った記事を一つ紹介し、四十数年にわたる「常太郎探しの旅」に終止符を打とうと思う。

◎社会問題の新潮――事実は常に智識に先だつ、我が学者が、拘々子々として機械的経済論の圏内に彷徨するの時に方り、彼の無学無識なる労働者は早く巳に手腕を揮って、虚証なる経済学の規律を寸断せんと試む。思ふに我が社会に経済上、社会上の新問題、新智識を輸入し来り、更らに転じて政治上の問題に一新趣向を與ふるもの、将さに彼の労働者にあらんとするを見れば、寧ろ奇とすべきにあらずや。（『国民之友』明治二十五年十月十三日発行・第百六十九号）

もちろん、「彼の労働者」とは城常太郎を指している。

世間的な出世、名声、地位には目もくれず、短い生涯を職工の中で職工の心と共に生き、この国の労働組合運動の礎を築き上げながら、まるで自ら望んでいたかのように歴史の後景へと消え去った城常太郎。常太郎の最大の功績は、それまで続いた権力者側からの歴史に風穴をあけ、被支配者側から歴史を牽引する主導的役割を果たした、ということではなかろうか。

今夜も、星になった常太郎は、街に灯る労働者の家々の団欒を、夜空の彼方からやさしく見守っているような気がする……。

出版に際しては、株式会社同時代社の高井隆社長や、十数年にわたって指導してくださった東京経済大学の名誉教授・田村紀雄先生、その他たくさんの方々にお世話になりました。心よりお礼を申しあげます。

この本を読んでくださって、本当にありがとうございました。

二〇一五年五月十九日　　　牧　民雄

【著者略歴】

牧　民雄（まき　たみお）

1949 年、大分県大分市生まれ。
大分県立舞鶴高等学校卒業後上京。
慶應義塾大学文学部卒。
大学卒業後、多種の仕事に従事しながら、日本初期労働運動史の研究を続ける。

日本で初めて労働組合をつくった男
評伝・城常太郎

2015 年 6 月 30 日　　初版第 1 刷発行

著　者	牧 民雄
発行者	高井 隆
発行所	株式会社同時代社 〒 101-0065　東京都千代田区西神田 2-7-6 電話 03(3261)3149　FAX 03(3261)3237 E-mail:doujidai@doujidaisya.co.jp HP:http://www.doujidaisya.co.jp/
組版／装幀	有限会社閏月社
印刷	モリモト印刷株式会社

ISBN978-4-88683-783-7